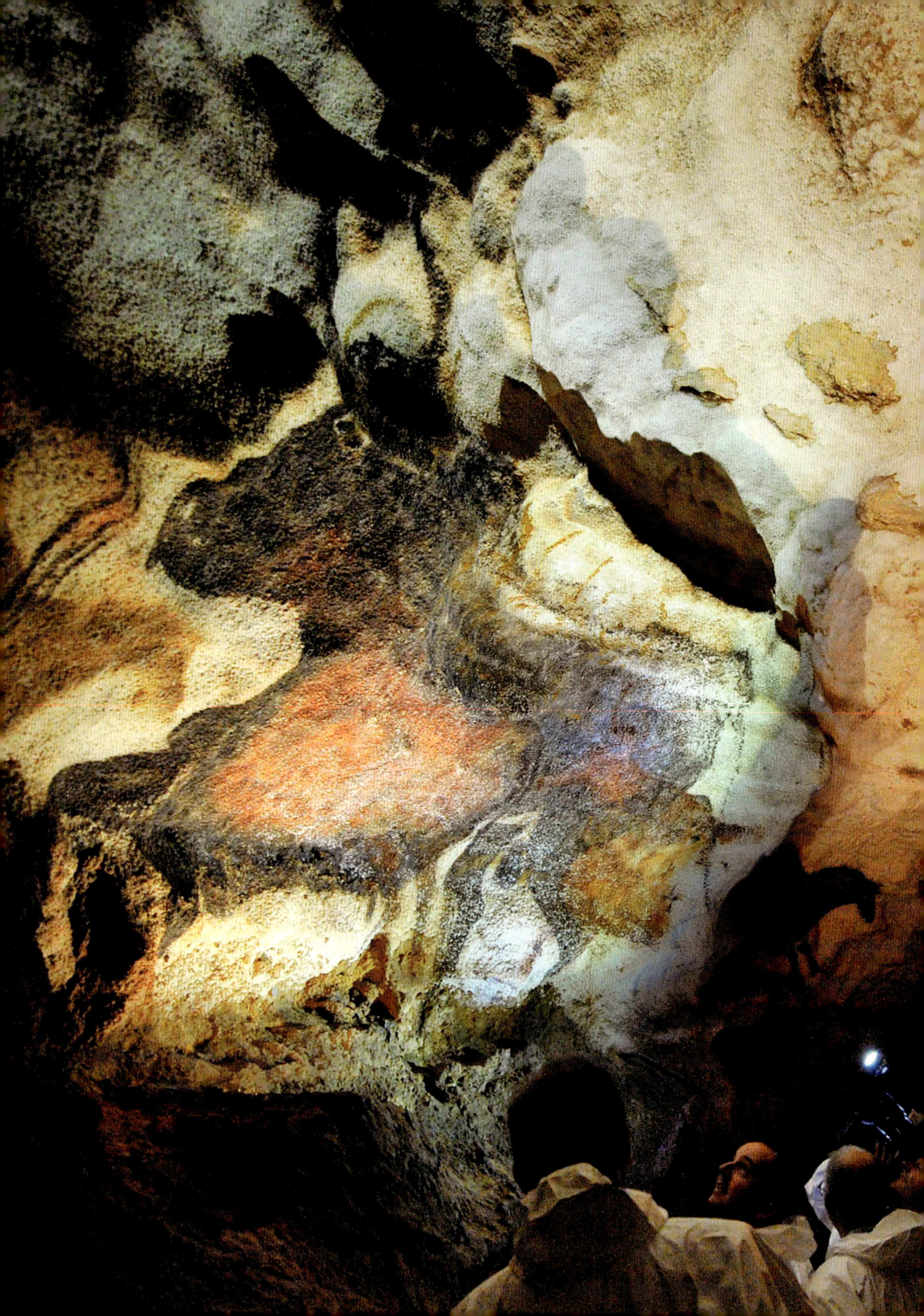

IRIS NEWTON

Die Bilderwelt von Lascaux

ENTSTEHUNG – ENTDECKUNG – BEDEUTUNG

ELSENGOLD

INHALTSVERZEICHNIS

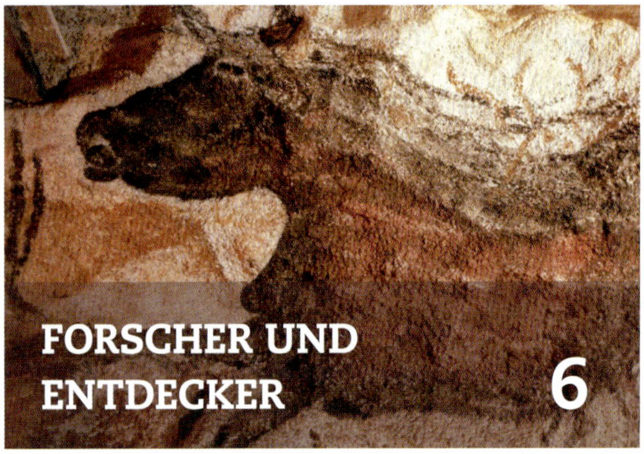

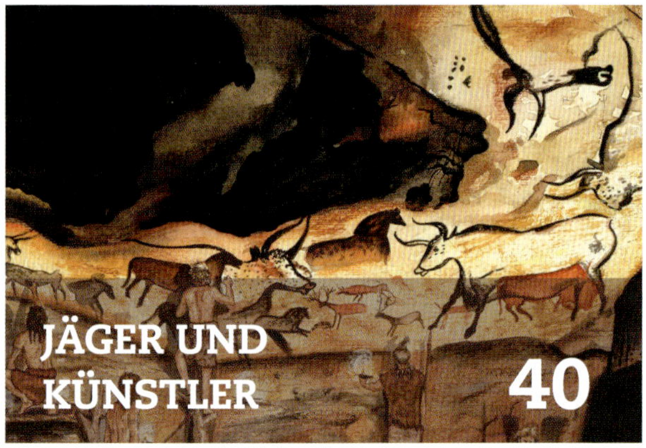

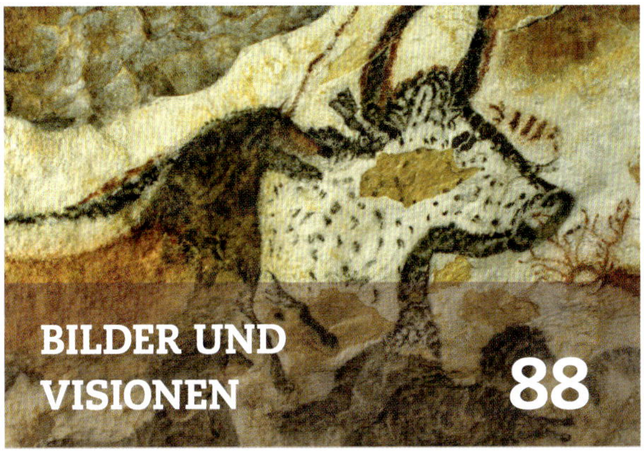

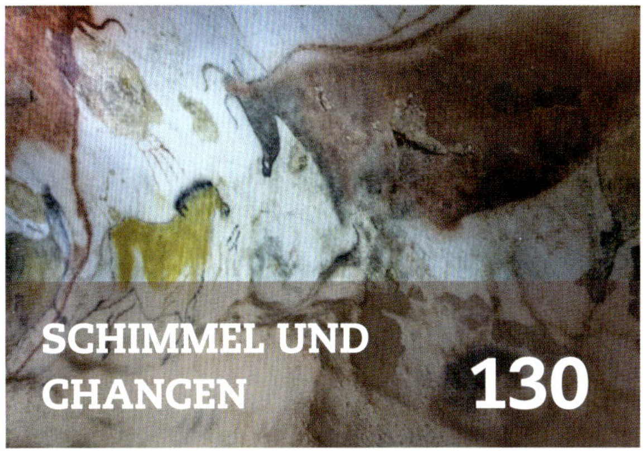

ANHANG

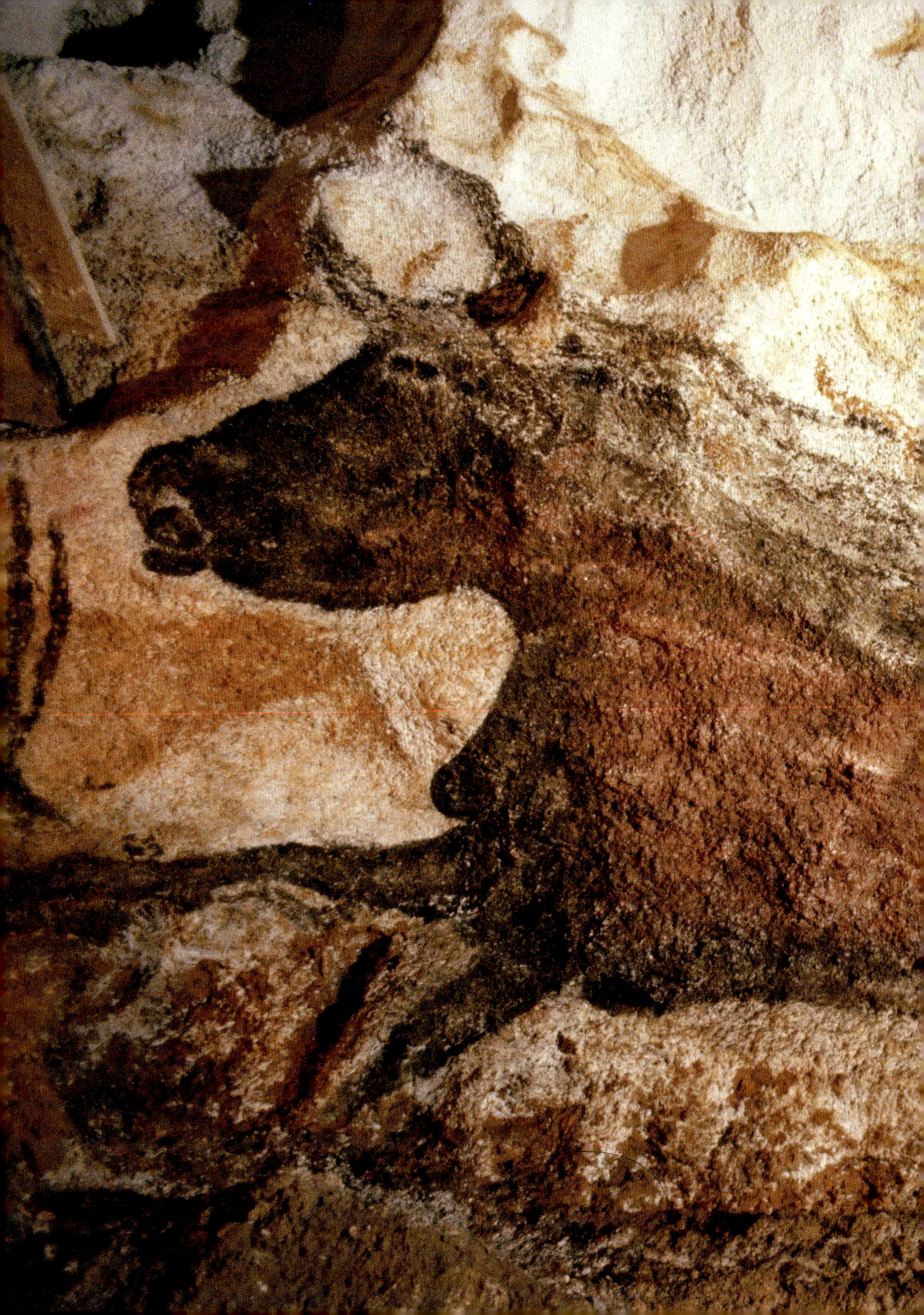

FORSCHER UND ENTDECKER

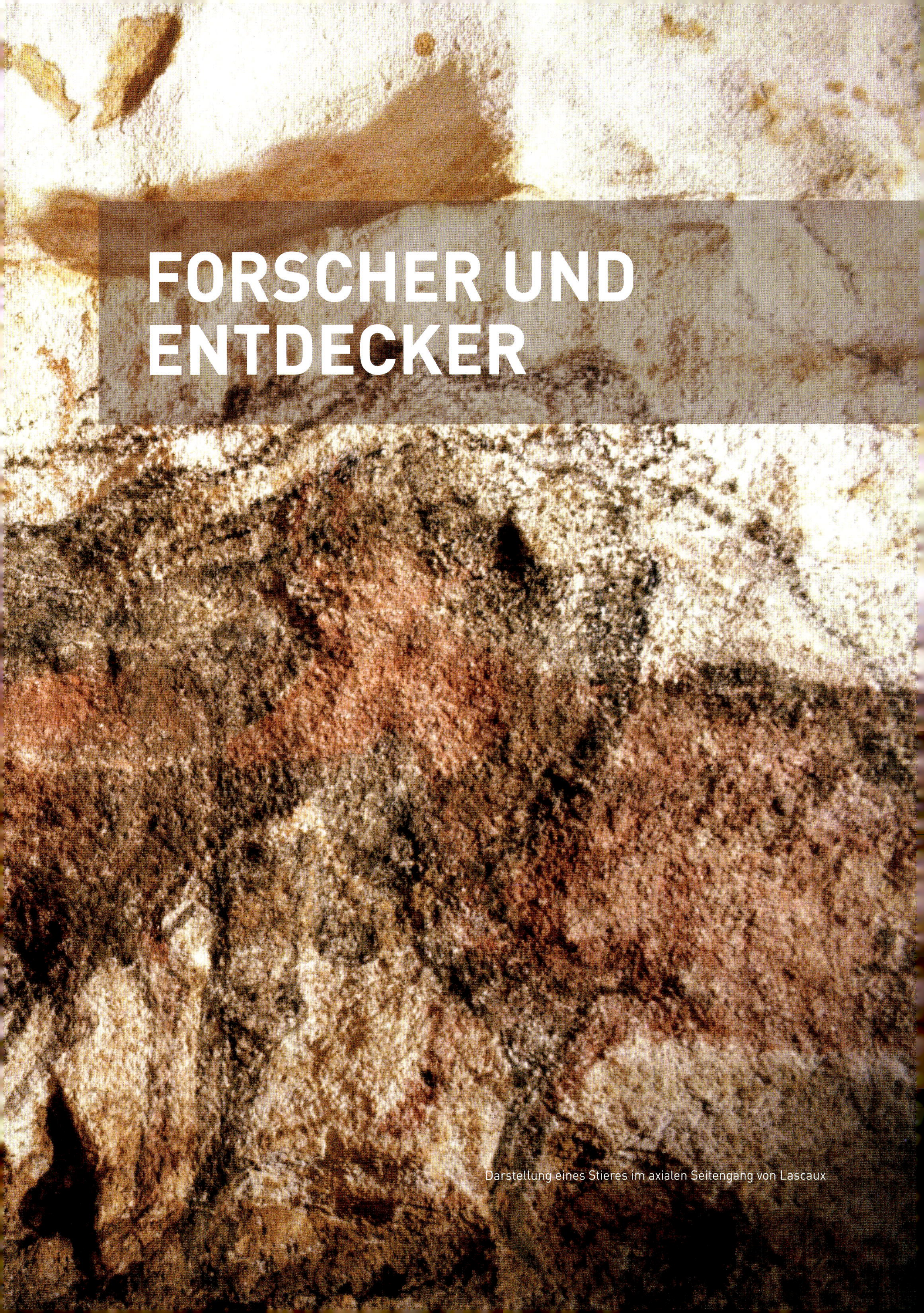

Darstellung eines Stieres im axialen Seitengang von Lascaux

Jungpaläolithische Felsmalerei wird entdeckt und erforscht

Die Höhle von Lascaux liegt im Tal der Vézère, im französischen Departement Dordogne, etwa zwei Kilometer von der Ortschaft Montignac entfernt. Karstige Felsformationen sind charakteristisch für diese Gegend, und wie in allen Karstgegenden sind auch die Felsen der Dordogne von Höhlen durchzogen. Das poröse Gestein erlaubt Zugänge zu den unterirdischen Gewölben, oftmals durch sogenannte Dolinen (Karsttrichter). Dies sind Löcher im Boden, die den ortsansässigen Farmern das Leben schwer machen, da häufig Tiere in ihnen verschwinden und sich nicht wieder befreien können. Der Karsttrichter, der zum Eingang der Höhle von Lascaux führte, war den Bauern um Montignac seit ewigen Zeiten bekannt. Sie hatten sogar versucht, ihn mit Geröll zu verschließen, damit ihre Kühe nicht hineinfielen. Dieser spezielle Karsttrichter befand sich unweit des Schlosses von Montignac, und nach der örtlichen Legende gab es hier einen Geheimgang, der zum Schloss führte. Genaues wusste aber niemand, denn noch nie hatte sich jemand die Mühe gemacht, das Loch im Boden zu erkunden.

Die Höhlenmalereien, die hier im Herbst 1940 entdeckt wurden, zählen nicht ohne Grund zu den berühmtesten der Welt. Zwar sind die rund 17 000 Jahre alten Bilder auf den Höhlenwänden von Lascaux nicht die ältesten Höhlenmalereien. Mit einem Alter von etwa 30 000 Jahren gelten die Bilder der Grotte Chauvet in der Ardèche als mindestens 10 000 Jahre älter, und die El-Castillo-Höhle im spanischen Kantabrien wird sogar auf 40 000 Jahre datiert. Doch zählen die Abbildungen von Lascaux zu einer der umfangreichsten Ansammlungen prähistorischer Felskunst. Ihre Ausführung zeugt von der Vielfalt der Techniken und Ausdrucksmöglichkeiten der prähistorischen Felskünstler. Mit den Bildern in Lascaux erreichte die franko-kantabrische Felskunst des Magdalénien, eine archäologische Kulturstufe des Jungpaläolithikums, ihre Blütezeit. Der franko-kantabrische Raum ist eine geografische Bezeichnung, die vor allem in der Archäologie verwendet wird. Die Region umfasst Nordspanien und Frankreich. Die franko-kantabrische Höhlenkunst konzentriert sich dabei vor allem auf Nordspanien und den südlichen Teil Frankreichs bis zum Zentralmassiv. Der nördliche Randbereich dieses Raums erstreckt sich jedoch nach Norden bis an den Ärmelkanal. In dieser Region befinden sich viele Höhlen, die während des Jungpaläolithikums, des jüngsten Abschnitts der Altsteinzeit zwischen 40 000 und 12 000 Jahren vor heute, mit Felskunst ausgeschmückt worden waren.

Der Einfluss der Höhle von Lascaux auf die Forschung und die unmittelbare Einwirkung der Bilder auf die Vorstellungskraft eines jeden Betrachters machen diese Bilderhöhle zu einer der wichtigsten im prähistorischen Europa.

Wem ist nicht der „Saal der Stiere“ ein Begriff? Wer hat nicht schon einmal die berühmte „Schwarze Kuh“ gesehen, oft auch ohne zu ahnen, woher dieses Bild stammt? Viele meinen, dass diese Bilder für sich sprechen. Will man jedoch herausfinden, welche Bedeutung sie für ihre Erschaffer hatten, so muss man die archäologische Forschung bemühen, die aus unterschiedlichsten Quellen in Detektivarbeit die Vergangenheit zu rekonstruieren sucht. Was dabei bislang gefunden wurde, ist jedoch oftmals vom herrschenden Zeitgeist oder von einer persönlichen Weltsicht

Karsthöhlen wie der hier abgebildete „Schlund von Padirac“ („Gouffre de Padirac“) sind im Südwesten Frankreichs zahlreich vorhanden.

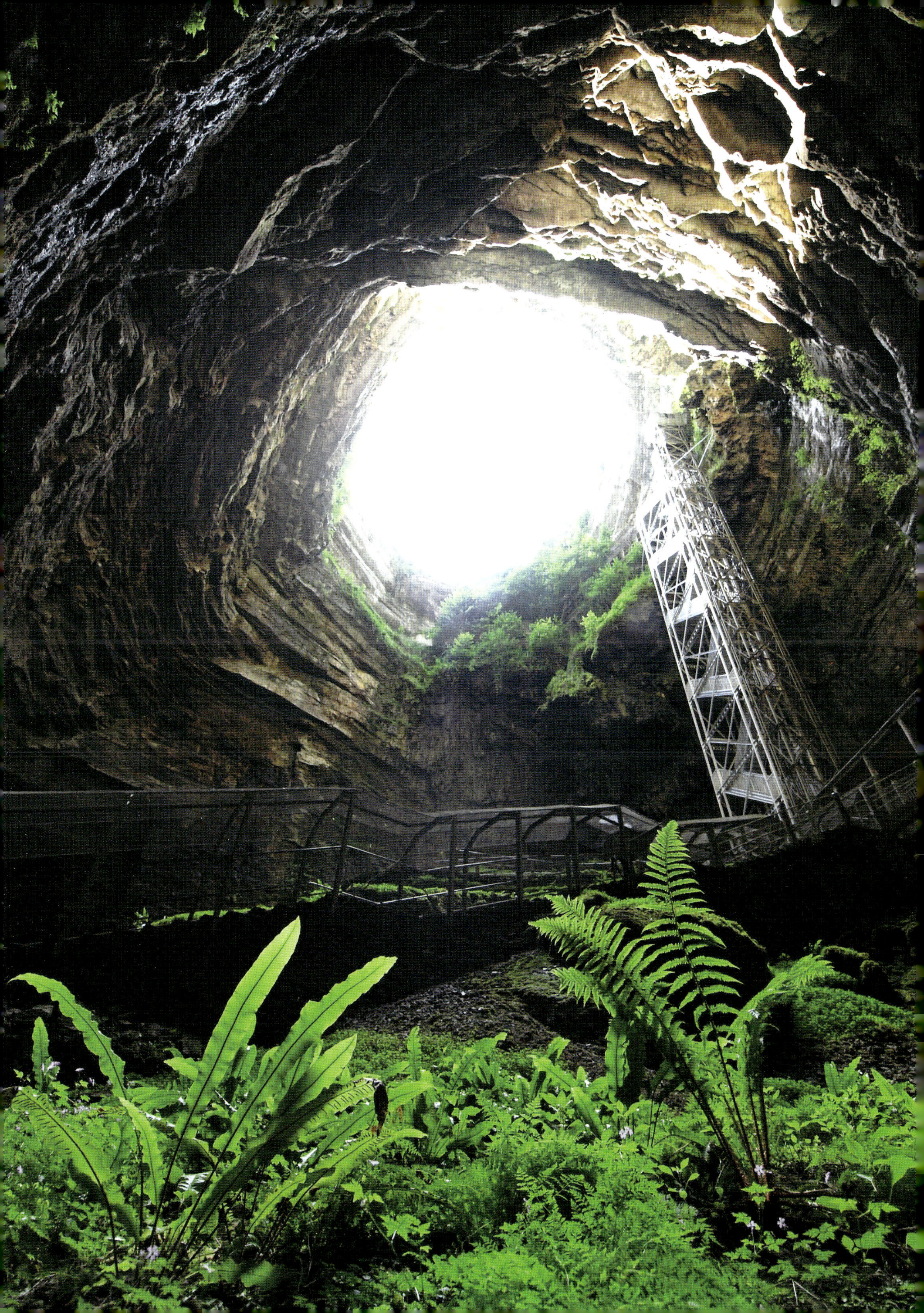

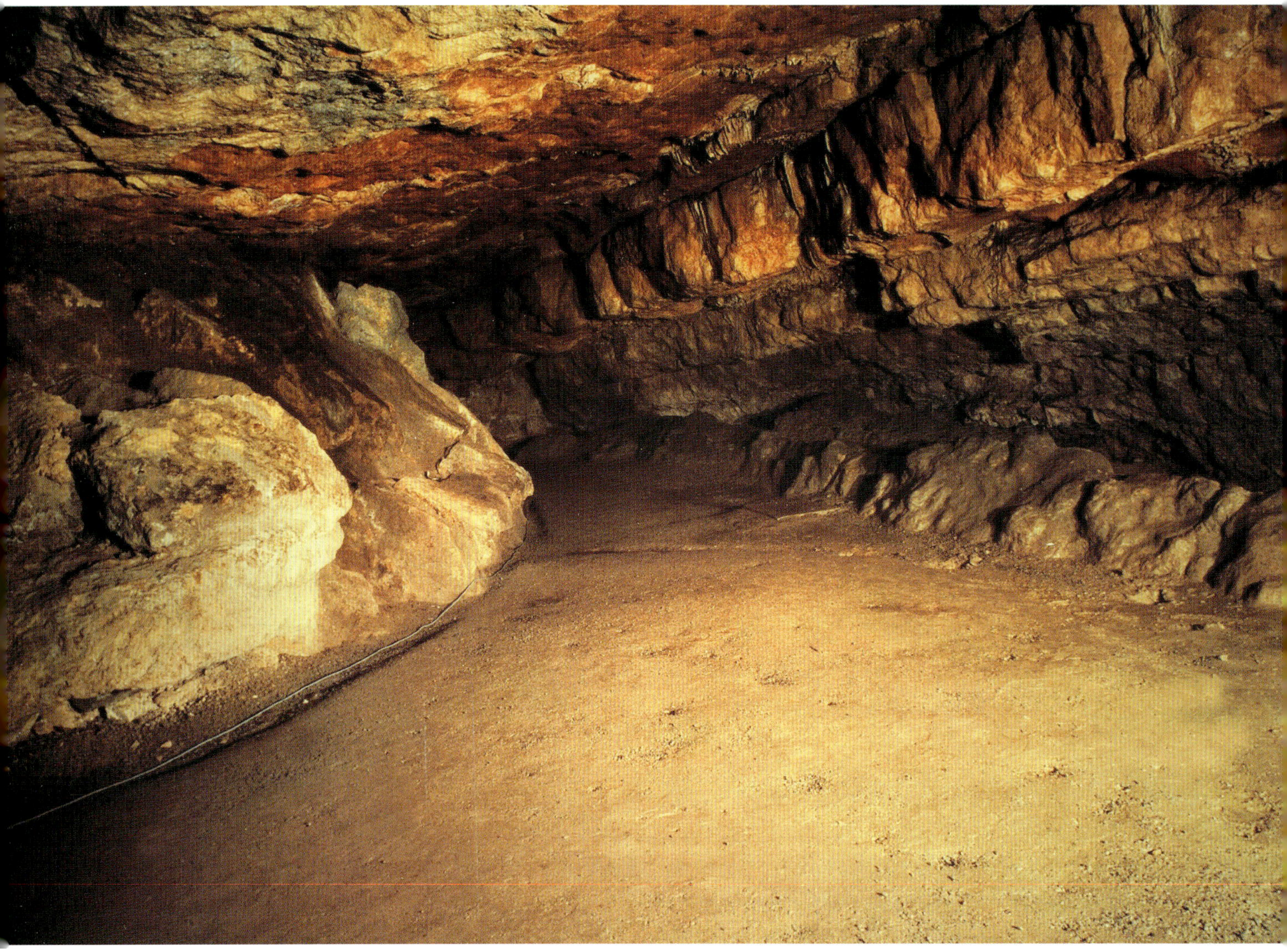

Eingangsbereich der Höhle von Altamira in Kantabrien

geprägt. Nachfolgende Forschergenerationen berichtigen diese Fehltritte – und gehen mitunter dabei ihre ganz eigenen Irrwege. Doch nach und nach entsteht so ein wachsender Konsens. Forschung baut auf vorangegangener Forschung auf: Alte Hypothesen werden widerlegt, neue aufgestellt und an den handfesten Fakten der Archäologie gemessen. Bevor wir also weiter auf die Bilder und die anderen archäologischen Funde in der Höhle von Lascaux eingehen, müssen wir einen kurzen Abstecher in die Forschungsgeschichte machen.

Die Dordogne, und besonders das Tal der Vézère, ist bekannt für ihren Reichtum an prähistorischen Höhlen und Wandmalereien. Nicht umsonst wurden die vorgeschichtlichen Stätten und Höhlenmalereien des Vézère-Tals in ihrer Gesamtheit 1979 in die Liste des UNESCO-Weltkulturerbes aufgenommen. Hier konzentrieren sich auf engem Raum 25 mit Bildern ausgeschmückte Höhlen und „Abris“ (Felsüberhänge) sowie mehr als 140 prähistorische Fundstätten. Hierbei handelt es sich allerdings nur um eine örtlich begrenzte Konzentration bebilderter Höhlen.

Die Felskunst der Dordogne ist weiter gefasst in die Kategorie der franko-kantabrischen Felskunst einzuordnen, die in den felsigen Gegenden von Südwestfrankreich und Nordspanien zu finden ist.

Die erste Entdeckung von altsteinzeitlichen (paläolithischen) Wandmalereien, auch „Parietalkunst" genannt, in einer Höhle wurde nicht in der Dordogne, sondern im spanischen Nordwesten, in Altamira, im Jahr 1879 gemacht. Wie so oft bei archäologischen Entdeckungen dieser Zeit war es auch hier der Großgrundbesitzer selbst, Marcelino Sanz de Sautuola, der ein Interesse für steinzeitliche Kleinfunde entwickelt hatte und beschloss, die Höhlen auf seinem Land nach den Hinterlassenschaften altsteinzeitlicher Siedler zu untersuchen. Die Entdeckung der prächtigen Wandmalereien in Altamira ist jedoch seiner Tochter Maria zu verdanken, die den Blick zur Höhlendecke erhob, während ihr Vater den Boden absuchte.

Was nun folgte, ist nicht gerade eine Sternstunde der Archäologie, obwohl es eine hätte werden können. De Sautuola wurde lächerlich gemacht, und seine Entdeckung wurde ignoriert. Man muss dabei allerdings bedenken, dass die Wissenschaft vom Altertum der Erde erst am Anfang stand. Der Brite Charles Lyell hatte seine „Prinzipien der Geologie" im Jahr 1830 veröffentlicht und nochmals klargemacht, dass die Erde weit älter als 6000 Jahre war. Im selben Jahr wurden aus einer französischen Höhle die ersten archäologischen Funde jungpaläolithischer Kleinkunst ans Licht gebracht, aber noch nicht als solche erkannt: Stücke aus Knochen und Geweih mit eingravierten Tierdarstellungen. Charles Darwin folgte Lyell 1859 mit seiner Abhandlung „Über die Entstehung der Arten". Darwin sprach es zwar nicht explizit aus, jeder Leser konnte aber aus seiner Schrift die Schlussfolgerung ziehen, dass die Menschheit nicht in einem göttlichen Akt geschaffen wurde, sondern eine sehr lange Entwicklungszeit hinter sich hatte. Es dauerte lange, bis sich Darwins Erkenntnis durchsetzte. Als 20 Jahre später Altamira entdeckt wurde, war die ablehnende Reaktion von de Sautuolas Zeitgenossen noch immer nicht überraschend. Wie sollte es dieser dem Urschleim entkrochene „Affenmensch" bereits zu einer ansehnlichen Kunstform gebracht haben, die sich in ihrer Vollendung durchaus mit Hinterlassenschaften der klassischen Antike vergleichen lässt?

Altamira ist ein Paradebeispiel für die Art und Weise, in der vorgefasste Meinungen den forschenden Geist beeinflussen können. De Sautuola selbst war zwar von dem hohen Alter seiner Entdeckung überzeugt, die wissenschaftliche Gemeinschaft der Altertumsforscher aber sah die Bilder als zu fortgeschritten für die „primitiven" Höhlenmenschen des Jungpaläolithikums an und glaubte, dass de Sautuola einer Fälschung aufgesessen war – oder schlimmer noch, sie eventuell selbst begangen hatte.

Nicht lange jedoch, und die Dinge besserten sich: Fortschritte in der Geologie gingen Hand in Hand mit den Schlussfolgerungen, die die Archäologie aus ihrem Fundmaterial zog. Fossile Gesteinsschichten mit den Überresten ausgestorbener Eiszeittiere wurden auf ein hohes Alter datiert. Die jungpaläolithische Kleinkunst bildete eben diese ausgestorbenen Tiere ab, und dieselben Tiere tauchten in lebensgroßen farbigen Malereien auf den Wänden der steinzeitlichen Bilderhöhlen auf. Um die Jahrhundertwende, nachdem immer mehr Bilderhöhlen entdeckt worden waren und der einflussreiche Altertumswissenschaftler Émile Cartailhac in einem öffentlichen Artikel seine Zweifel gegenüber dem hohen Alter der Höhlenbilder zurückgenommen hatte, konnte eine ernsthafte wissenschaftliche Auseinandersetzung mit der Felskunst und ihrer Bedeutung beginnen. Zur Zeit der Entdeckung von Lascaux 1940 war die paläolithische Parietalkunst längst rehabilitiert.

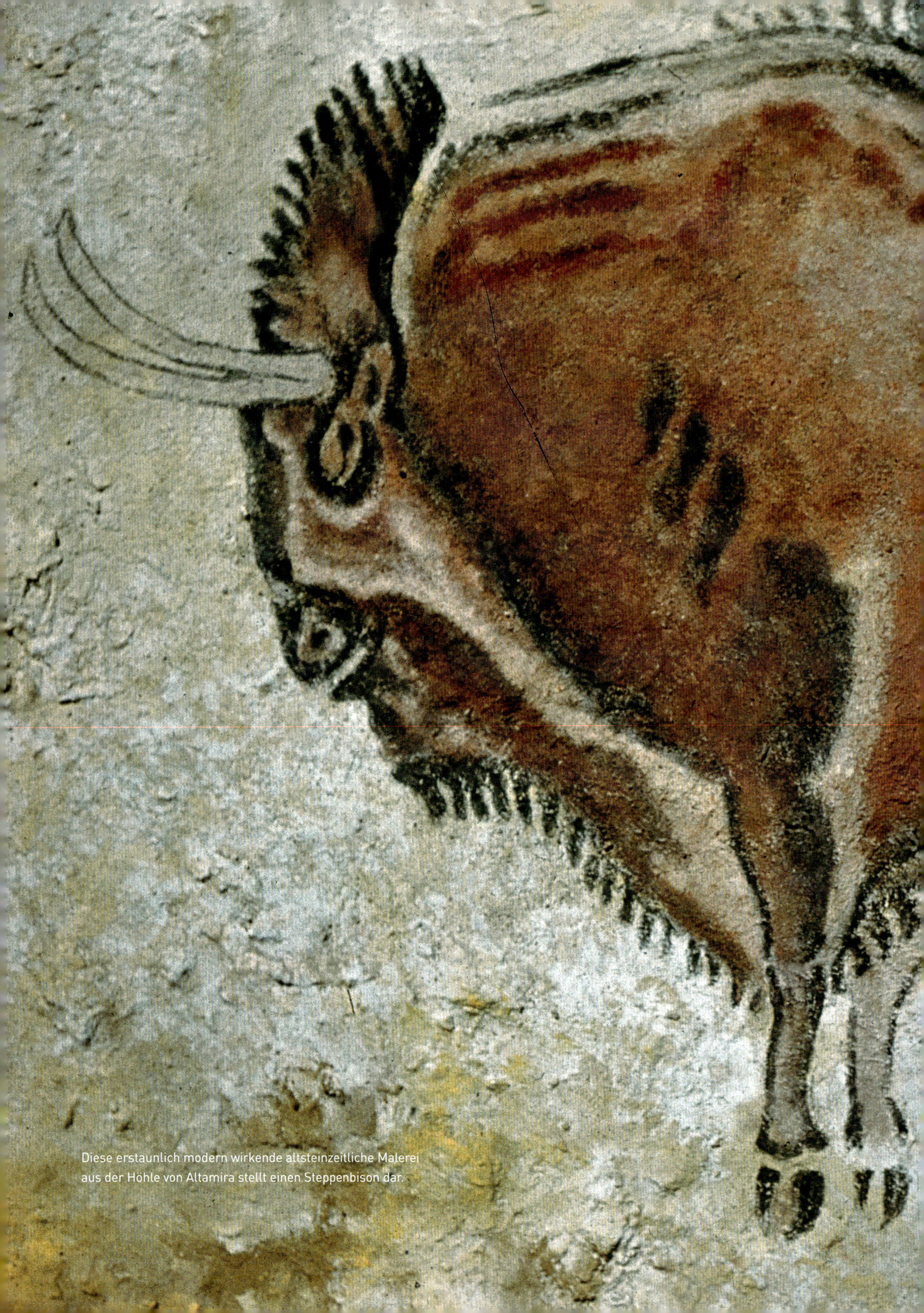

Diese erstaunlich modern wirkende altsteinzeitliche Malerei aus der Höhle von Altamira stellt einen Steppenbison dar.

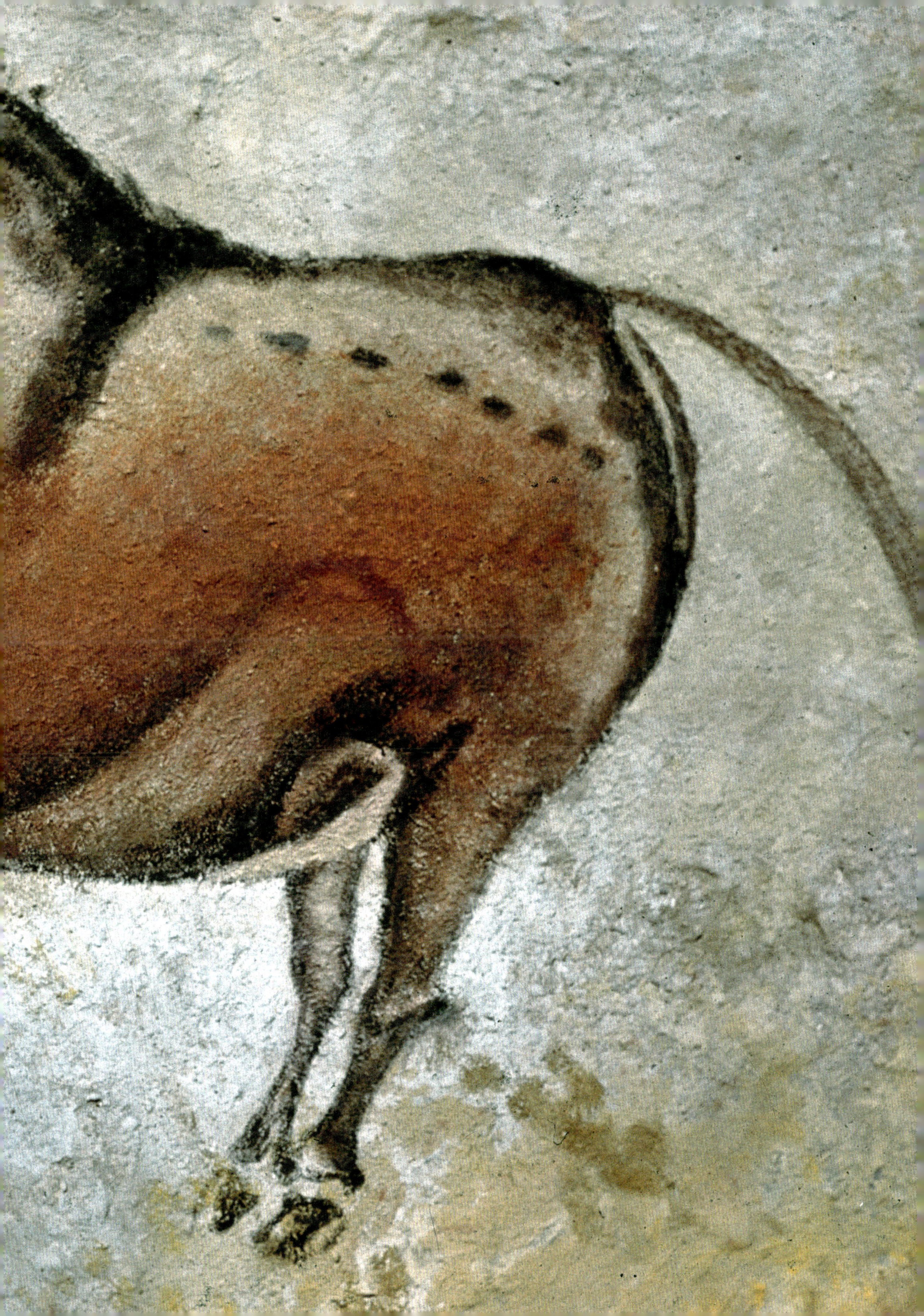

Jene Menschen, die die Felskunst in Lascaux erschaffen hatten, waren im anatomischen Sinne moderne Menschen (Homo sapiens). Sie werden oft mit dem etwas altertümlichen Begriff „Cro-Magnon-Mensch“ bezeichnet, nach dem französischen Fundort Abri de Cro-Magnon, der wie auch Lascaux in der Dordogne liegt. Mit dem nur in der europäischen Forschungstradition gebräuchlichen Begriff des Cro-Magnon-Menschen werden die ersten Vertreter des Homo sapiens in Europa um ca. 40 000 Jahre bis ca. 12 000 Jahre vor heute, also während der Zeit des Jungpaläolithikums, bezeichnet. Heute nimmt man an, dass der Cro-Magnon-Mensch nicht nur anatomisch, sondern auch im Verhaltensmuster und den mentalen Kapazitäten bereits ein vollkommen moderner Mensch war.

Zum Zeitpunkt der Entdeckung von Altamira hatte sich in Europas Bürgertum bereits eine Kunstsinnigkeit festgesetzt, der eine bestimmte romantische Vorstellung von Ästhetik eigen war. Kunst sollte schlicht gefallen. So war es wohl nicht weiter verwunderlich, dass die ersten Höhlenmalereien ebenso wahrgenommen wurden: Kunst als Selbstzweck oder – da die erste wissenschaftliche Diskussion über die Höhlenkunst in Frankreich geführt wurde – „l'art pour l'art“. Sogar in der Begründung des ICOMOS („International Council on Monuments and Sites“), dem internationalen Rat für Denkmalpflege, für die Aufnahme der prähistorischen Stätten und Höhlenmalereien des Vézère-Tals in das Register des UNESCO-Weltkulturerbes wird explizit auf den ästhetischen Wert der Malereien verwiesen. Ziemlich schnell machte sich jedoch die Erkenntnis breit, dass solche „Kunst“ nicht nur leicht zugängliche Höhlenwände wie Höhleneingänge oder Felsüberhänge verzierte, sondern häufig auch in dunklen, schwer zugänglichen Teilen von unterirdischen Gangsystemen angebracht wurde. Doch warum sollte man die Zeit aufwenden, ein dunkles Loch zu verzieren, in welchem man ohne Fackel oder Öllampe nicht einmal die Hand vor den Augen sehen konnte? Die Frage nach der Ästhetik steht wiederum auf einem ganz anderen Blatt: Die beinahe lebensechte, farbige Gestaltung der Tiere fand eine starke Resonanz im westeuropäisch geprägten Kunstgeschmack. Dieser Geschmack kann aber nicht als

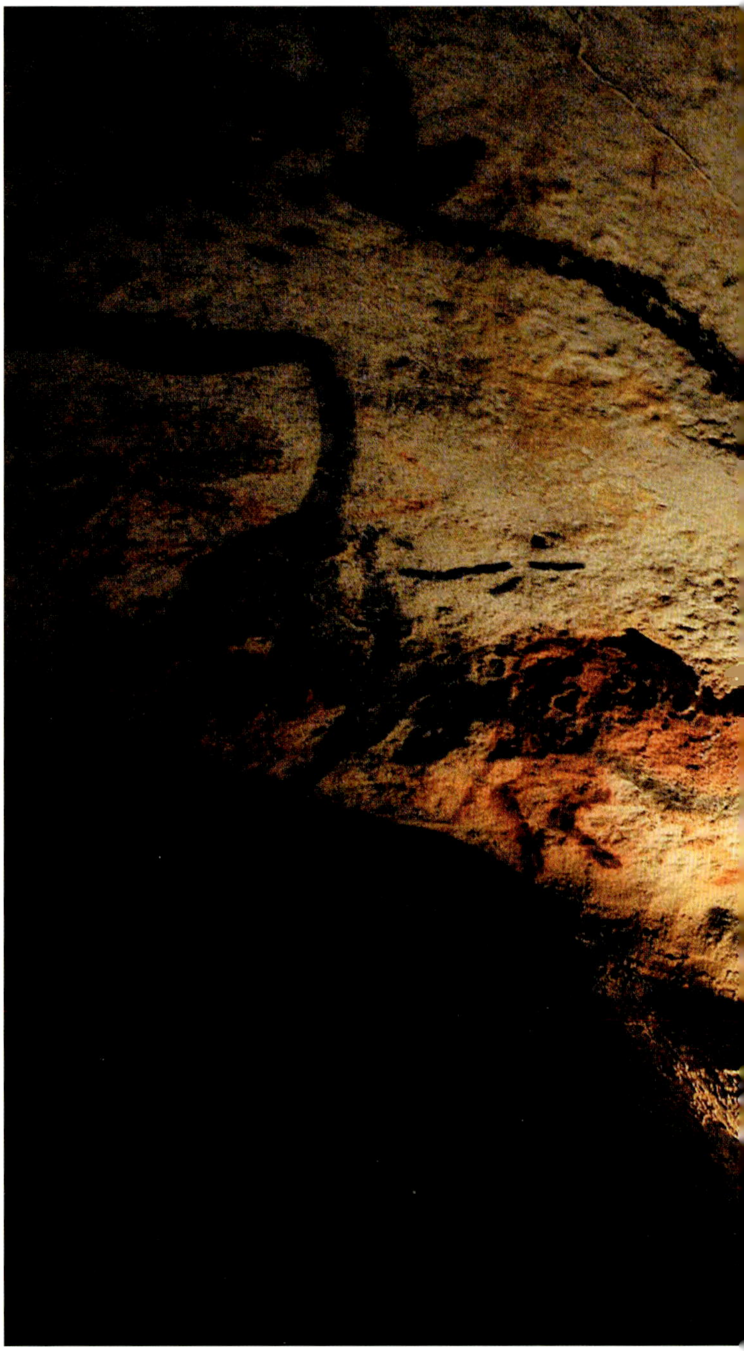

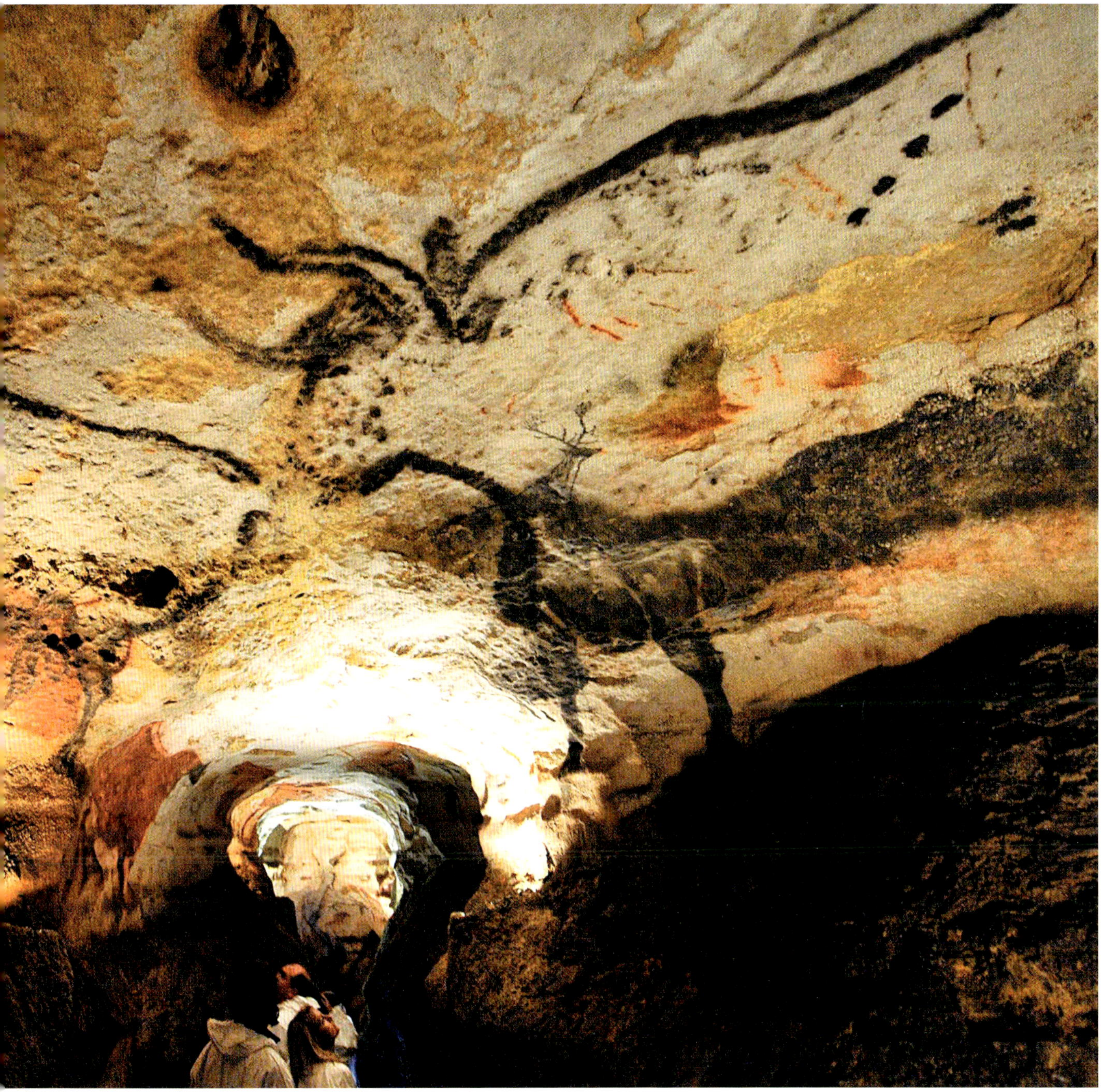

universell geltend angesehen werden, denn eine solch romantisch-westeuropäisch geprägte Ästhetik herrschte wohl kaum schon vor Jahrtausenden vor? Geschmack verändert sich.

Konnte man denn den „primitiven" Höhlenmenschen der Altsteinzeit schon so etwas wie Religion oder soziales Empfinden zutrauen?

Blick aus dem Saal der Stiere in den axialen Seitengang

Konnte ihre „Kunst" eine Funktion jenseits der puren Dekoration gehabt haben? Ethnografische Parallelen mit den australischen Ureinwohnern und ihrer komplexen, von Schöpfungsmythen und spirituellen Geschichten geprägten Felskunst legten eine solche Interpretation nahe. Es fiel auf, dass die in der jungpaläolithischen franko-kantabrischen Felskunst dargestellten Tiere ein bestimmter Ausschnitt der eiszeitlichen Tierwelt waren: Pferde, Steinböcke, Bären, Löwen und immer wieder Auerochsen oder Steppenbisons. Das im späten 19. und frühen 20. Jahrhundert aufkeimende Interesse an Anthropologie, Ethnografie und damit an den „primitiven" Ureinwohnern ferner Länder führte zu einer Beschäftigung mit dem Kontext von Tierdarstellungen in diesen Gesellschaften. Die Totemtiere der nordamerikanischen Indianerstämme wurden mit der französischen Höhlenkunst verglichen, lieferten aber nicht genug Erklärungspotenzial. Die Theorie der Jagdmagie von André Glory war dagegen eine sehr flexible und dehnbare Deutung: Man stellte die Tiere dar, die gejagt wurden, und die sich vermehren sollten, damit immer ausreichend Beutetiere zur Verfügung stünden – Hirsche. Man stellte die Tiere dar, deren Jagd gefährlich war, und über die man Kontrolle zu haben wünschte – Auerochsen. Und man stellte Raubtiere dar, deren Stärke man sich zu eigen machen wollte – Löwen und Bären. Selbst die abstrakten Symbole konnten als Waffen oder Fallen erklärt werden. Vor allem brauchte jene Magie die Abgeschiedenheit eines dunklen Versteckes: die dunklen, unzugänglichen Kammern tief im Fels.

Diese Herangehensweise stellt forschungsgeschichtlich einen Richtungswechsel dar: Man gestand den altsteinzeitlichen Jägern und Sammlern eine spirituelle Vorstellungswelt zu, die Auswirkungen auf ihre soziale Organisation hatte. Denn wer auch immer die Aufgabe der Malerei übernahm, tat dies nicht zum persönlichen Vergnügen und um seine Auffassung von Ästhetik auszudrücken, sondern übernahm die Verantwortung für das Wohlergehen der Gemeinschaft, das abhängig vom Jagdglück war. Diese Person wird oft als „Schamane" bezeichnet.

Die Theorien, die auf Jagdmagie oder auch Totemismus beruhen, versuchen jedes einzelne Bild irgendwie zu erklären, aber eine Struktur oder eine dem Ganzen zugrunde liegende Regel geben sie nicht. Wenn die Felsbilder aus einem sozialen Anlass heraus entstanden sind, müssten sie auch einem sozialen Code folgen, einem Code, der von der jeweiligen Gemeinschaft gelesen, verstanden und reproduziert werden kann.

In der Entwicklung dieser Idee spielte die Höhle von Lascaux eine zentrale Rolle. Man stellte den Wert der ethnografischen Modelle infrage und begann, die Bilder nicht als zufällig nebeneinanderstehende Einzelfälle, sondern als geplante Kompositionen zu betrachten. Dieser strukturalistische Ansatz zur Interpretation der Höhlenbilder war allerdings ebenfalls nicht von langer Dauer. Die Felskunstforschung bewegte sich weiter: Neuere Theorien kommen beispielsweise aus den Bildwissenschaften – Bilder transportieren Bedeutung und können als gesellschaftlicher Informationsspeicher dienen, oder vielleicht eher als Erinnerungsstütze für Informationen, die durch persönliche Erlebnisse oder die Erzählungen anderer erworben wurden.

Die Höhle von Lascaux und ihre Bilder

Es existieren mehrere Versionen der Entdeckungsgeschichte von Lascaux. Nach einem Brief, den der Entdecker Marcel Ravidat selbst später über die Ereignisse verfasste, hatte sich die Entdeckung folgendermaßen abgespielt: An einem Septembertag im Jahr 1940 war er mit einer Gruppe von Freunden unterwegs in den Hügeln von Montignac in der Dordogne, etwa zwei Kilometer von

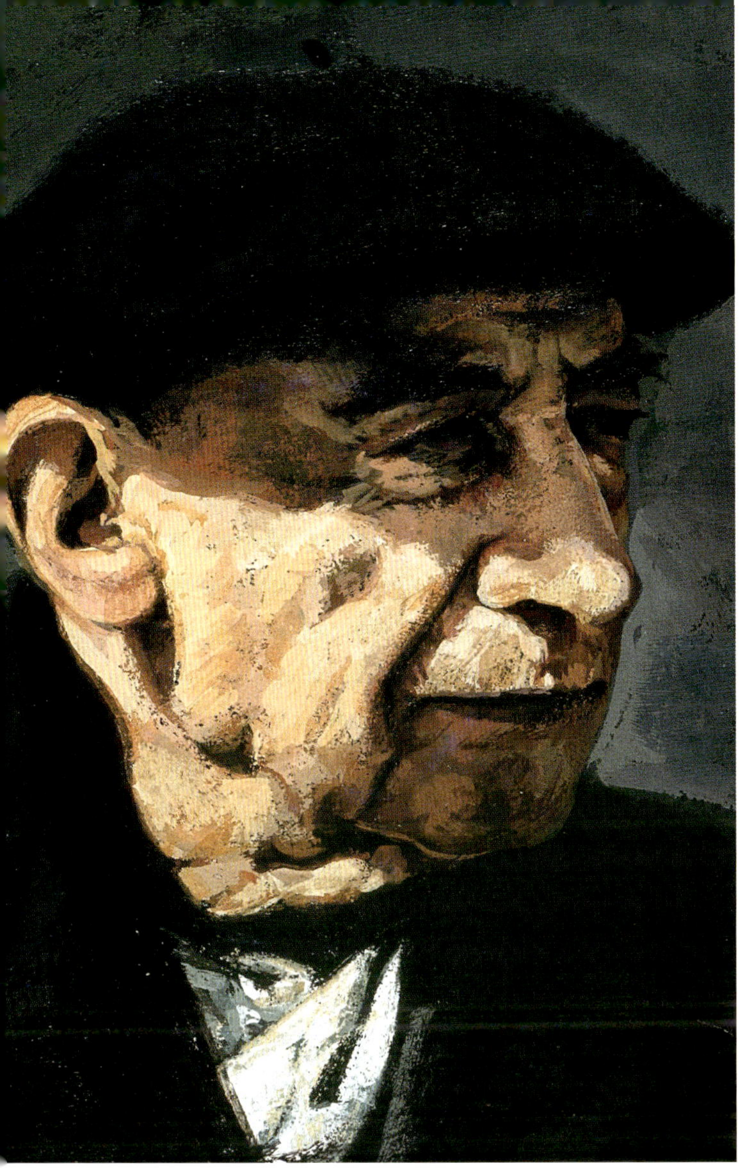

Undatiertes Porträt des französischen Priesters, Archäologen und Anthropologen Henri Breuil (1877–1961)

der Ortschaft entfernt. Ravidat hatte seinen Hund Robot dabei, der sich die Zeit mit der Jagd auf Kaninchen vertrieb. Plötzlich war Robot verschwunden, er war einem Kaninchen in ein Erdloch unter einem vom Sturm entwurzelten Baum gefolgt. Die Freunde entfernten das Gestrüpp, unter dem das Erdloch versteckt lag, und Ravidat machte sich daran, seinen Hund zu befreien. Er kroch in das Erdloch und schlitterte einen Schutthügel hinunter. Am Fuß des Abhangs angekommen, entdeckte er, dass er sich in einer riesigen Höhle befand. Vier Tage später, am 12. September, kam er zusammen mit einigen Freunden wieder, ausgerüstet mit Lampen und Seilen, um die Höhle zu erkunden.

Dieser Expedition aus jungen Höhlenforschern, die zunächst noch nichts von den Felsbildern wussten, gehörten neben Ravidat noch Jacques Marsal, Georges Agniel und Simon Coencas an. Sie stiegen durch den Karsttrichter in den Eingangsbereich ein und drangen bis in den Teil vor, der heute als „axialer Seitengang" bekannt ist. Mit Erstaunen nahmen sie die Zeichnungen an den Wänden wahr, die durch den Schein der Lampe nur schemenhaft zu erkennen gewesen sein mussten. Je weiter sie in die Höhle vordrangen, desto mehr Zeichnungen eröffneten sich ihnen. Sie erkannten, dass es sich hier um eine Entdeckung von großer Bedeutung handeln musste.

Einige Tage lang kehrten die jungen Leute fast täglich zu neuen Erkundungen in die Höhle zurück. Marsal erzählte schließlich seinen Eltern von ihrem Fund, die wiederum den Lehrer Léon Laval aus Montignac darüber informierten. Dieser war gut bekannt mit dem Geistlichen Henri Breuil (auch Abbé Breuil), einem Prähistoriker.

Schon am 21. September, nur zwei Wochen nach Robots Abenteuer im Kaninchenloch, besuchte Breuil zusammen mit zwei weiteren Spezialisten die Höhle. Ihnen folgten bald der Steinzeitforscher Denis Peyrony und Graf Henri Bégouën, der selbst einige Erfahrung mit prähistorischen Höhlen hatte sammeln können, seit seine drei Söhne auf seinem Land am Fuß der Pyrenäen 1912 eine Höhle mit steinzeitlicher Lehmkunst gefunden hatten.

Noch im selben Jahr der Expedition verfasste Breuil einen Bericht über die Entdeckung von Lascaux für die „Société préhistorique de France". Er war jedoch schon zur Zeit ihrer Entdeckung in einem recht fortgeschrittenen Alter, sodass die Erkundung der Höhle bald über seine Kräfte ging. André Glory, selbst Geistlicher und Breuils lang-

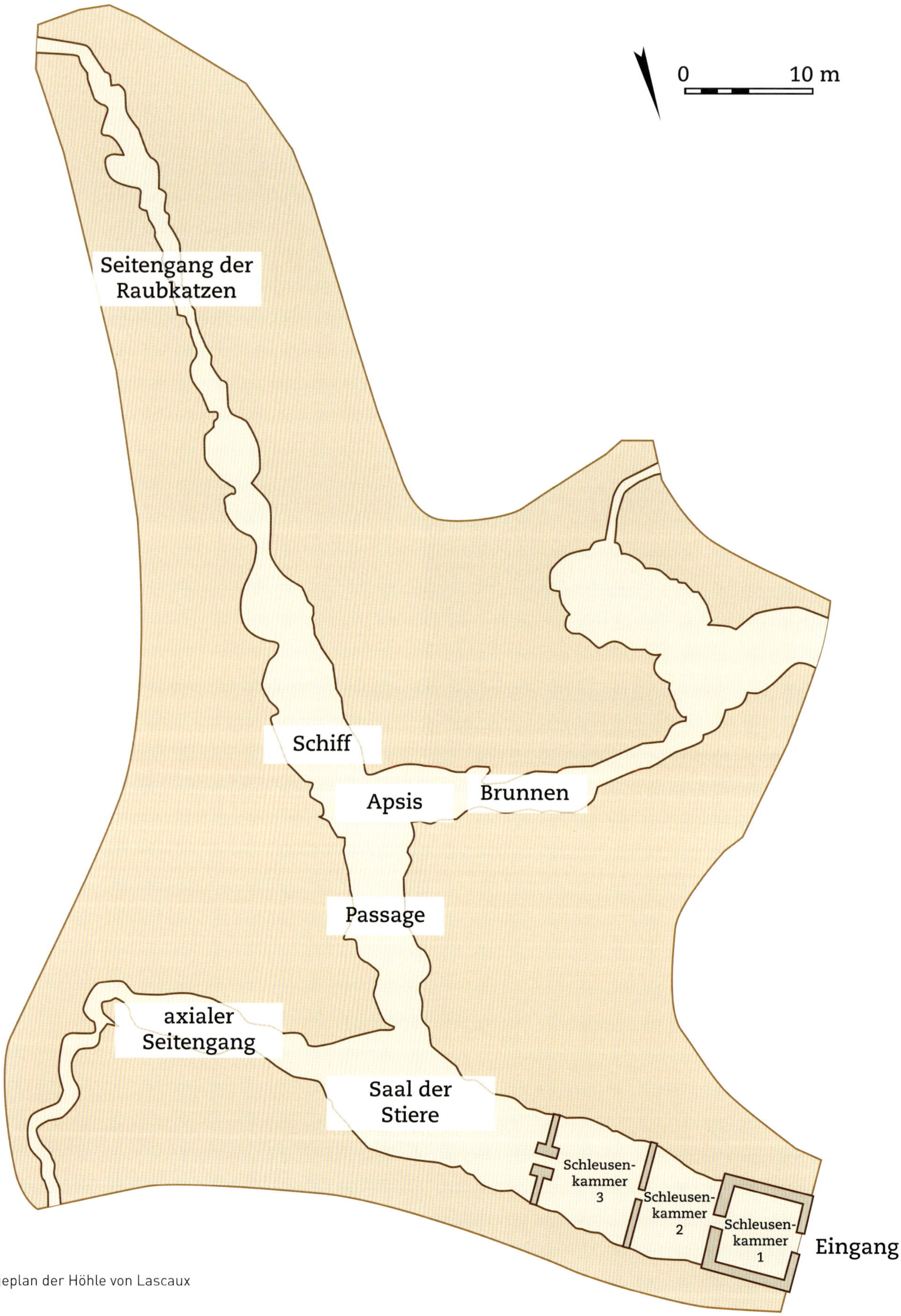

Lageplan der Höhle von Lascaux

jähriger Assistent, begann 1952 damit, die Bilder in der Höhle zu kopieren. Bis zur Schließung der Höhle im Jahr 1963 fertigte er nahezu 1500 exakte Kopien der Zeichnungen an, die er, zum Teil auf Gerüsten balancierend, zum Teil in enge Nischen gezwängt und auf dem Rücken liegend, auf ein direkt an der Felswand angelegtes Pauspapier übertrug. In der „Passage" identifizierte er 286 Tiere, 87 im „Seitengang der Raubkatzen" und über 600 in der „Apsis". Bis heute ist der Fundus der kopierten Zeichnungen auf 1900 angewachsen, und noch immer sind nicht alle Darstellungen restlos aufgenommen worden.

Doch Glory interessierte sich nicht nur für die Bilder, er führte als Einziger umfangreiche archäologische Ausgrabungen in der Höhle durch, darunter fiel neben kleineren Grabungen auch die wissenschaftliche Begleitung der großen Ausschachtungsarbeiten. Als die Besucherströme bereits Anfang der Fünfzigerjahre mit durchschnittlich rund 1200 Menschen am Tag ein so großes Aufkommen erreicht hatten, dass zum Schutz der Bilder ein Luftzirkulationssystem errichtet werden musste, beauftragte die französische Regierung André Glory mit der Aufsicht über die Bauarbeiten für die Installation der riesigen Maschine und der Ventilationsschächte im Boden. Im Zuge dieser Arbeiten wurde fast der gesamte Höhlenboden vom „Saal der Stiere" bis zur „Mondmilch-Galerie" in einer Tiefe von bis zu fünf Metern ausgeschachtet. Die Ausgrabungen unter Glorys Direktion im Vorfeld dieser Schachtarbeiten förderten unter vielen anderen Schichten auch zwei Erdschichten mit archäologischen Funden zutage.

Es stellte sich jedoch heraus, dass die Ventilation selbst zur Verschlechterung des Zustands der Höhlenbilder beitrug. Deshalb wurde die Höhle 1963 für Besucher – Touristen wie Forscher – komplett gesperrt. Die Bilder wurden restauriert, aber das Höhlenklima war völlig aus dem Gleichgewicht gebracht worden. Seither wird nur einzelnen Forschern für wenige Stunden am Tag an wenigen Tagen im Jahr der Zugang zur Höhle gewährt. Lascaux hatte sich jedoch zu einem Besuchermagneten entwickelt, und um der touristischen Nachfrage gerecht zu werden, wurde eine exakte, dreidimensionale Replik des „Saals der Stiere" und des „axialen Seitengangs" ganz in der Nähe des Originals erschaffen: Lascaux II.

Angesichts der vielen farbintensiven und lebensnahen Darstellungen an den Höhlenwänden ist es kaum verwunderlich, dass die übrigen Hinterlassenschaften der prähistorischen Höhlennutzer oft nicht die gebührende Aufmerksamkeit erhalten, die sie verdient hätten. Im Folgenden sollen daher nicht nur die Bilder, sondern auch die archäologischen Kleinfunde – falls welche vorhanden sind – der einzelnen Kammern betrachtet werden.

Anlage der Höhle

Die Höhle von Lascaux reicht etwa 100 Meter tief in den Fels hinein und besteht aus mehreren Gängen und Kammern mit einer Gesamtlänge von etwa 250 Metern. Sie ist also, verglichen mit anderen Höhlen in der Gegend, eher klein. Durch den heutigen Eingang hatten bereits die prähistorischen Benutzer der Höhle das unterirdische Gangsystem betreten. Damals lag der Eingang jedoch bedeutend niedriger: Im Laufe der Jahrtausende haben sich mächtige Lagen an Geröll und Schutt im Eingangsbereich abgelagert, die größtenteils von einem alten Einsturz der Höhlendecke im Eingangsbereich herrühren. So betritt der heutige Besucher die Höhle über eine in die

Schuttschichten gebaute Treppe und hat erst einmal einen steilen Abstieg vor sich. Durch mehrere, allerdings modern eingebaute Schleusen betritt man zunächst den „Großen Saal“ oder auch „Saal der Stiere“ (Salle des Taureaux). Am Ende dieser Kammer steht der Besucher vor einer Gabelung: Geradeaus befindet sich der „axiale Seitengang“ (Diverticule Axial), während sich halb rechts die „Passage“ anschließt. Sie mündet nach etwa 15 Metern in der „Apsis“ (Abside), einer fast runden Kammer, aus der wiederum zwei Gänge führen. Rechts von ihr schließt sich der „Brunnen“ oder „Schacht“ (Puits) an. Geradeaus folgt auf die Apsis das „Schiff“ (Nef), das gleichsam die Verlängerung der Passage darstellt. Das Schiff wiederum geht in einen unbemalten Abschnitt, die Mondmilch-Galerie, über und verengt sich schließlich zu dem 20 Meter langen „Seitengang der Raubkatzen“ (Diverticule des Félins).

Eingangsbereich

Im Eingangsbereich der Höhle befindet sich heute keine Felskunst. Doch es ist möglich, dass hier einmal Malereien oder Gravierungen zu sehen waren, denn Felskunst an den Wänden von Abris ist durchaus bekannt, z. B. in La Ferrassie und La Madeleine, beides ebenfalls in der Dordogne, oder auch in Nordafrika.

Der ursprüngliche Eingang der Höhle befand sich zwar an derselben Stelle, allerdings war die Höhlendecke in diesem Bereich eingestürzt, sodass sich der Eingang nach oben verlagerte und nun mehrere Meter über dem ursprünglichen Niveau liegt. Mit dem Einsturz des Gewölbes sind auch alle Spuren einer eventuellen Ausschmückung des Eingangsbereiches verschwunden. Durch die Installation einer Treppe in diesem Bereich und besonders durch den Einbau der Ventilationsmaschinerie in einer Kammer unterhalb der Treppe war jedoch die Möglichkeit gegeben, den Schuttkegel auf archäologische Spuren hin zu untersuchen. André Glory führte einen acht Meter tiefen Schnitt durch den Schuttkegel vom oberen Ende der Treppe am aktuellen Eingang bis hinunter zu den Lehmsanden aus. Ein zweiter Schnitt durch den Schuttkegel wurde auf halber Treppe angelegt. Schon diese zwei Schnitte im Eingangsbereich brachten einige interessante archäologische Stücke ans Tageslicht: Neben einigen Tierknochen fanden sich mehrere Werkzeuge aus Feuerstein und Kalkstein, drei Talglampen aus Kalkstein sowie eine Farbpalette mit Verfärbungen durch Manganoxid und Holzkohlereste. Im Eingangsbereich zeigten sich also bereits die notwendigen Hilfsmittel für die jungpaläolithischen Maler: Werkzeug, Farbe, Licht.

Der Saal der Stiere

Der Saal der Stiere ist der erste „Saal“, den man nach dem Durchqueren der Schleusenkammern am Eingang betritt. In der Tat handelt es sich dabei um einen riesigen Raum. Auch in prähistorischer Zeit traten die Menschen durch den Höhleneingang zunächst in diesen Saal ein. Hier sind Wände und Boden mit einer dicken Schicht von Kalzit (Kalkspat) bedeckt, der die natürliche Grundierung für die Malereien lieferte. Die Kalkablagerungen stammen von Tropfwasser, das sich in einem kleinen Rinnsal sammelte und im Laufe der Jahrtausende eine Reihe von Sinterbecken am Boden bildete. Diese Kalkbecken nahmen zur Zeit der Entdeckung der Höhle die gesamte Bodenfläche im Saal der Stiere ein. Für die Besucher wurde ein betonierter Pfad über die Sinterbecken gelegt.

Die Höhlenwände sind auf beiden Seiten mit großen Auerochsen bemalt, deren größter stolze 5,2 Meter groß ist, also mehr als lebensgroß. Diese groß abgebildeten Tiere werden begleitet von vielen kleineren Tieren. Betritt man den Saal, so beginnt der Reigen der Tiere auf der linken Seite. Die erste Abbildung ist der angedeutete Kopf eines Pferdes. Schon die zweite Abbildung auf dieser Seite ist ein Rätsel. Das Tier wird allgemein als „Einhorn“ (Licorne) bezeichnet, obwohl es deutlich zwei Hörner trägt, die allerdings aufgrund ihrer Länge keine Entsprechung bei real existierenden Tieren finden. Das Einhorn hat zudem einen dicken Hängebauch und große schwarze Kringelflecken auf den Flanken. Dieser seltsamen Kreatur zu Beginn des Saals schließt sich eine galoppierende Herde aus kleinen Pferden an, in deren Mitte der erste Auerochse („Stier“) steht, dessen Hinterleib von einem roten Pferd mit schwarzem Kopf überlagert wird. Dies ist der Mittelpunkt und für den Betrachter sicher der Höhepunkt dieser Wand. Dem ersten Auerochsen steht ein zweiter gegenüber. Sie blicken einander an, getrennt nur von einer Gruppe aus drei winzigen Hirschen. Über dieser Szene schweben Kopf und Rückenlinie eines Pferdes. Der Körper des zweiten Auerochsen wird teilweise durch ein rotes Rind überlagert, das wie im Sterben begriffen in die Knie zu gehen scheint.

Auf der rechten Seite finden sich zunächst keine Bilder, bis sich rechter Hand die Passage abzweigt. Auf dem engen Raum zwischen dem Eingang zur Passage und dem Eingang zum axialen Seitengang drängen sich zwei große Auerochsen und der schlecht erhaltene Teil eines Kopfes eines dritten Auerochsen, eine rote Kuh, gefolgt von ihrem Kälbchen, ein kleiner Hirsch und ein schwarzer Bär, der zum großen Teil mit der

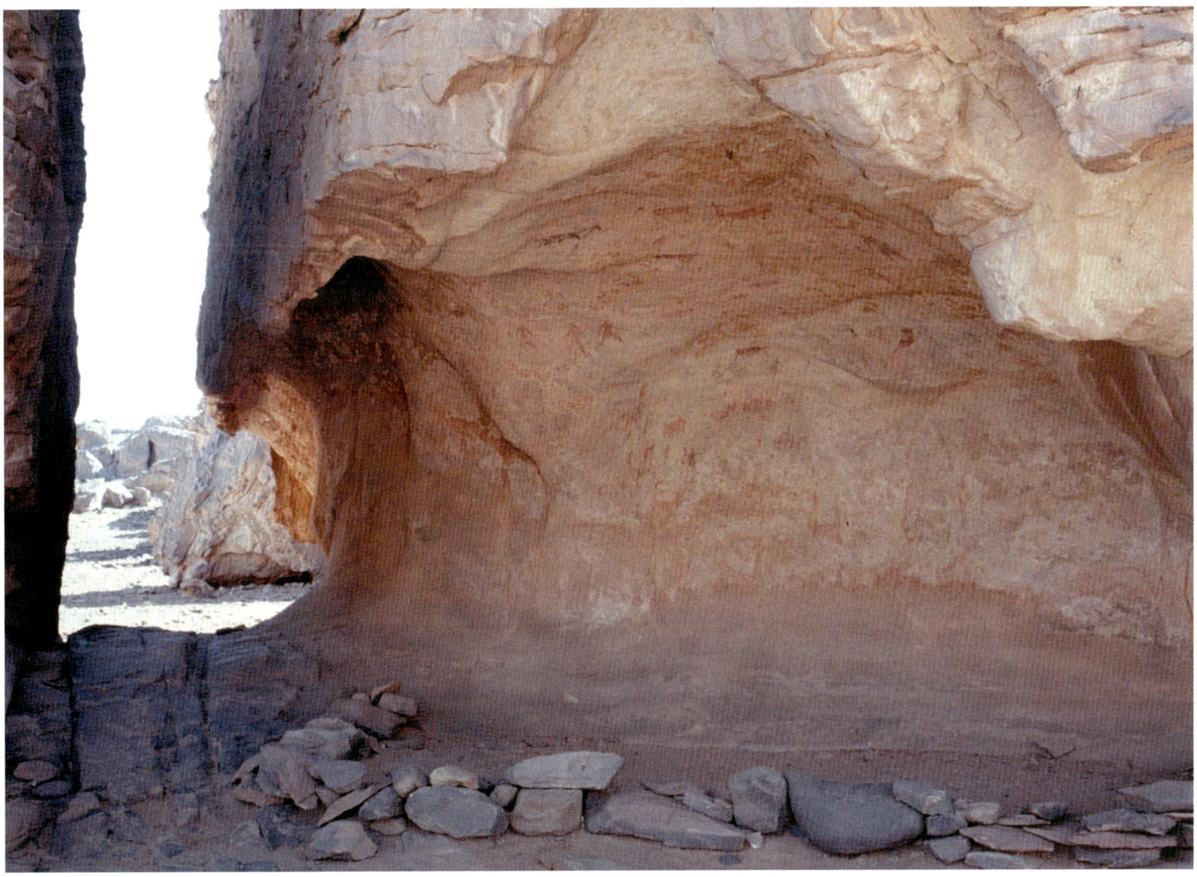

Diese Aufnahme zeigt einen Abri in der Sahara im Südosten Algeriens. Er ist mit jahrtausendealten Felsmalereien ausgeschmückt.

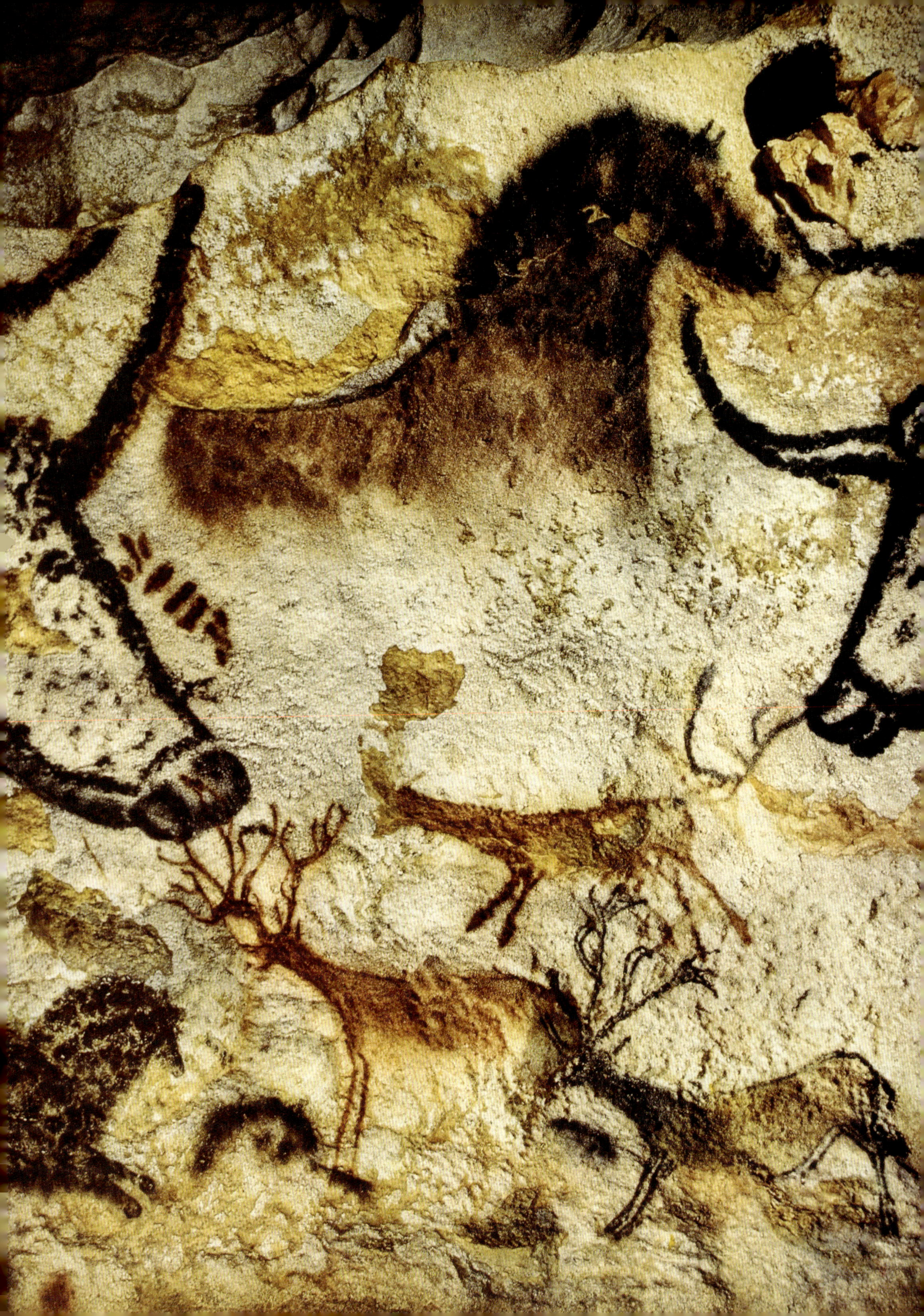

schwarz gesprühten Brust-Bauch-Linie eines Auerochsen verschmilzt und nur schlecht zu sehen ist. Dies ist die einzige Darstellung eines Bären in Lascaux. Auch der Hirsch befindet sich, wie der Bär, innerhalb der Umrisse des vierten Stieres, dazu der Körper eines Pferdes, dessen Kopf von der Wand abgeplatzt ist. Ein weiterer Stier ist mit Hörnern und Rumpflinie unterhalb des vierten Stieres bei der roten Kuh angedeutet.

Obwohl die Tiere im Saal der Stiere nicht unbedingt statisch dargestellt sind, muten sie doch sehr majestätisch an. Dieser Eindruck wird besonders durch die vier großen Stiere hervorgerufen, die den Saal visuell beherrschen. Die Tierdarstellungen im Saal der Stiere werden von rund 50 Symbolzeichen begleitet. Es wurden allerdings so gut wie keine archäologischen Hinterlassenschaften im Saal der Stiere gefunden.

Der axiale Seitengang

Der axiale Seitengang (auch als „axiales Divertikel“ bezeichnet) ist die Fortsetzung des Saals der Stiere in einer geraden („axialen“) Linie. Der Gang endet in einem wurmfortsatzartigen engen Schlauch, dem sogenannten Mäander. Der axiale Seitengang und der Mäander enthalten Bilder von Rindern und Pferden, begleitet von Hirschen und Steinböcken. Auch die Decke ist hier bemalt – bei einer Deckenhöhe von zweieinhalb Metern. Eine Prozession von Pferden zieht sich über die rechte Wand. Henri Breuil gab ihnen die Bezeichnung „chinesische Pferde“, weil sie in ihrer Eleganz an die Darstellung von Pferden auf chinesischen Malereien erinnerten. Eine Kuh springt über sie hinweg. Hier, im axialen Seitengang, finden sich allerdings nicht nur reine Tierdarstellungen: Zwischen den Tieren sind auch abstrakte Zeichen wie Striche, Punkte und rechteckige Muster zu sehen. Die springende Kuh auf der rechten Wand bewegt sich auf ein solches rechteckiges Symbol zu. Könnte es sich hierbei um eine Falle handeln?

Auf der linken Seite ist ein großer schwarzer Auerochse abgebildet, dessen Körper andere Tiere, vielleicht eine rote Kuh, bedeckt. Ein Pferd galoppiert auf ein kreuzförmiges Symbol zu, das sich auch auf den sogenannten Assegais wiederfindet, in der Höhle gefundene Speerspitzen aus Knochen oder dem Geweih eines Rentiers.

In einer Ecke des Divertikels stieben drei rote Kühe und ein ockerfarbenes Pferd auseinander. Bei einer dieser roten Kühe kann man deutlich die Linienführung einer älteren Umrisszeichnung erkennen, die aber nicht komplett umgesetzt wurde. Die Kuh erhielt letztendlich eine weniger steile Brustpartie als durch den ersten Umriss angedeutet. Die Darstellung der Kuh ist auch nicht vollendet. Ihr fehlt der Hinterleib, der zwar durch einen Umriss, zumindest was die Rückenpartie betrifft, skizziert, jedoch nicht ausgemalt ist. Dort befindet sich stattdessen ein kleines schwarzes Pferd. Viele andere Tiere in Lascaux sind ebenfalls unvollendet.

Anders als im Saal der Stiere erscheint das Moment der Bewegung im axialen Seitengang nicht einheitlich. Die Tiere laufen nach allen Seiten auseinander und durcheinander. Dies gibt den Wänden eine wimmelnde Lebendigkeit, die im Gegensatz zur Majestät des Großen Saals steht.

Das bekannteste Bild im axialen Seitengang, ganz am Ende, wo der Gang sich fast undurchdringbar in die Windungen des Mäanders verengt, ist die seltsame Darstellung eines Pferdes – kopfüber, auf einem natürlichen Felspfeiler. Dieses Pferd wird in der Literatur auch als „stürzendes Pferd“ bezeichnet, allerdings ist in seiner Körperhaltung kein Sturz oder Fall ausgedrückt, abgesehen von der Blickrichtung. Auf der Wand gegen-

Die im Text beschriebene Szene aus dem Saal der Stiere

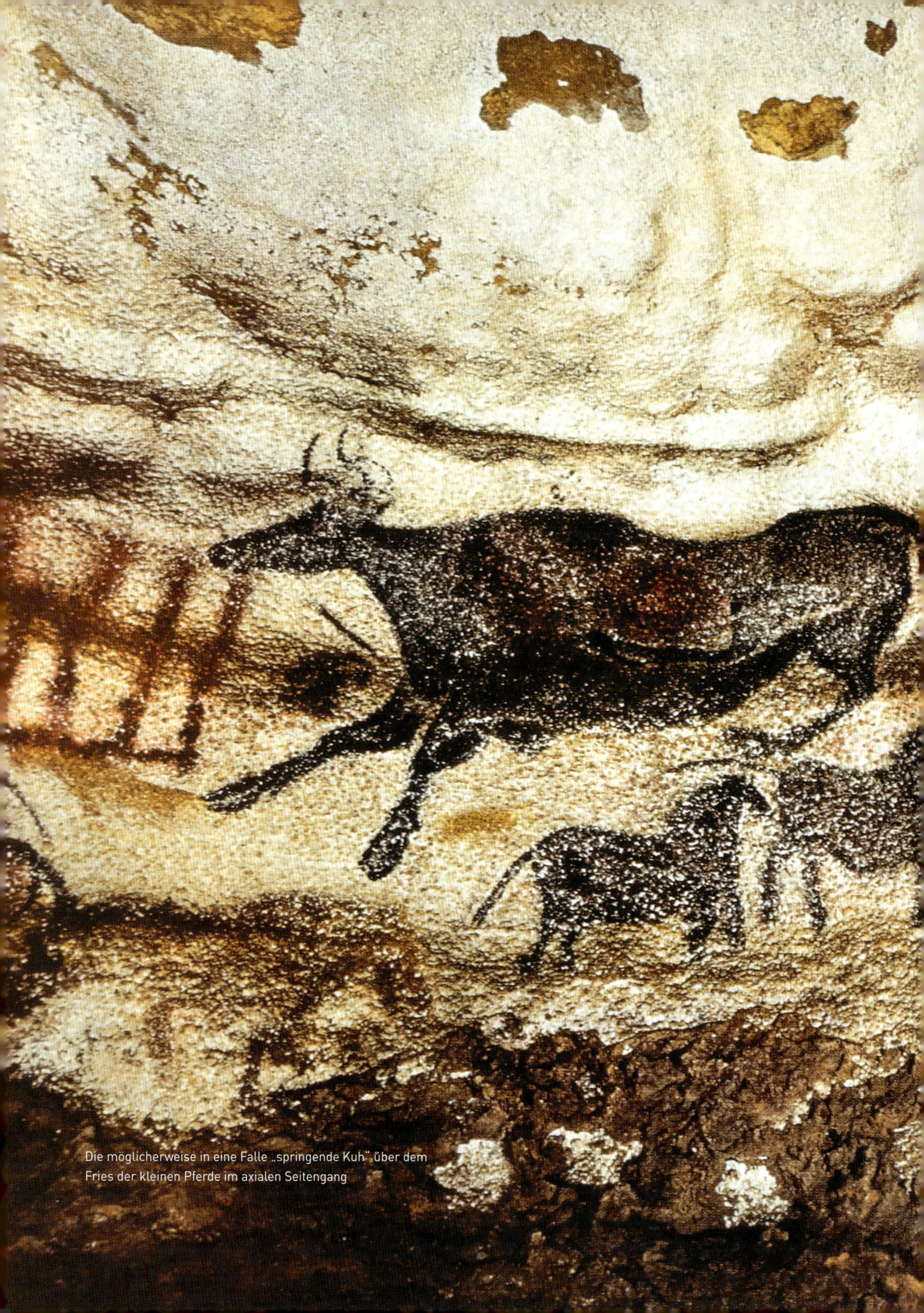

Die möglicherweise in eine Falle „springende Kuh“ über dem Fries der kleinen Pferde im axialen Seitengang

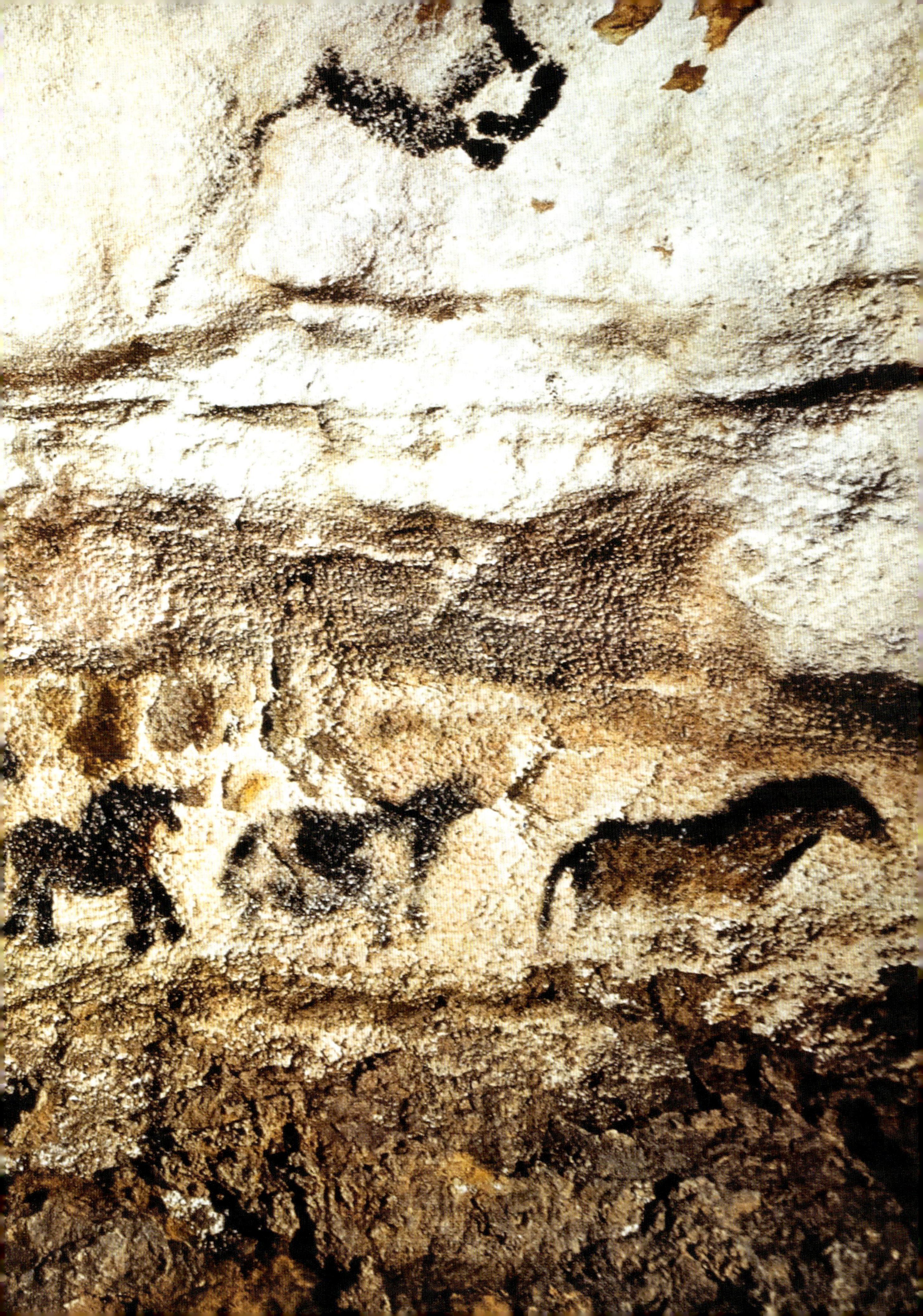

über ist eine Darstellung von einem Bison und einem Pferd zu sehen. Darunter, in einem Riss in der Felswand, lagen einige mit Farbresten behaftete Werkzeuge aus Feuerstein.

Im Saal der Stiere und im axialen Seitengang fielen eine Reihe von künstlich angebrachten Mulden und Vertiefungen auf, die sich neben natürlichen Simsen und Rissen im Fels befanden. Außerdem fanden sich Holzüberreste, die gemeinsam mit den Mulden auf die Anwesenheit von Gerüsten schließen lassen. Unter den weiteren archäologischen Hinterlassenschaften fanden sich Holzkohlenreste und Rentierknochen, wahrscheinlich Nahrungsabfälle. Die archäologischen Ausgrabungen von André Glory offenbarten hier außerdem mehrere Lampen, Farbreste und Werkzeuge aus Feuerstein, denen teilweise ebenfalls noch Farbreste anhafteten. Auf die Farben wird später noch eingegangen werden.

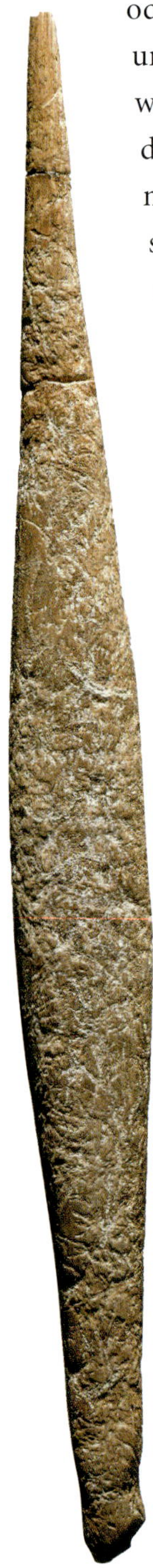

Die Passage

Das gelegentlich überlaufende Wasser aus den Sinterbecken im Saal der Stiere bildete in der Passage eine Reihe sekundärer Sinterbecken. In der Passage, die manchmal in der Literatur auch einfach als Gang bezeichnet wird, sind die Malereien in einem sehr schlechten Erhaltungszustand und nur schwer zu erkennen. Das liegt daran, dass die Passage als enger Verbindungsgang zwischen zwei größeren Kammern ständiger Zugluft ausgesetzt war. Die Darstellungen in der Passage scheinen, zusammen mit denen der Apsis, zu den ältesten Darstellungen in der Höhle zu gehören.

Auch in der Passage stieß André Glory bei seinen Ausgrabungen auf Feuersteinwerkzeuge. Manche von ihnen waren in Form und Material denen sehr ähnlich, die im ersten Schnitt im Eingangsbereich gefunden wurden, sodass davon auszugehen ist, dass sie etwa zur selben Zeit oder in kurzem zeitlichen Abstand benutzt und in den Boden gelangt sein mussten – wobei ein „kurzer zeitlicher Abstand" in diesen Dimensionen auf einen Zeitraum von mehreren Hundert bis Tausend Jahren anzusetzen ist. Außerdem fand Glory Nadeln mit und ohne Öhr, eine 23 Zentimeter lange Speerspitze aus dem Geweih eines Rentiers mit Kerben an einem Ende, zwei Paletten sowie einen Klumpen Eisenoxid und einen Manganstein mit Riefelungen vom Abrieb. Hier wurden auch Holzkohleproben genommen, welche den sogenannten Paläoboden auf etwa 17 000 Jahre vor heute datierten.

Unter einem Paläoboden versteht man einen fossilen Boden, also die einstige Erdoberfläche, die einige Zeit der Luft ausgesetzt war. Dort spielten sich daher Bodenbildungsprozesse wie Verwitterung, Zersetzung und im geringen Maße Ablagerung und Erosion ab. Im Gegensatz dazu sind die meisten Schichten, die man in einem archäologischen Schnitt sieht, Sedimente, also Ablagerungen, die in mehr oder weniger schneller Folge durch unterschiedliche natürliche Prozesse entstanden, von denen aber keine, im Gegensatz zum Paläoboden, genug Zeit hatte, als oberste Schicht, als „Boden", zu bestehen. Sedimente sind Ablagerungen von organischen oder anorganischen Teilchen. Sedimentschichten können Fossilien oder archäologisches Fundmaterial einschließen. Sedimente lagern sich in unterscheidbaren

Schichten ab. Diese Schichtfolge nennt man in der Archäologie „Stratigrafie".

André Glory legte insgesamt fünf Schnitte in der Passage, d. h. er legte enge, tiefe Gräben an, welche die Schichtfolgen, also die Stratigrafie, sichtbar werden ließ. Am letzten Schnitt, am Übergang zur Apsis, unterhalb der Gruppe der gravierten Pferde, befindet sich noch immer an Ort und Stelle der Arbeitsplatz eines Künstlers: Glory beschreibt, wie hier auf engem Raum und 80 Zentimeter unter der Höhlendecke eine Lampe, eine Farbpalette, ein Näpfchen aus Tropfstein mit roter Farbe, ein Feuerstein sowie zwei kleine Kalksteinkratzer zum Abraspeln der Farbpigmente und mit Holzkohle bedeckt gefunden wurden – als hätte man sie gerade erst zur Seite gelegt. Glory selbst musste, um die Felszeichnung mithilfe von Pauspapier zu kopieren, mit angewinkelten Knien auf dem Rücken liegend arbeiten – bei einem ähnlichen Bodenniveau, so meint er, hätte auch der prähistorische Künstler unter solchen Bedingungen arbeiten müssen.

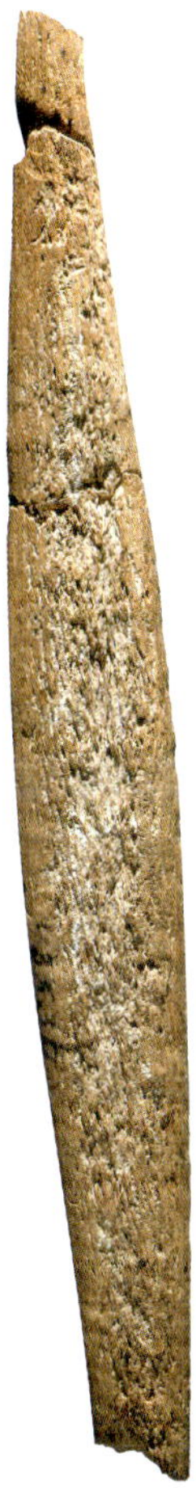

Die Apsis

Die Wände der Apsis sind, anders als im Saal der Stiere, frei von Kalzit, und der natürliche, weiche Kalkstein liegt exponiert. Daher enthält die Apsis vor allem Ritzzeichnungen in großer Zahl: Rund 2000 Tierdarstellungen wurden hier in die Höhlenwände und die Decke graviert, aber auch symbolische Zeichen und gemalte Tierbilder sind hier zu finden. Die Ritzzeichnungen überlagern zum Teil die gemalten Symbole und Tiere, aber auch einander in wirren Lagen. Während im Saal der Stiere der einzige Bär zu finden ist, enthält die Apsis das einzige Rentier von Lascaux.

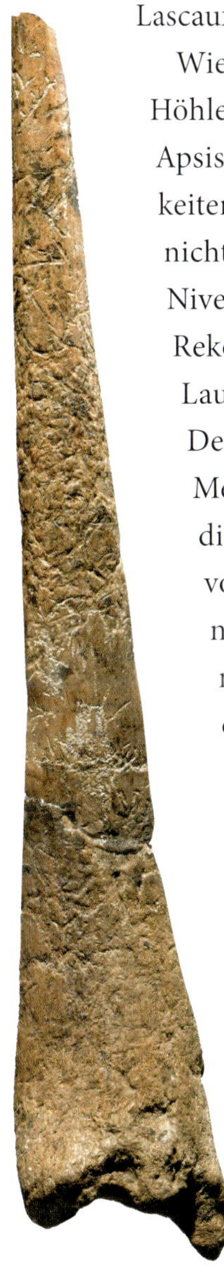

Wie auch in anderen Teilen der Höhle wurde der Boden in der Apsis durch Ausgrabungstätigkeiten abgesenkt und entspricht nicht mehr dem ursprünglichen Niveau. Doch selbst nach der Rekonstruktion des einstigen Laufhorizonts ergibt sich eine Deckenhöhe von bis zu 2,7 Metern. Bedenkt man, dass die Höhlendecke hier fast vollständig mit Ritzzeichnungen übersät ist, so muss man daraus schließen, dass die jungpaläolithischen Höhlennutzer eine Art von Gerüst als Hilfsmittel konstruiert haben mussten, um die Ritzzeichnungen überhaupt anbringen zu können.

Auch in der Apsis wurden archäologische Kleinfunde entdeckt: Neben Lampen fanden sich Werkzeuge wie Schaber und Bohrer sowie mehrere Knochennadeln, aber auch Speerspitzen. Die Speerspitzen (Assegais) waren mit Einkerbungen verziert, die für sich allein gesehen zufällig erscheinen, deren Mus-

Altsteinzeitliche Speerspitzen aus Geweih, gefunden in Niederösterreich

ter sich aber auf anderen Assegais wiederholt. Hier in der Apsis wurden auch zwei künstlich durchbohrte Schneckenhäuser gefunden, die also einmal auf einer Schnur oder einem Riemen aufgezogen waren. Sie könnten so etwas wie Schmuckanhänger darstellen.

Das Schiff

Das Schiff und die Apsis bilden zusammen ein nierenförmiges Gebilde, wobei sich nicht genau bestimmen lässt, wo der eine Raum anfängt und der andere aufhört. Aus der Passage kommend öffnet sich die Apsis nach rechts und das Schiff nach links hin. Das Schiff enthält vier erkennbare Gruppierungen von Figuren. Auch hier finden sich abstrakte Zeichen zwischen den Tierzeichnungen, so z. B. schachbrettartige Muster, allerdings nicht in Schwarz-Weiß, sondern mehrfarbig. Sie erinnern ein wenig an das alte Testbild im Fernsehen.

Die Figuren auf der linken Seite werden von der Ritzzeichnung eines Pferdekopfes angeführt, der dann mit brauner Farbe ausgemalt wurde. Das Pferd wiederum wird von sieben ebenfalls eingeritzten und ausgemalten Steinböcken begleitet, gefolgt von einer Gruppe Pferde. Die Gruppierung schließt mit der Darstellung eines mit Pfeilen bedeckten Bisons ab. Dieser Steppenbison ist eine eigentümliche Darstellung mit einem massigen Körper auf vier kümmerlich kurzen Beinen. Der Steppenbison ist in braunen Ockertönen gemalt, der hintere Teil seines Rückens von eingeritzten Pfeilen bedeckt. Die schwarze Kuh der nächsten Gruppierung dominiert die linke Wandseite. Sie wurde nachträglich inmitten einer Gruppe von mehreren kleinen Pferden gemalt und überdeckt diese teilweise. Der visuelle Effekt ist übermächtig, als sollten die kleinen Pferde buchstäblich „plattgemacht“ werden. Eines dieser Pferde erscheint besonders interessant: In den Körper des schwarz ausgemalten Pferdes ist ein kleineres Pferd eingeritzt worden. Dieses kleinere Pferd befindet sich fast vollständig innerhalb der Darstellung des größeren, bis auf den rechten Vorderhuf. Dieser Huf wurde dann allerdings auch mit schwarzer Farbe ausgemalt.

Die große schwarze Kuh selbst steht mit ihren Hinterfüßen auf zwei mehrfarbigen Quadraten, die jeweils aus drei mal drei Feldern bestehen. Ein drittes Quadrat befindet sich unterhalb ihres Schwanzes. Auf der Höhe dieser schachbrettmusterartigen Symbole, die André Glory als Wappen bezeichnete, ließ einer der jungpaläolithischen Höhlenmaler auf einem Felsvorsprung seine Palette zurück. Auf ihr lag noch immer ein Klumpen Ocker, bereit zur Gewinnung der Farbpigmente. Glory spekulierte, ob es sich hierbei vielleicht um ein Tabu gehandelt hatte, da diese Palette noch immer dort lag, wo sie abgelegt worden war, und nicht von späteren Besuchern „aufgeräumt“ wurde. Die Idee vom Tabu muss in Verbindung mit seiner generellen Interpretation der Höhlenmalereien als Jagdmagie betrachtet werden: Gegenstände, die man in magischen Zeremonien gebraucht hatte, wurden zum Tabu, d. h. wenn der „Magier“ sie aus welchen Gründen auch immer selbst nicht beseitigt hatte, durften sie von anderen nicht mehr berührt und schon gar nicht benutzt werden.

Auch scheint hier ein „Lampenlager“ vorhanden gewesen zu sein – Glory fand in drei Reihen aufgereiht elf flache Pfännchen aus Kalkstein mit einem länglichen Stiel oder Griff, deren runde Vertiefung das Brennmaterial enthielt, in welches wiederum ein Docht aus Pflanzenmaterial gelegt wurde. Einige dieser Lampen waren noch unbenutzt. Dazu fanden sich unterhalb des Simses große Mengen an Holzkohle und Rentierknochen – nach Glory handelt es sich dabei

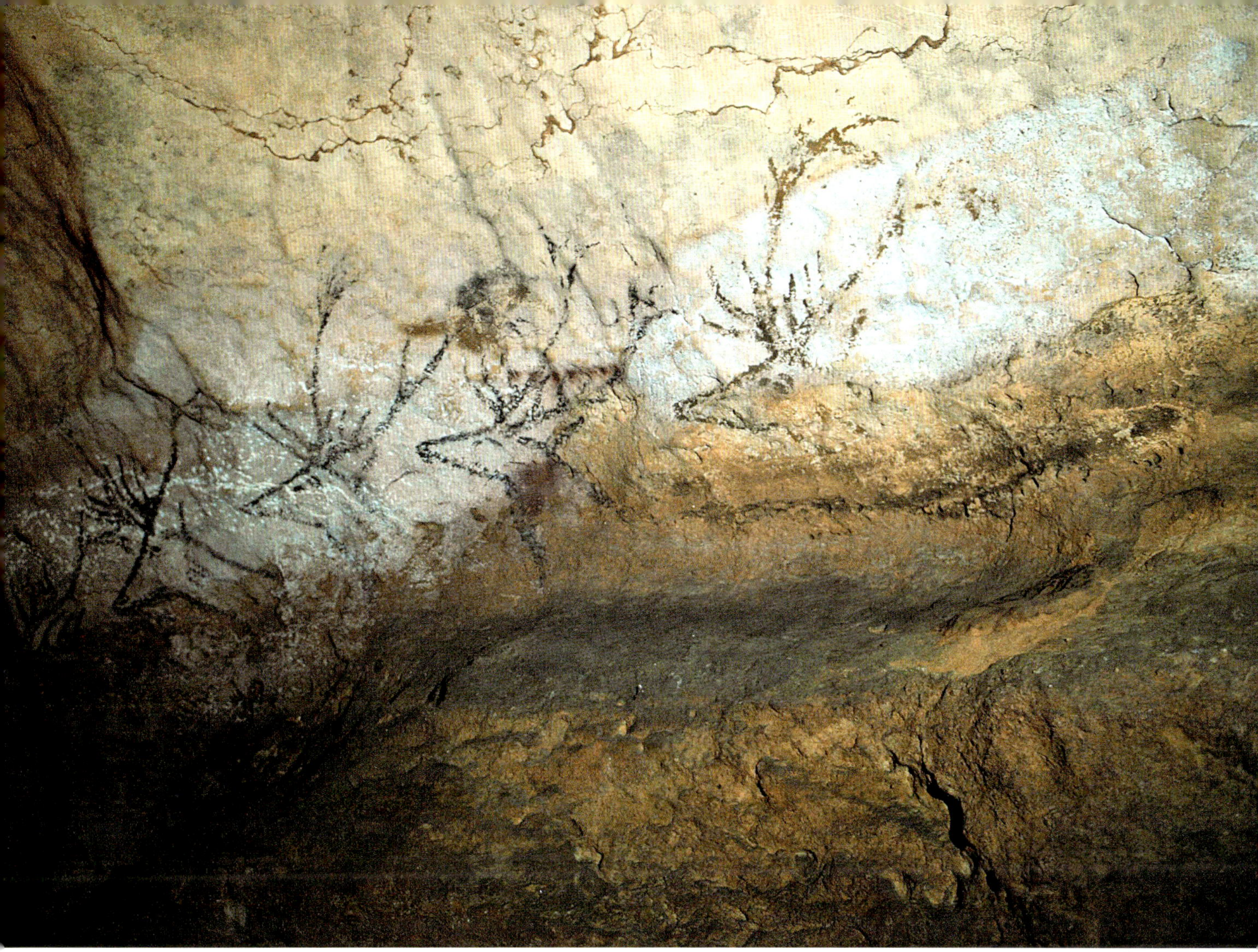

Die „schwimmenden Hirsche" im Schiff von Lascaux

eventuell um die Überreste einer oder mehrerer Mahlzeiten.

Das Sims ist wie eine Fensterluke in die Vergangenheit: Licht für die Arbeit in der dunklen Höhle, Farben für die Gemälde und daneben vielleicht ein „Pausenbrot". Die Handlungen der steinzeitlichen Maler und ihr Alltag werden lebendig und nachvollziehbar.

Am Ende des Schiffs, hin zum Seitengang der Raubkatzen, befinden sich zwei auseinanderstrebende Steppenbisons. Diese Darstellung der „gekreuzten Bisons" ist eine Besonderheit, denn die Hinterbeine der beiden Tiere überlagern sich in einer Weise, die das eine Tier dem Betrachter näher erscheinen lässt als das andere. Dies ist eine einfache, aber effektive Form der perspektivischen Malerei, die so erst im Mittelalter wieder in der Bildkunst erschien. Die Darstellung der Steppenbisons mit gesträubtem Nackenfell, erhobenen Schwänzen und einer kraftvoll gespannten Körperhaltung mit weit ausholendem Schritt ist äußerst eindrucksvoll. Die anatomische Präzision ist erstaunlich: vom Buckel auf dem Rücken über die abfallende Rückenlinie und die hängenden Brustlappen bis hin zum Geschlecht und den gespaltenen Hufen.

Die „schwimmenden Hirsche" befinden sich auf der rechten Wand. Dargestellt sind nur die Kopfumrisse von fünf Hirschen. Man sieht allerdings deutlich, wie sie die Hälse recken, ganz in der Haltung von Tieren im tiefen Wasser, den Kopf über der Wasseroberfläche erhoben.

Dass die Wände des Schiffes wie auch die der Apsis keinen Kalzitüberzug aufweisen, konnten die prähistorischen Maler zur Anbringung von Ritzzeichnungen ausnutzen. Unglücklicherweise macht gerade dieser Umstand, der die Entstehung der Gravuren begünstigte, auch ihre Zerstörung leichter: Die weiche Kalksteinwand neigt zum Bröckeln, wodurch viele der Darstellungen in Mitleidenschaft gezogen worden sind.

Die Mondmilch-Galerie

Vom Schiff aus geht es durch die recht niedrige und enge Mondmilch-Galerie in den Seitengang der Raubkatzen. In diesem Bereich steigt der Höhlenboden steil an, dem modernen Besucher wird jedoch der Anstieg über eine Treppe erleichtert.

„Mondmilch" ist der Name für eine besondere Form der Kalzitablagerung. Es ist ein milchigweißer Überzug, der im Gegensatz zu Tropfstein oder Sinter nicht hart, sondern sehr weich ist, und in raren Fällen sogar flüssig sein kann.

Der Seitengang der Raubkatzen

Dieser Gang ist eher ein enger Raum am Ausgang der Mondmilch-Galerie, daher wird er auch eingängiger als „Kabinett der Katzen" bezeichnet. Die Höhlendecke hängt hier so niedrig, dass man sich nur in gebückter Haltung vorwärtsbewegen kann. Der Seitengang der Raubkatzen ist nach einer Gruppe von in die westliche Felswand geritzten Wildkatzen benannt. Die Raubkatzen sind von Pfeilen durchbohrt. Daneben gibt es noch andere eingeritzte Tierdarstellungen von Pferden, Steinböcken und Auerochsen sowie einer großen Anzahl von Pfeilen und anderen Symbolzeichen. Zwei der Raubkatzenbilder scheinen natürliche Verhaltensweisen darzustellen: der Beginn einer Paarung und ein Revierkampf unter Höhlenlöwen. Eine natürliche Felskante wurde zur Gestaltung eines Bisonmauls verwendet.

In diesem Gang befindet sich auf der rechten Seite auch das „Kabinett der Pferde", in welchem fast ausschließlich gemalte und eingravierte Pferde zu sehen sind. Eine Besonderheit in diesem Gang stellt ein in der Frontalansicht dargestellter Pferdekopf dar. Die meisten anderen Tiere in Lascaux zeigen sich in der Seitenansicht.

Auf halbem Wege durch den engen Gang befindet sich eine sechs Meter tiefe Felsspalte im Boden. Die Cro-Magnons mussten einen Weg gefunden haben, diese Felsspalte zu überwinden, denn die Zeichnungen im Gang setzen sich auf der anderen Seite fort. Neben anderen Einritzungen und Zeichen befindet sich dort an der Wand ein Bison in Dreiviertelansicht mit drei Pfeilen in der Flanke, und zu seinen Füßen wurden die Überreste einer Feuerstelle gefunden, die Holzkohle und die Reste aufgebrochener Knochen enthielt. Auch hier wurden wieder Überreste von Farbpigmenten, Manganoxid und gelbem Ocker in einer Art Pigment-Vorratslager sowie Abschlagwerkzeuge aus Feuersteinklingen lokalisiert. Eine gefundene Palette ist hier ebenfalls bemerkenswert: Auf einer Seite finden sich rote, auf der anderen schwarze Pigmentreste.

In diesem Gang machte André Glory des Weiteren eine aufregende Entdeckung: Er fand den 30 Zentimeter langen Abdruck einer geflochtenen Kordel aus Pflanzenfasern in getrocknetem Lehm am Rande des Abgrunds. Vielleicht war die Kordel an Ort und Stelle gerissen? Dieser Fund ist außergewöhnlich, denn normalerweise verrotten pflanzliche Stoffe, ohne Spuren zu hinterlassen.

Den Abschluss der Zeichnungen im Seitengang der Raubkatzen bilden sechs Punkte, die als

Speerschleudern waren im Jungpaläolithikum weitverbreitete Hilfsmittel zur Jagd: An der Spitze eines kurzen Stabs befand sich ein Haken, der das Ende des abzuwerfenden Speers hielt. Mit einer Speerschleuder konnte das Wurfgeschoss so beschleunigt werden, dass sich Reichweite, Durchschlagskraft und Beständigkeit der Flugbahn verbesserten. Die Speerschleuder war ein massiver Fortschritt in der Jagdtechnologie der Steinzeit. Aus archäologischen Funden ist bekannt, dass die Hakenenden solcher Speerschleudern oft mit geschnitzten Tiergestalten verziert wurden.

Ein Wollnashorn verlässt nach links hin das ungleiche Paar aus Mann und Steppenbison. Als wäre diese Komposition nicht schon seltsam genug, enthält sie auch noch eine Reihe an abstrakten Symbolzeichen: etwa drei Doppelpunktzeichen zwischen Mann und Nashorn in einer waagerechten Linie unterhalb des Nashornschwanzes. Zudem sieht man unter dem Mann und Steppenbison eine gestrichelte Linie, eine Art liegender Stab mit einer Spitze am einen und zwei Widerhaken ähnlichen Auswüchsen am anderen Ende. Dieses letztere stabähnliche Symbol ist auch aus anderen Wandmalereien in Lascaux bekannt. Außerdem ziert es Speere sowie eine Talglampe aus rotem Sandstein, die ebenfalls im Brunnen, und zwar im Boden unterhalb des Nashornschwanzes, gefunden wurden.

Die Überreste in der Lampe wurden im Labor auf ihre Zusammensetzung getestet und als Hirschtalg mit einem Docht aus Wacholder identifiziert. Außer den Speerspitzen und Lampen fanden sich im Brunnen noch Farbreste und durchbohrte Muscheln. Abgesehen von der Bildkomposition aus Mann, Steppenbison, Nashorn und den abstrakten Zeichen befindet sich hier nur noch eine weitere Abbildung: die im Vergleich mit den anderen Bildern der Höhle recht einfache, beinahe stümperhaft ausgeführte Gestalt eines Pferdes. Alle Zeichnungen des Brunnens sind in schwarzer Farbe aus Manganoxid ausgeführt.

André Glory führte 1961/62 umfangreiche Ausgrabungen im Brunnen durch, wobei er unter anderem die schon genannte Sandsteinlampe fand. Auch hier hatten die steinzeitlichen Künstler ein Versteck angelegt, in dem sie Lampen gelagert hatten. Auf einer Unterlage aus Manganoxidpulver und rotem Ocker fand Glory verschiedene Feuersteine und Holzkohle vor. An den Wänden links und rechts davon befinden sich der ausgeweidete Auerochse und das Pferd. Da die Zeichnungen im Brunnen ausschließlich in Schwarz ausgeführt sind, stellt sich die Frage, warum die prähistorischen Höhlenmaler hier rote Farbreste zurückgelassen haben. Glory wies darauf hin, dass es sich um einen sehr entlegenen Teil der Höhle handelte und die Farben kaum versehentlich dorthin gelangt sein konnten. Zwei Speerspitzen aus Knochen waren ebenfalls komplett mit roten Pigmenten eingerieben. Glory erklärte dies mit mystischen Vorstellungen und seiner Theorie der Jagdmagie. In diesem Fall wäre die rote Farbe wohl ausschließlich in rituellen Zusammenhängen verwendet worden, nicht für die Malereien.

Die Archäologie der Höhle

Die Archäologie der Höhle bietet eine bunte Palette an Funden aus vielen Lebensbereichen. Unter den archäologischen Hinterlassenschaften der jungpaläolithischen Höhlennutzer befinden sich Schmuck, Waffen, Gebrauchsgegenstände, Nahrungs-, Farb- und Pflanzenreste, aber auch Tierknochen. Zu den archäologischen Funden zählen darüber hinaus Gegenstände, die wir

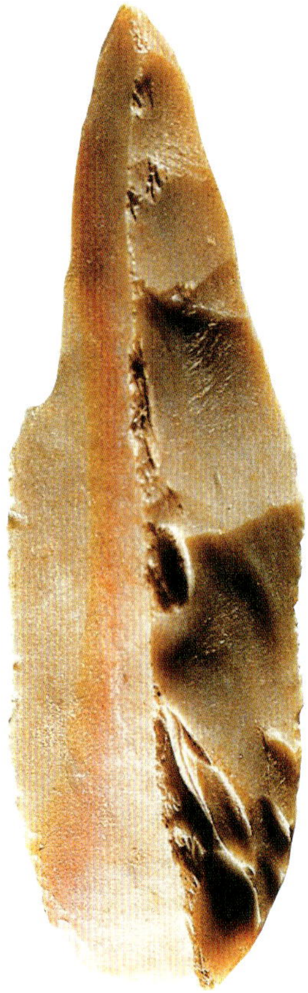

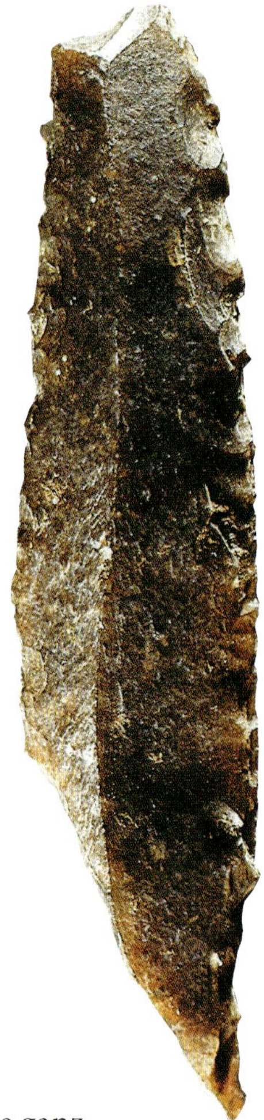

zwar nicht identifizieren können und deren Funktion uns unbekannt bleibt, die aber von Menschen angefertigt oder irgendwie verändert wurden. Alle diese Objekte werden in der Archäologie „Artefakte" genannt – „künstlich hergestellt".

Viele dieser Artefakte und Fragmente von Artefakten sind mit Tierdarstellungen, vor allem aber mit Symbolen verziert, die man auch an den Höhlenwänden wiederfindet. Die schon erwähnte Sandsteinlampe aus dem Brunnen hat auf dem Griff eingeritzte Winkelmuster, die zudem auf anderen Fragmenten aus Knochenmaterial vorkommen und an den Flanken von Pferd und Hirsch in der Apsis an der Abzweigung zur Passage zu sehen sind. Zwei weitere Knochenfragmente sind mit kreuzförmigen Zeichen versehen, die ebenfalls auf einem Speer aus Knochen sowie an den Wänden im axialen Seitengang und auf dem Hinterteil eines Pferdes in der Passage zu finden sind. Dieses Pferd wiederum ist mit halbkreisförmigen Doppelpunkten markiert, die ebenfalls auf den Wänden zu finden sind. Diese Verknüpfungen von Symbolen auf Wänden und archäologischen Kleinfunden sind ein wichtiges Indiz dafür, dass sie tatsächlich im weiteren Sinne zusammengehören, also von denselben Menschen zur selben Zeit dort hinterlassen wurden, und dass sie für diese Menschen eine ganz bestimmte Bedeutung gehabt haben.

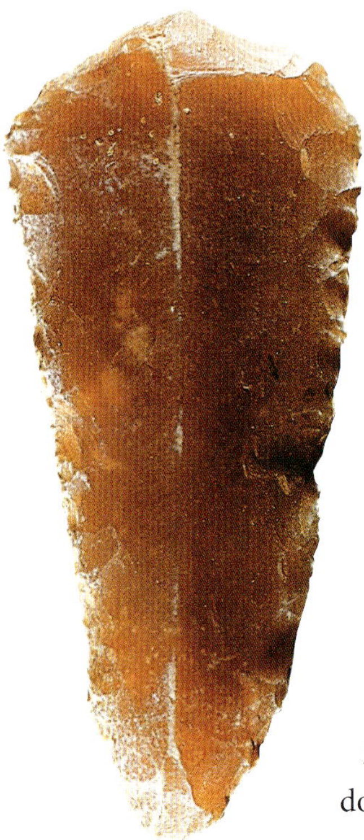

André Glory maß auch der sich wiederholenden Kombination von Malereizubehör und Fußknochen von Rentieren eine Bedeutung bei. Eine Erklärungsmöglichkeit hierfür sah er in einer magischen Zeremonie, welche eine Verbindung zwischen den Rentierfüßen und den Bildern hatte herstellen sollen, oder aber ganz profan darin, dass die Fußknochen als Stößel zum Zerreiben der Farbpigmente gedient hatten.

Die gefundenen Steinwerkzeuge sind sogenannte Abschlagwerkzeuge, d. h. sie sind flache Stücke mit scharfen Rändern, die von einer vorher bearbeiteten Feuersteinknolle, einem Kernstein, abgeschlagen wurden. Diese Abschläge haben je nach der vorherigen Bearbeitung der

Diese prähistorischen Steinwerkzeuge, darunter Schaber und Burins (Stichel), sind in Frankreich entdeckt worden.

Knolle eine ganz bestimmte Form. In Lascaux wurden viele Werkzeuge gefunden, die aus länglichen Abschlägen mit parallelen Kanten, sogenannten Klingen, hergestellt wurden. Außerdem wurden Stichel oder „Burins“ aus breiteren, spitz zulaufenden Abschlägen hergestellt. Burins dienten besonders zum Bohren, Kratzen und Gravieren. In Lascaux wurden auch Stichel aus Tierknochen gefunden. Beide Werkzeugtypen sind charakteristisch für das Jungpaläolithikum und gehören zu den Standardfunden aus dieser Zeit. Dementsprechend mussten sie auch zur Grundausstattung des Cro-Magnon-Menschen gehören. Talglampen und Nadeln mit Öhr sind ebenfalls jungpaläolithische Erfindungen, und von beidem hinterließen die Cro-Magnon-Menschen in Lascaux reichlich.

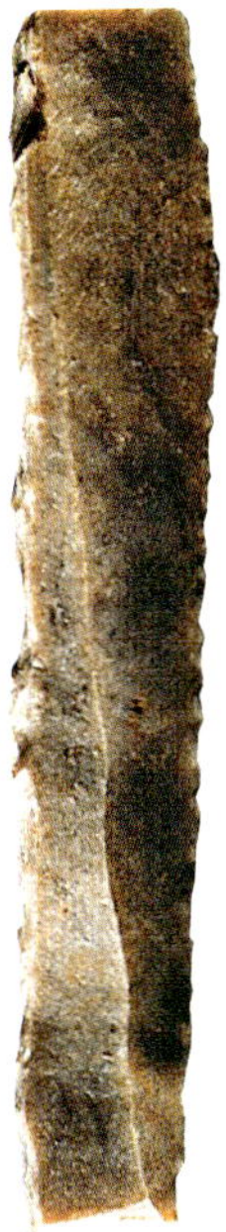

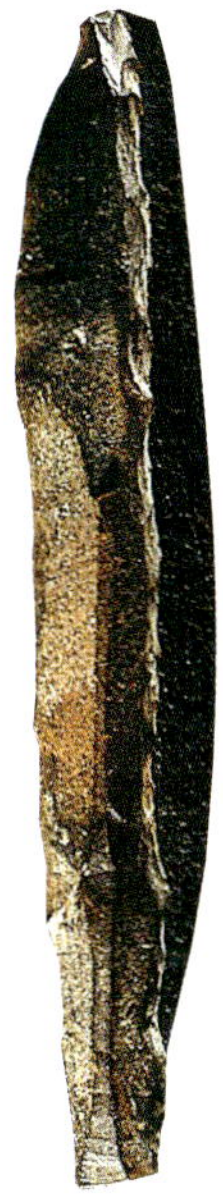

Vielen der Steinklingen aus dem archäologischen Fundgut von Lascaux haften noch Pigmentreste an. Sie wurden also dazu benutzt, von den jeweiligen Ocker- oder Manganklumpen Farbpigmente abzuschaben.

Während die Bilder – zumindest für den heutigen Betrachter – den Endpunkt des schöpferischen Prozesses darstellen, so lässt sich am archäologischen Inventar der schöpferische Prozess selbst nachvollziehen: Von den Pigmenten über die Farbbereitung bis hin zu Licht und Pausenbrot ziehen sich die Fundstücke. So können wir den Schöpfern der Felskunst in Lascaux, wenn schon nicht in Wirklichkeit, so doch in unserer Vorstellungskraft, bei der Gestaltung ihrer Werke über die Schulter blicken.

Datierung der Bilder

Dass die Höhle von Lascaux und ihre Bilder aus dem Paläolithikum, also der Altsteinzeit, stammen, war schnell klar. Bereits zur Zeit von Maria de Sautuolas Entdeckung in Altamira war jungpaläolithische Kleinkunst, also gravierte und geschnitzte Steine und Werkzeuge, bekannt. Marcelino de Sautuola zog die Parallele zwischen den auf seinen Höhlenwänden dargestellten Tieren und denjenigen auf den Kleinfunden, die er auf der Weltausstellung in Paris gesehen hatte. Sie mussten aus derselben Zeit sein. Dieser Gedanke mutete 1879 noch abseitig an, war aber in der ersten Hälfte des 20. Jahrhunderts bereits fest etabliert. Doch aus welcher Zeit genau innerhalb des rund zwei Millionen Jahre währenden Paläolithikums stammen die Bilder von Lascaux?

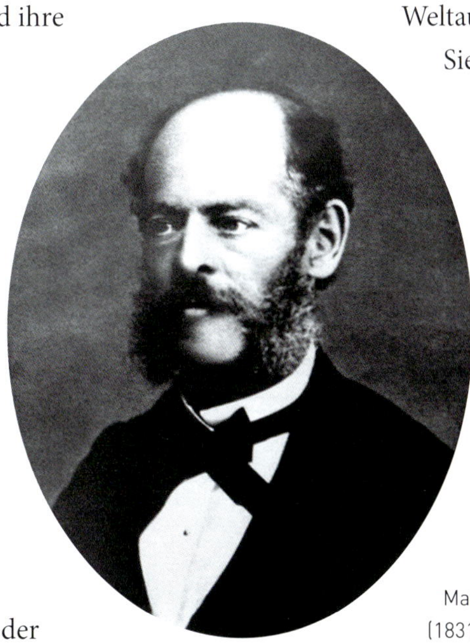

Marcelino Sanz de Sautuola (1831–1888)

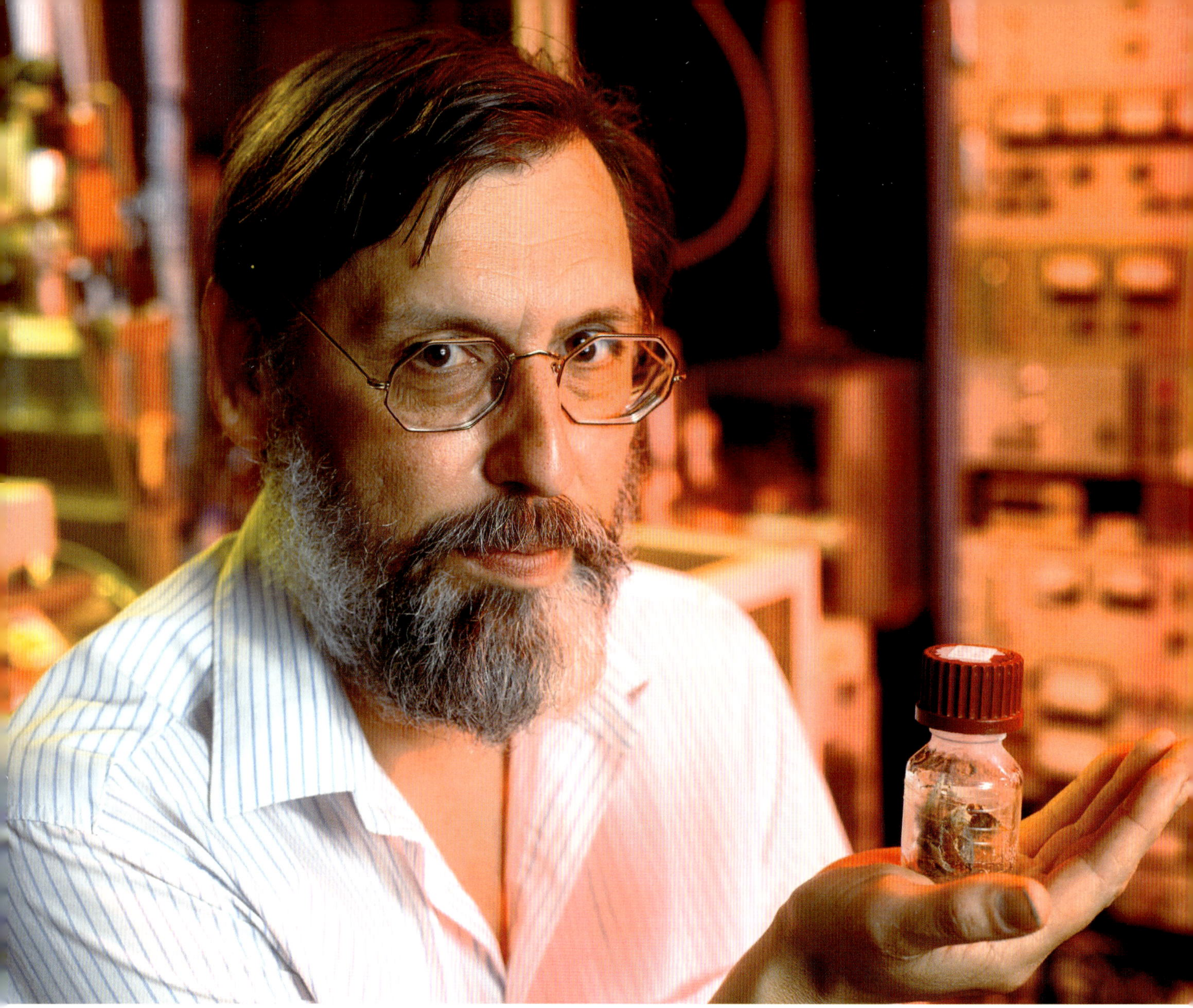

Der britische Archäologe Robert Hedges mit einer Hautprobe der bekannten Gletschermumie Ötzi. Hedges hat die Radiokarbonmethode, auch C14-Methode, zur Datierung organischer Materialien maßgeblich weiterentwickelt.

Henri Breuil stufte die Bilder in das Périgordien ein. Das Périgordien bezeichnete in den 1940er-Jahren das frühe und mittlere Jungpaläolithikum, also die erste Hälfte der jüngeren Altsteinzeit – etwa zwischen 40 000 und 21 000 Jahren vor heute –, regional begrenzt auf Südwestfrankreich. Heute differenziert die Forschung diesen Zeitabschnitt allerdings nach den Kulturstufen Châtelperronien, Aurignacien, Solutréen und Gravettien, wobei Kulturstufen, anders als Zeitabschnitte, nicht chronologisch aufeinanderfolgen müssen. Das Aurignacien und das Châtelperronien beispielsweise überlagern sich zeitlich. Breuil präzisierte seine Einordnung noch, indem er Lascaux als Ganzes bis auf wenige Ausnahmen dem frühen Périgordien und der Kulturstufe des Aurignacien zuschrieb. Damit stand zumindest einmal fest, dass die Bilder im Jungpaläolithikum, also der jüngeren Altsteinzeit, erschaffen wurden – und somit am Ende der letzten großen Eiszeit in Europa. Deswegen wird oft auch von eiszeitlicher Höhlenmalerei gesprochen.

der Altersbestimmung erhielt er 1960 den Nobelpreis für Chemie. Breuils Einordnung in das Aurignacien wurde revidiert und die Malereien dem späteren Magdalénien zugeordnet, das einen Zeitraum zwischen 18 000 und 10 000 Jahren vor heute beschreibt. Zwei weitere Untersuchungen von ausgegrabenen Holzkohlenresten aus der Passage und dem Brunnen mittels der C14-Methode erbrachten ein Alter von 17 190 bzw. 16 000 Jahren vor heute.

Kürzlich durchgeführte Analysen einer knöchernen Speerspitze und eines Rentiergeweihs aus dem Brunnen nach der sogenannten AMS-Methode, einer Weiterentwicklung der klassischen C14-Methode, ergaben wiederum ein Alter von 18 930 bzw. 18 600 Jahren vor heute. Damit sind diese Funde dem Solutréen zuzuordnen. Ob schon im Solutréen auch mit den Wandmalereien begonnen wurde oder diese erst im Magdalénien entstanden, ist allerdings fraglich. Es kann durchaus sein, dass die Menschen bereits im Solutréen vereinzelt oder sogar regelmäßig die Höhle besuchten und durch Fackeln oder andere Lichtquellen Holzkohlenreste in der Bodenschicht hinterließen. Eine intensive Nutzung der Höhle scheint jedoch erst während des Magdaléniens stattgefunden zu haben.

Tatsächlich sind die Bilder in Lascaux jedoch nicht innerhalb eines kurzen, eindeutig zu datierenden Zeitraumes entstanden. Vielmehr wurde die Höhle über eine Zeitspanne von mindestens 2000 Jahren immer wieder aufgesucht, und neue Bilder wurden den bestehenden hinzugefügt. Heute werden die Bilder von Lascaux allgemein auf ein Alter von zwischen 17 000 und 15 000 Jahren geschätzt.

Wenn die Datierung von Felsmalereien schon schwierig ist, so sind Ritzzeichnungen fast unmöglich zu datieren. Doch die Technik schreitet auch hier voran. Es sind Versuche unternommen worden, das Alter einer Felsoberfläche anhand der Veränderungen durch die kosmische Strahlung festzustellen – eine aus hochenergetischen Teilchen bestehende Strahlung, die aus dem Weltall stammt. Diese Strahlung trifft immer nur die Oberfläche eines Gesteins, sie dringt nicht in tiefere Gesteinsschichten ein. Wird also die oberste Gesteinsschicht stellenweise abgetragen, durch eine Ritzzeichnung beispielsweise, ist die dadurch zum Vorschein kommende Fläche erst ab dem Zeitpunkt ihrer Freilegung der kosmischen Strahlung ausgesetzt. Wo die Felsoberfläche von Menschenhand abgetragen wurde, so die Theorie, begann die kosmische Strahlung also erst später das Gestein zu verändern. In der Praxis sind Ritzzeichnungen allerdings oft nicht tief und nicht großflächig genug, um eine aussagekräftige Messung zuzulassen, und das Innere von Höhlen ist ohnehin keiner kosmischen Strahlung ausgesetzt. Diese Methode konnte also auf die Ritzzeichnungen von Lascaux nicht angewandt werden. Sie entsprechen aber stilistisch gesehen den Malereien sowie der tragbaren Kleinkunst und werden daher dem Magdalénien zugeordnet.

Eine weitere Methode der Datierung von Ritzzeichnungen besteht in der Datierung eventuell vorhandener Tropfsteinschichten, die sich über den Ritzzeichnungen abgelagert haben. So erhält man zumindest einen Zeitpunkt, bis zu dem die Einritzungen ausgeführt worden sein müssen – denn danach wurden sie von der Tropfsteinschicht versiegelt.

Die Einordnung der Höhlenkunst von Lascaux und der mit ihr assoziierten archäologischen Kleinfunde ins Magdalénien scheint heute weitgehend gesichert, auch wenn wir nicht mit letzter Gewissheit sagen können, wann genau, in absoluten Zahlen, die einzelnen Wandbilder entstanden sind. Aber wer weiß, vielleicht werden die entsprechenden Datierungsmethoden bald entdeckt.

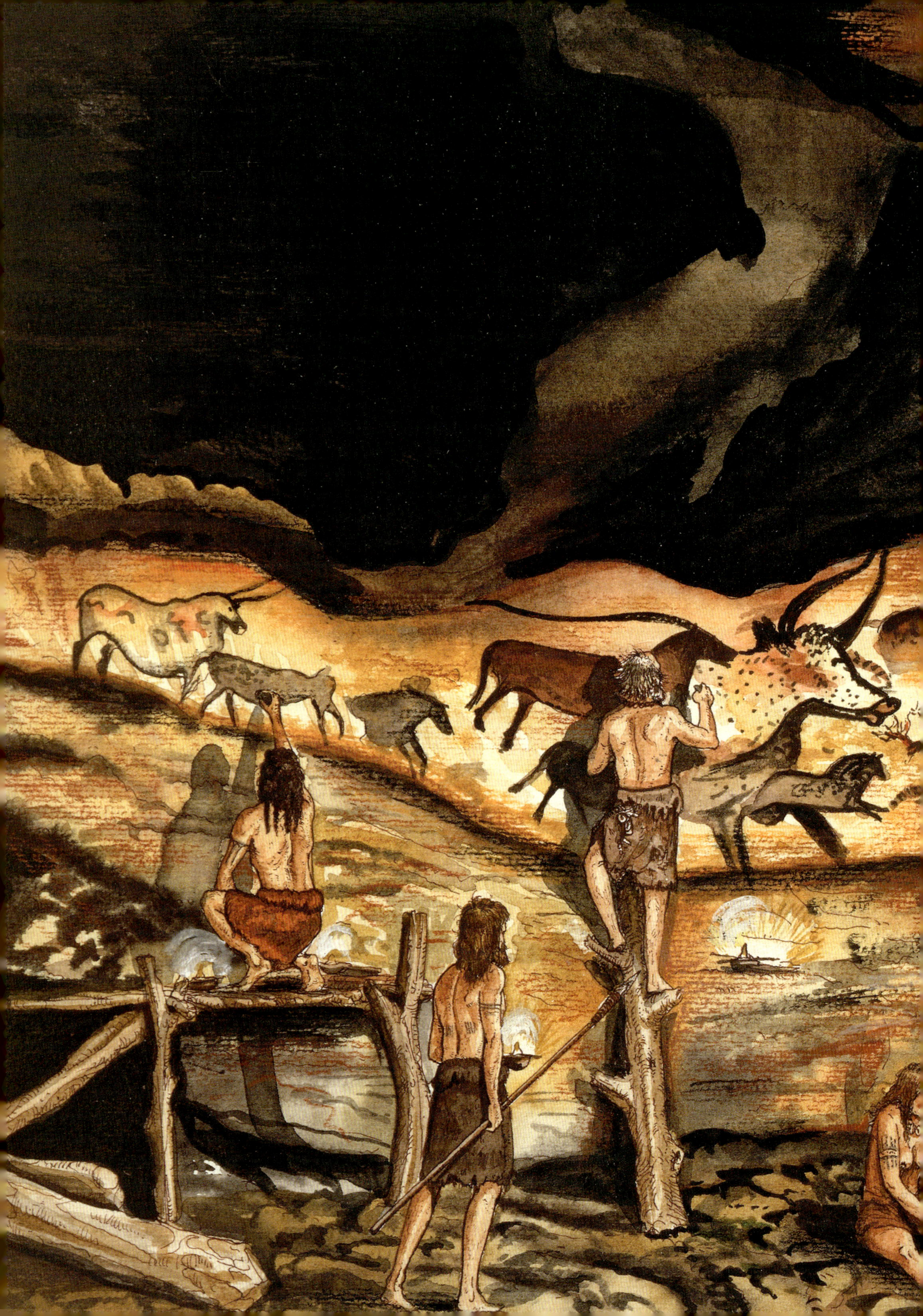

JÄGER UND KÜNSTLER

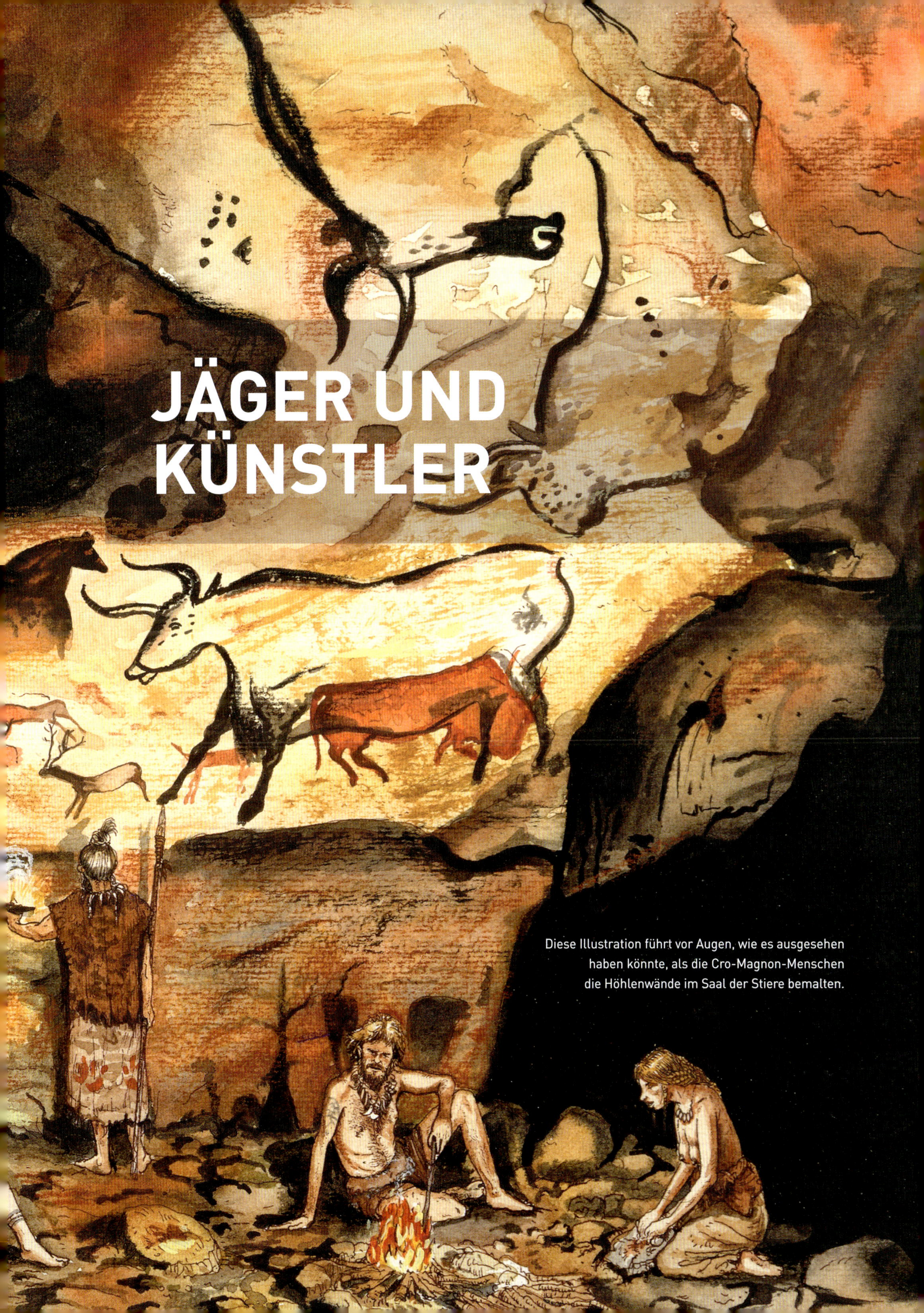

Diese Illustration führt vor Augen, wie es ausgesehen haben könnte, als die Cro-Magnon-Menschen die Höhlenwände im Saal der Stiere bemalten.

Landschaft – heute und damals

Eiszeitkunst – Kunst aus der Eiszeit?

Die jungpaläolithischen Malereien von Lascaux und aus den anderen Höhlen der franko-kantabrischen Höhlenkunst wie auch die Kleinfunde werden oft als „Eiszeitkunst“ bezeichnet. Unter diesem Begriff sind viele Bücher veröffentlicht und einige Ausstellungen konzipiert worden. Es ist ein Begriff, der auf den ersten Blick einleuchtend und bekannt erscheint, man weiß, worauf man sich einlässt. Der Begriff „Eiszeit“ beschwört Bilder einer Gletscherlandschaft herauf sowie von weiten Landstrichen, bedeckt von einer kilometerdicken Eisschicht. Aber entspricht das auch den Tatsachen? Nur zum Teil. Gewiss schoben sich dicke Eisdecken bis nach Mitteleuropa vor und prägten maßgeblich die Landschaft, indem sie Täler und Flusslandschaften schufen und große Steinblöcke, sogenannte Findlinge, über die Landschaft verstreuten. Das Berliner Urstromtal mit seinem flachen Becken, sandigen Untergrund und den Flüssen, die so langsam fließen, dass sie als lange Kette von Seen erscheinen, ist ein gutes Beispiel für eine solche Landschaft, die am Rande des Eisschildes – eines Gletschers kontinentalen Ausmaßes – durch das Abfließen von Schmelzwasser entstand. Die eigentümliche Schärenwelt Skandinaviens mit den abgeschliffenen Felsbuckeln, die kaum über die Wasseroberfläche hinausragen, und die flachen, sumpfigen Ufer Finnlands im nördlichen Teil der Ostsee sind weitere Beispiele für Landschaften, die von den harschen Bedingungen der Eiszeiten geformt wurden. Jene Ufer erheben sich seit dem Abschmelzen des Eisschildes noch immer um mehrere Millimeter pro Jahr aus dem Meer.

Allerdings ist schon der Begriff „Eiszeit“ an sich leicht irreführend. Was im allgemeinen Sprachgebrauch heute als Eiszeit bezeichnet wird, ist wirklich eine „Kaltzeit“ oder ein „Glazial“. Glaziale sind kalte Phasen innerhalb eines Eiszeitalters. Das letzte Eiszeitalter begann vor etwa zweieinhalb Millionen Jahren mit dem Zeitabschnitt des Quartärs, als neben der Antarktis, die schon vor ca. 30 Millionen Jahren vergletschert war, auch die Arktis vereiste. Gleichzeitig markiert der Beginn des Quartärs den Anfangspunkt des Pleistozäns oder der pleistozänen Serie, desjenigen Zeitabschnitts der Erdgeschichte, der wie kein anderer von raschen Klimaveränderungen und somit durch den Wechsel von Kalt- und Warmzeiten bestimmt wurde. Auf die pleistozäne Serie folgte vor etwa 12 000 Jahren das Holozän, die warmzeitliche Epoche, in der wir heute leben

Überbleibsel des Eiszeitalters: eine Schäre vor der norwegischen Küste

und die ebenfalls zum Quartär gehört. Damit ist das letzte Eiszeitalter in der Tat das gegenwärtige, noch immer andauernde Eiszeitalter. Auch wir sind Menschen des Eiszeitalters, aber niemandem würde auch nur im Traum einfallen, Michelangelos oder Picassos Werke als Eiszeitkunst zu bezeichnen.

Die großen Kaltzeiten, die ihre Spuren durch den Vorstoß des skandinavischen Inlandeises in Mitteleuropa hinterließen, sind nach den Flüssen benannt, bei denen sich für die jeweilige Kaltzeit besonders charakteristische Flussterrassen gebildet haben: Die Elster-Kaltzeit endete vor 320 000 Jahren, die Saale-Kaltzeit vor 130 000 Jahren. Die stufenartigen Terrassen an den Flussufern entstanden durch den sich verändernden Wassergehalt und das sich damit verändernde Ablagerungs- bzw. Erosionsverhalten eines Flusses während des Wechsels zwischen den Kalt- und Warmzeiten. Die letzte Kaltzeit innerhalb unseres Eiszeitalters war die im Alpenraum als Würm- und in Nordeuropa als Weichsel-Glazial bekannte Kaltzeit, die umgangssprachlich auch als die „letzte große Eiszeit" bezeichnet wird, wenn sie auch bei Weitem nicht so „groß" und so ausgedehnt wie die Saale-Kaltzeit war. Sie begann vor etwa 115 000 Jahren, als mit dem Ende der Eem-Warmzeit, der letzten Warmzeit vor der heutigen noch andauernden Warmzeit, dem Holozän, die Temperaturen drastisch sanken. Die Pflanzenwelt veränderte sich dadurch beträchtlich: Wo einst verschiedene wärmeliebende Baumarten wuchsen, entwickelten sich zunächst die typischen Birken- und Kiefernwälder kühler Gegenden, bis schließlich die Bäume ganz verschwanden und die Landschaft sich in eine baumlose Tundra verwandelte.

Im Weichsel-Hochglazial erst, also zum Höhepunkt der Weichsel-Kaltzeit, fand der eigentliche Vorstoß der Gletscher statt. Dieser begann vor etwa 25 000 Jahren und erreichte seine größte Ausdehnung vor etwa 22 000 Jahren. Zu dieser Zeit war so viel Wasser in den Schnee- und Eismassen gebunden, dass der Meeresspiegel um 120 Meter tiefer lag als heute. Das Gebiet der heutigen Nordsee, der Großteil Großbritanniens, Nord- und Ostdeutschland, ganz Skandinavien einschließlich Dänemark und Finnland und das Baltikum waren von einem mehrere Tausend Meter dicken Eisschild bedeckt. Die Alpen und die Pyrenäen waren vergletschert, und nur die höchsten Bergspitzen ragten noch über das Eis hinaus. Der Ärmelkanal lag trocken und verband Großbritannien durch eine Landbrücke mit Frankreich. Archäologische Funde belegen, dass diese Landbrücke auch von umherziehenden Jäger- und Sammlergruppen genutzt wurde.

Die international übliche Gliederung der Warm- und Kaltzeiten beruht auf sogenannten Sauerstoffisotopenstufen. Die Sauerstoffisotopenstufen wurden anhand von Bohrkernen im Grönlandeis erarbeitet. Je nachdem wie warm oder

kalt es gewesen war, hatte fossiles Plankton, also im Wasser lebende Organismen, unterschiedliche Mengen der Sauerstoffisotope O16 und O18 im Kalzit ihrer Skelette eingelagert. Das Verhältnis dieser Isotopen kann gemessen werden, und die Schwankungen der aus dieser Messung resultierenden „Delta-O-Werte" geben die Schwankungen der globalen Temperatur wieder. Mit dieser Methode können globale Temperaturkurven erstellt werden.

In den Landstrichen, die während der Kaltzeiten vom Gletschereis bedeckt waren, war menschliches Leben unmöglich, und jede Spur einer möglicherweise vorangegangenen Besiedlung wurde durch die Eismassen ausgelöscht. An den Rändern des Eises entstanden ausgedehnte Tundren, deren Böden im Permafrost gefangen waren. Sie zogen sich quer durch Eurasien und dehnten sich nach Süden hin bis zu den Pyrenäen aus. Während der harschesten Zeit des Weichsel-Hochglazials war diese Zone ohne Bäume, menschenleer, und auch über die derzeitige Tierwelt ist so gut wie nichts überliefert. Der Pyrenäen-Alpen-Raum bildete einen natürlichen Riegel, der den Mittelmeerraum zumindest einige Zeit lang vor den arktischen Temperaturen aus dem Norden schützte und dort so die Existenz wärmeliebender Tier- und Pflanzenarten ermöglichte. Allerdings scheint es auch nördlich der Pyrenäen in Südfrankreich eine Art klimatisches Refugium gegeben zu haben, denn hier war die Besiedlung durch Menschen auch während des Hochglazials nie abgerissen. Hier entwickelte sich vor etwa 18 000 Jahren das Magdalénien, die Kulturstufe der Cro-Magnon-Menschen von Lascaux.

Selbst diese härteste aller Kaltzeiten war jedoch nicht durchgehend kalt. Glaziale werden in „Stadiale" und „Interstadiale" unterteilt, also in kalte Zeiten, in denen sich das Gletschereis ausdehnte und es sich weiter nach Süden vorschob, und in warme Zeiten, während derer das Eis sich zurückzog. Als es ein wenig wärmer wurde, kamen auch die Tiere und Menschen zurück. In den europäischen Kältesteppen lebten nomadische Jäger und Sammler. Man kann sich die Umwelt baumlos, ähnlich der arktischen Tundra vorstellen, allerdings vegetations- und artenreicher, denn in europäischen Breiten ist die Sonneneinstrahlung unabhängig von der Temperatur weniger stark schwankend. Dies ist die Landschaft, die als Mammutsteppe bezeichnet wird. Während der Warmphasen konnte es in Europa sogar deutlich wärmer als heute werden, sodass in der damaligen Tierwelt neben den noch heute hier lebenden Hirschen, Pferden und Ziegen auch Exoten wie Elefanten, Nashörner und Löwen vorzufinden waren. Thermophile, d. h. wärmeliebende, Arten kamen aus ihrem Kerngebiet am Mittelmeer und verbreiteten sich temporär auch in Mitteleuropa.

Das Lascaux-Interstadial

Aus den archäologischen Schichten in Lascaux sind Überreste von Pollen und von Hölzern geborgen worden. Pollen sind kleinste Sporen oder Blütenstaub, der je nach Pflanze eine charakteristische Form besitzt. Blütenstaub ist äußerst widerstandsfähig und kann sich über Jahrtausende im Boden als Mikrofossilien erhalten. Anhand von Untersuchungen können die zur Entstehungszeit der betreffenden Bodenschicht anwesenden Pflanzen bestimmt werden. Dabei werden nicht nur diejenigen Pflanzen analysiert, die von den Menschen absichtlich in die Höhle gebracht wurden. Auch vom Wind und von der Luftzirkulation in die Höhle hineinge-

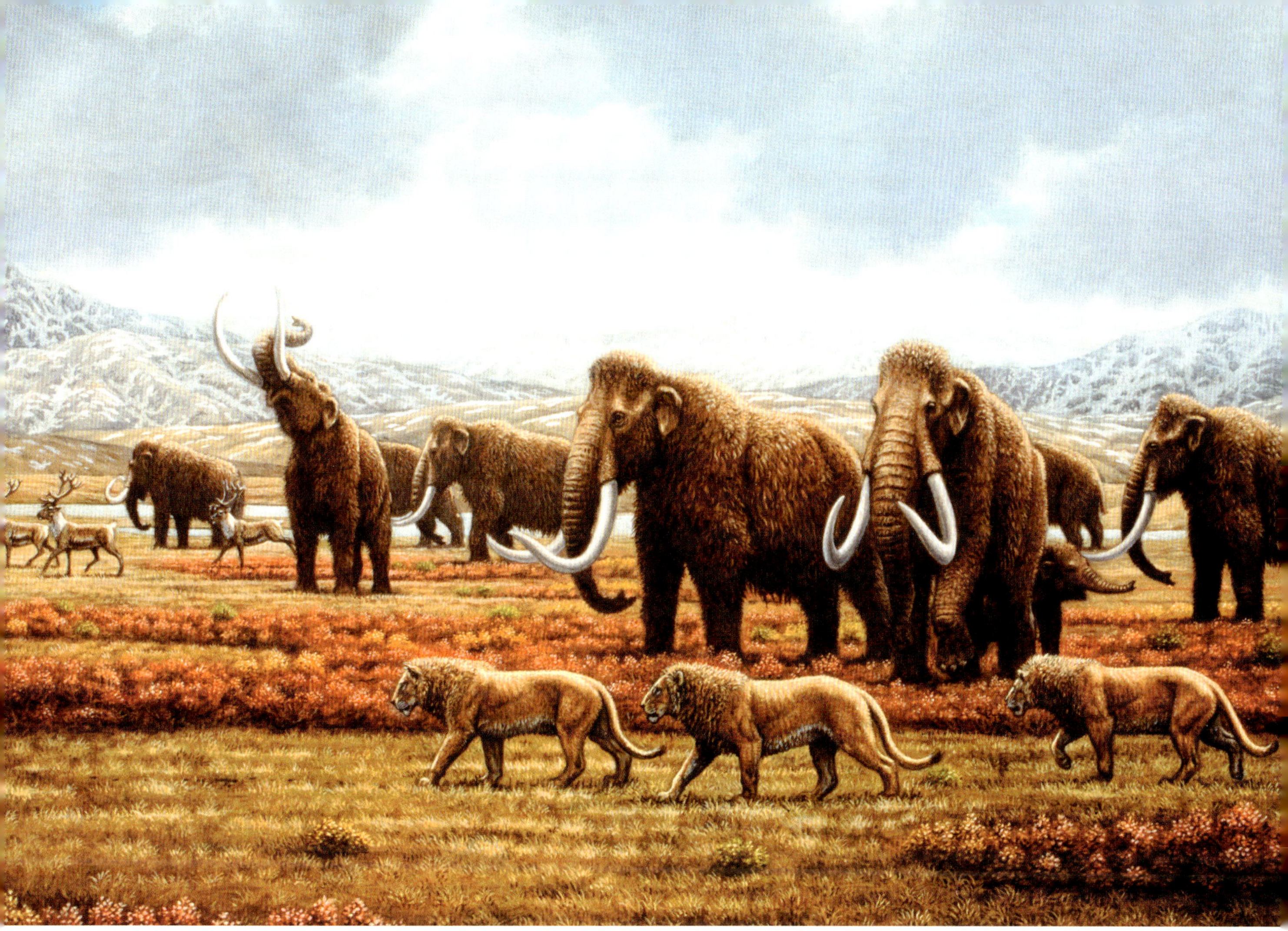

Illustration der eiszeitlichen Tierwelt, zu der unter anderem Mammuts, Löwen und Hirsche gehörten

tragene Pollenkörner oder Pollen, die sich auf der Kleidung der Menschen befanden und so dort hineingelangten, können unter Umständen bestimmt werden. So entsteht ein Abbild der Pflanzenwelt, die die Höhle umgeben hatte. Dabei herrschen natürlich einige Einschränkungen: Es können nur Pflanzen bestimmt werden, die überhaupt Blütenstaub produzierten und zu eben dieser Zeit auch in Blüte standen. Die botanische Untersuchung einer archäologischen Schicht liefert also einen von der Jahreszeit abhängigen Ausschnitt der damaligen Pflanzenwelt, an deren Zusammensetzung – ob es z. B. eine Landschaft mit vielen Bäumen oder vielen Gräsern war – sich auch die jeweilige Klimazone ablesen lässt. Lascaux war eine der ersten bedeutenden archäologischen Fundstätten, bei der mikroskopisch kleine Pflanzenteile systematisch untersucht wurden.

Die Bilder von Lascaux entstanden wahrscheinlich am Ende der letzten Kaltzeit, während einer Phase der Klimaerwärmung, die als „Lascaux-Interstadial“ bezeichnet wurde. Untersuchungen zwischen den 1950er- und 1980er-Jahren ergaben, dass es innerhalb einer relativ kurzen Zeitspanne von etwa 1000 Jahren (mit der Radiokohlenstoff- oder C14-Methode datiert auf etwa zwischen 17 000 und 16 000 Jahren vor heute) bedeutend wärmer wurde, und die trockene Steppenlandschaft machte feuchtwarmen Mischwäldern Platz. Wärmeliebende Bäume wie Strandkiefern, Kastanien, Nussbäume und Wacholder konnten nachgewiesen werden, während Überreste von Farnen, Weiden, Erlen und Linden auf feuchte bis nasse Bedingungen, wie sie in feuchten Mischwäldern und morastigen Süßgräserlandschaften herrschten, schließen lassen. Trotz der Erwärmung im Lascaux-Interstadial blieb auch die an die Kälte angepasste Tierwelt bestehen, das galt besonders für Rentiere, die sich in den Sommermonaten in die höheren Lagen des Zentralmassivs zurückzogen. Es folgte eine kurze Abkühlung und darauf wieder eine Erwärmung, sodass manche Wissenschaftler das Ende des Lascaux-Interstadials im weiteren Sinne noch bis 14 000 Jahre vor heute ausdehnen. Die Ausgestaltung der Höhle von Lascaux fällt also in das erweiterte Lascaux-Interstadial und somit in die Endphase der letzten Kaltzeit.

Abgesehen von großflächigen klimatischen Veränderungen, die ganze Kontinente betreffen, spielt auch das sogenannte Mikroklima einer bestimmten Fundstelle eine große Rolle. Im Vézère-Tal gab es während des Lascaux-Interstadials dreimal so viele Bäume wie an anderen Fundstellen zur selben Zeit. Die Höhle von Lascaux lag also in einer durch das Klima besonders begünstigten Gegend.

Die Cro-Magnon-Menschen begannen während der wärmsten Phase des Lascaux-Intersta-

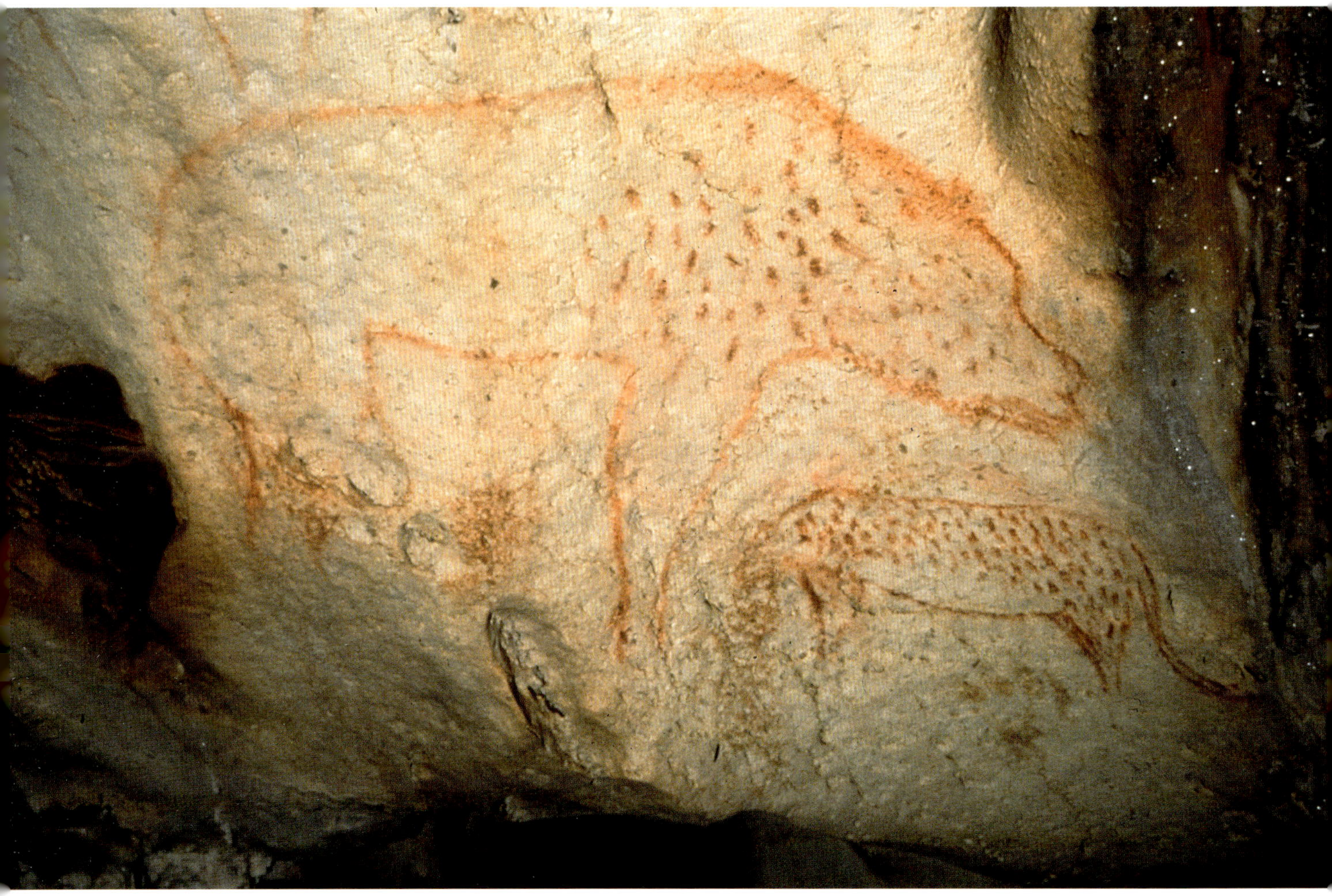

Diese altsteinzeitliche Malerei von zwischen 18 000 und 16 000 Jahren vor heute zeigt eine Höhlenhyäne (links) und eine Raubkatze (rechts). Die Zeichnung stammt aus der 1994 entdeckten Höhle von Combe d'Arc in der französischen Ardèche.

dials mit ihren Besuchen in der Höhle. Sie sahen sich zunächst ähnlichen, vielleicht minimal kühleren Temperaturen als heute ausgesetzt: im Winter zwischen null und zehn, im Sommer zwischen 15 und 22 Grad Celsius, mit einem Jahresniederschlag von 500 bis 700 Millimetern. Der nahe Atlantik hatte einen wesentlichen Einfluss auf die Wintertemperaturen, die Winter waren zwar lang, aber relativ mild, während die Sommer kurz dauerten und die Temperaturen nicht zu weit anstiegen. Mit der hereinbrechenden Kälte am Ende des Lascaux-Interstadials stellten die Menschen die Benutzung der Höhle wieder ein, wenn auch einzelne Wissenschaftler davon ausgehen, dass die Höhle auch später noch gelegentlich aufgesucht wurde.

Die Tierwelt von Lascaux

Die eiszeitliche Tierwelt wird im Allgemeinen in zwei große Gruppen eingeteilt: Unter wärmeren Bedingungen kam die sogenannte Waldelefanten-Fauna mit Damhirschen, Rehen, Auerochsen, Wasserbüffeln, Nilpferden, Wildschweinen, Waldnashörnern und Waldelefanten zum Vorschein. Während der kalten Perioden herrschte die Mammut-Fauna vor. Die charakteristischen Mammute wurden begleitet von Rentieren, Saiga-Antilopen, Moschusochsen, Wollnashörnern und Steppenbisons. Diese vegetarischen Großsäuger haben bestimmte Vorlieben bezüglich ihrer pflanzlichen Nahrung und binden sich daher eng an die vorhandene Flora, die wiederum stark von Temperatur und Wachstumsperioden abhängig ist. Es gibt aber auch fossile Tierfunde des die letzte Kaltzeit umfassenden Jungpleistozäns, die keiner bestimmten Fauna zuzurechnen sind. Diese Tierarten haben eine breitere Ernährungsbasis und können sich sehr gut an Temperaturschwankungen anpassen. Dazu zählen Höhlenbären, Rothirsche, Riesenhirsche und Wildpferde. Aber auch die pleistozänen Raubtiere fallen in diese Gruppe, da sie als Jäger nicht auf eine bestimmte Vegetation angewiesen sind. Hier sind der Höhlenlöwe und die Höhlenhyäne zu nennen.

Die in der Höhle von Lascaux dargestellten Tiere entsprachen der realen Tierwelt außerhalb der Höhle, wenn sie auch nicht im Verhältnis zu ihrem tatsächlichen Vorkommen abgebildet wurden. In Lascaux gibt es beispielsweise nur eine einzige Darstellung eines Höhlenbären. Diese Tiere waren im eiszeitlichen Europa allerdings sehr verbreitet, vornehmlich, aber nicht ausschließlich, während der kalten Perioden. Die Menschen, die in Höhlen Unterschlupf suchten, mussten sich oft mit der Anwesenheit von Bären herumschlagen. Anders als heutige Bären waren die prähistorischen Höhlenbären jedoch strenge Vegetarier.

Auch Rentiere wurden in Lascaux nur ein einziges Mal dargestellt, obwohl sie zu den häufigsten Herdentieren der europäischen Eiszeit zählen. Die Cro-Magnons von Lascaux aßen bevorzugt junge Rentiere, was durch zahlreiche Knochenfunde in der Höhle belegt ist.

Höhlenlöwen sind im Seitengang der Raubkatzen zu sehen. Sie waren größer als die heutigen afrikanischen Löwen und müssen gefährliche Raubtiere gewesen sein, die den Menschen bei der Jagd nach Tieren wohl oft Konkurrenz machten. Da sich auch dieser Jäger in Höhlen aufhielt, muss es für die ersten Maler von Lascaux ein recht großes Risiko gewesen sein, in die Tiefen der Höhle vorzudringen. Sie konnten nicht wissen, ob am Ende des Gangs oder in einer Nische vielleicht ein riesiges Raubtier auf sie wartete.

Der Steppenbison war ein mächtiges Tier mit einer Schulterhöhe von bis zu zwei Metern und

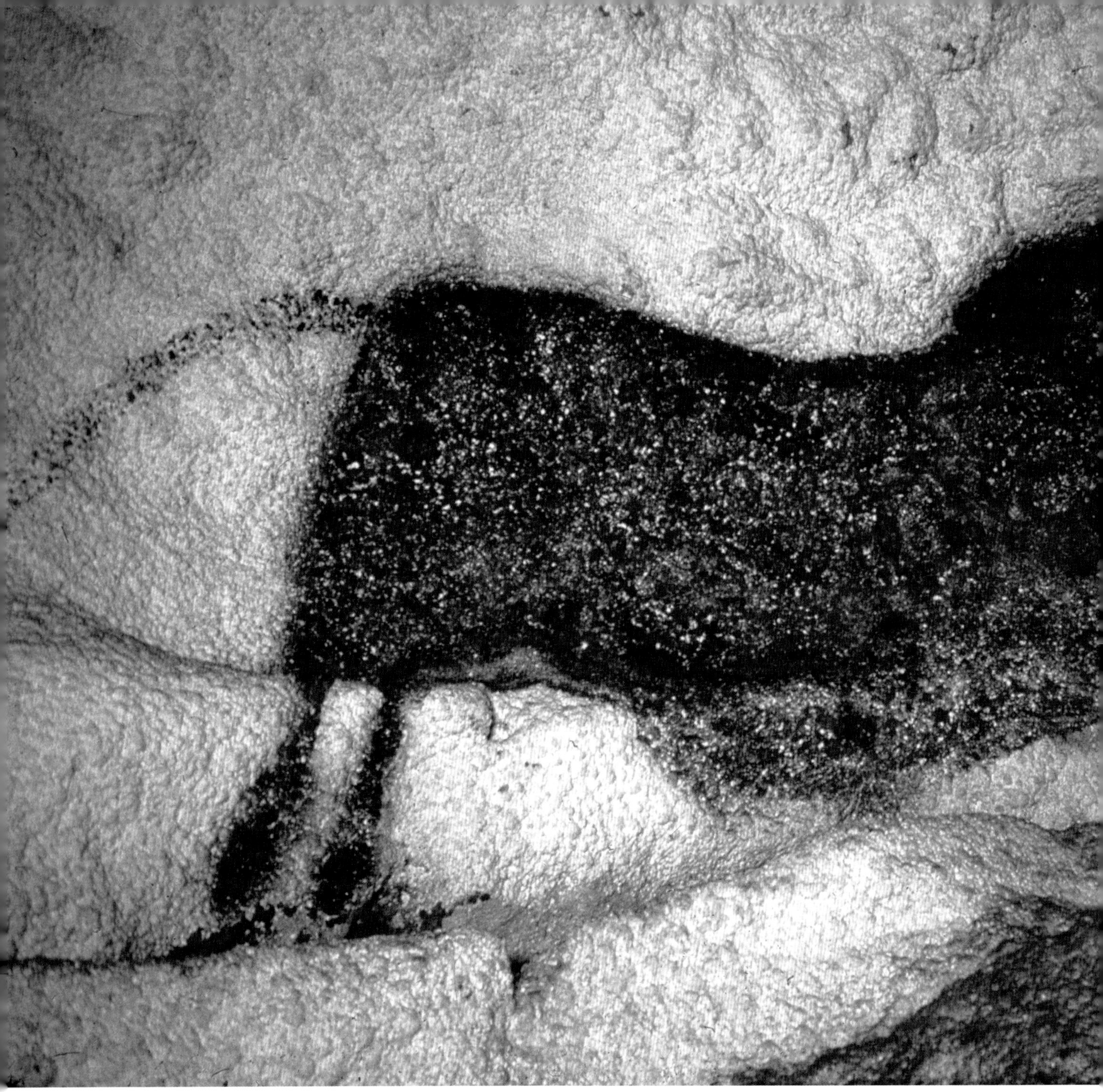

Pferde waren ein beliebtes Motiv der prähistorischen Maler von Lascaux und wurden nicht nur statisch dargestellt: Das hier abgebildete Pferd im Galopp befindet sich im axialen Seitengang.

nimmt gemeinsam mit dem Auerochsen nach Wildpferden, Hirschen und Steinböcken den vierten Rang in der Häufigkeit an in Lascaux dargestellten Tieren ein. Während der Steppenbison die kontinentalen Steppen bewohnte, fühlte der Auerochse sich in den Wäldern heimisch. Er bevorzugte ein Meeresklima gegenüber dem trockeneren Kontinentalklima. Dadurch, dass der maritime Einfluss auch während der Kaltzeiten in Südfrankreich noch vorhanden war, lässt sich erklären, dass sich der Auerochse dort noch halten konnte, während er andernorts aus der Tier-

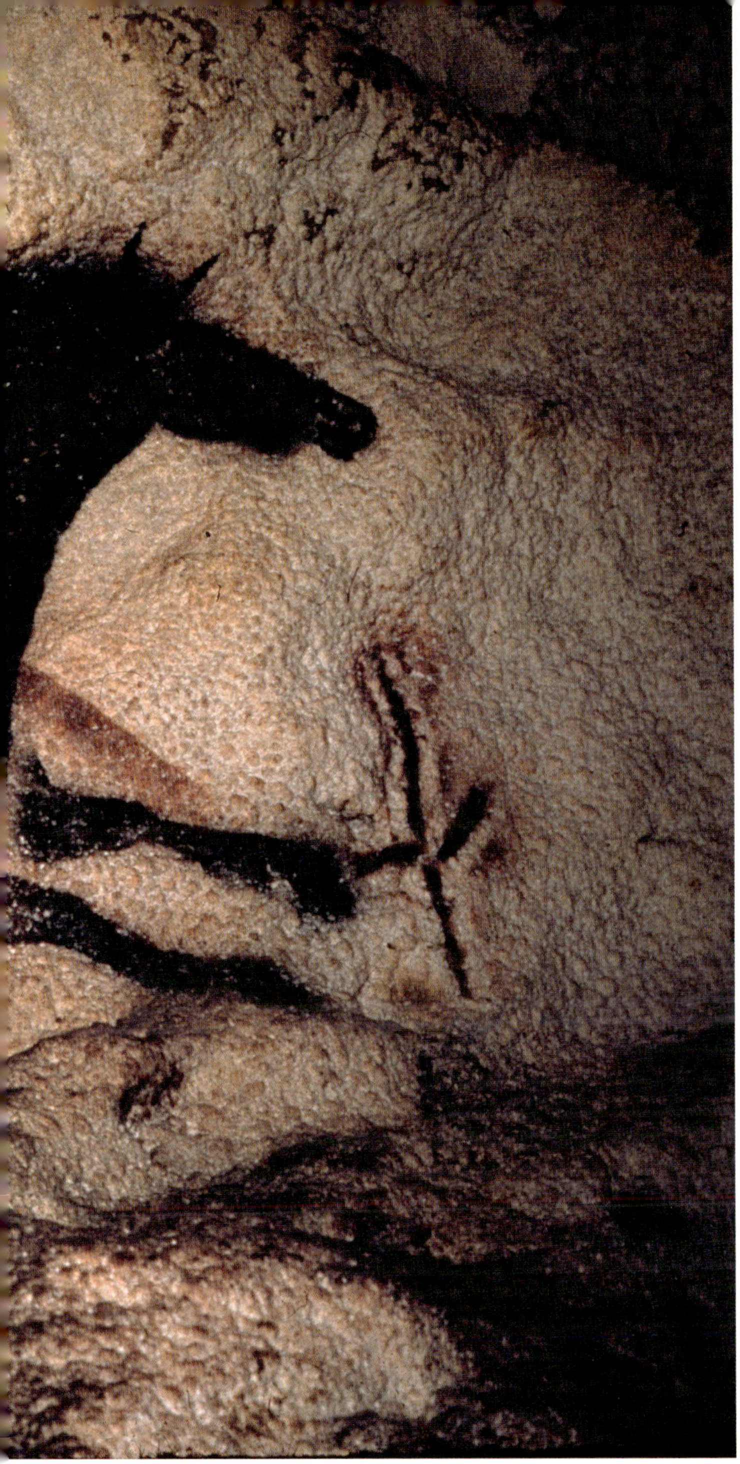

welt der Mammutsteppe verschwand. Die beiden Arten, Auerochse und Steppenbison, sind daher auch nie zusammen dargestellt. Die vier Stiere, denen der Saal der Stiere seinen Namen verdankt, entsprechen Darstellungen von Auerochsen. Im Winter trugen Auerochsen ein langes, welliges Haarkleid, im Sommer ein kürzeres Fell, mit einem hellen Strich entlang des Rückens. Das Fell ist ein charakteristisches Merkmal bei den Darstellungen in Lascaux: so auch bei der roten Kuh mit schwarzem Kopf, bei einer weiteren roten Kuh und dem schwarzen Stier im axialen Seitengang.

Ein weiteres Mitglied der Rinderfamilie erhielt ebenfalls ein Porträt in Lascaux, wenn auch nur ein einziges: Der Kopf eines Moschusochsen befindet sich als Gravur in der Apsis. Der Moschusochse war wie auch das Rentier eindeutig ein Bewohner der Kältesteppe. Sein dichtes Unterfell und das bis zu 16 Zentimeter lange Rückenhaar bildeten einen idealen Schutz gegen die arktische Kälte. Er liebte es dennoch trocken – mit seinen kurzen Beinen hätte er Schwierigkeiten im Schnee gehabt. Seine Anwesenheit auf der Felswand zeugt von strengen, aber trockenen Wintern mit wenig Niederschlag, großen jahreszeitlich bedingten Temperaturschwankungen und der Abkühlung des Klimas zum Ende des Lascaux-Interstadials.

Am häufigsten sind Wildpferde dargestellt. Diese Pferde waren mit höchstens 145 Zentimetern Stockmaß sehr viel kleiner als die heutigen Hauspferde. Die späteiszeitlichen Wildpferde sind am ehesten mit dem Przewalskipferd vergleichbar. Dieses ist zwar streng genommen keine ursprüngliche Wildpferdart, stellt jedoch als ausgewilderte Rückkreuzung die nächste lebende Analogie zum europäischen Wildpferd dar. Pferde sind heutzutage mit Steppengebieten assoziiert, konnten im Jungpaläolithikum jedoch ebenso gut an waldreiche Gebiete angepasst sein. Sie waren, wie auch die Rentiere, in der europäischen Eiszeit ein beliebtes Jagdwild, allerdings wohl nicht in Lascaux, wo – den Überresten nach zu schließen – Rentiere bevorzugt wurden.

Hirsche stehen zahlenmäßig an zweiter Stelle in Lascaux. Sie sind mit dem heutigen Rothirsch vergleichbar, der sich in einem warmen Klima und in großflächigen Wäldern aufhält. Allerdings wurde der Rothirsch gefundenen Fossilien zufolge auch in kaltzeitlichen Faunengesellschaften angetroffen, zusammen mit dem Rentier. Die damaligen an die Kälte angepassten Rothirsche sind kräftiger als die heutigen Rothirsche. In Lascaux ist die Komposition der schwimmenden Hirsche an der Südwand des Schiffes besonders beeindruckend. An der Nordwand der Apsis befindet sich wiederum die Gravur eines Hirsches, dessen schaufelförmiges Geweih einem Damhirsch ähnelt. Damhirsche, die auf ein sehr warmes Klima hinweisen, sind allerdings selten in der steinzeitlichen Kunst und kommen sonst in Lascaux nicht vor.

Den Hirschdarstellungen folgen an dritter Stelle die Steinböcke. Sie waren Bewohner steiniger und gebirgiger Gebiete und lebten vorzugsweise jenseits der Baumgrenze. Während der Kaltzeiten kamen sie jedoch aus dem Hochgebirge herab. Fossile Überreste aus jenen Zeiten wurden bis weit ins Tiefland der Niederlande gefunden. Im axialen Seitengang zeigt eine Gravur zwei kämpfende Steinböcke, wie sie auch in der Natur vorkamen. Im Schiff befindet sich ein Fries aus sieben gemalten Steinböcken mit gravierten Konturen.

Das Wollnashorn ist in Lascaux nur in Verbindung mit Steppenbison und Vogelmensch in der szenischen Darstellung im Brunnen bekannt. Es war ein an die Kälte angepasstes Tier, das sich vom Gras der Kältesteppe ernährte, nach dem Abtauen des Eisschildes jedoch ausstarb. Zu der Zeit, als in Lascaux das Nashorn an die Höhlenwand gezeichnet wurde, waren die Wollnashörner schon äußerst selten geworden.

Es war ein natürlicher Begleiter des Mammuts, das wiederum in Lascaux überhaupt nicht dargestellt ist.

Die auf den Höhlenwänden von Lascaux dargestellte Tierwelt legt somit Zeugnis über das

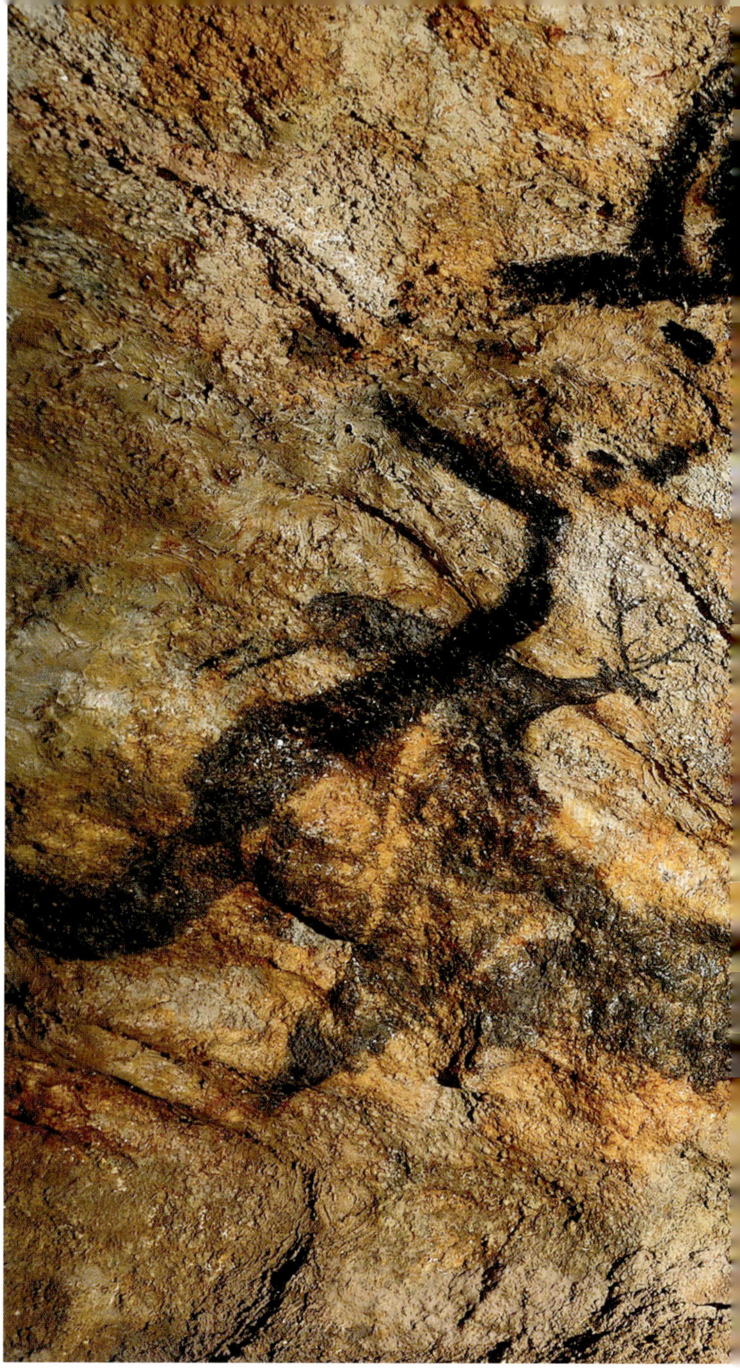

sich wandelnde Klima und die sich verändernden Umweltbedingungen durch die Jahrhunderte innerhalb einer Mikroregion ab. Es gab warme, maritime Einflüsse (Auerochsen), aber auch kalte, kontinentale Einflüsse (Moschusochsen). Es gab Tiere, die sich im Wald wohlfühlten (Hirsche), aber auch Tiere, die kahle, schroffe oder steppige Landschaften bevorzugten (Steinböcke, Bisons), Wärme liebende Tiere (Damhirsche) und Tiere der Kältesteppe (Rentiere, Wollnashörner). Um

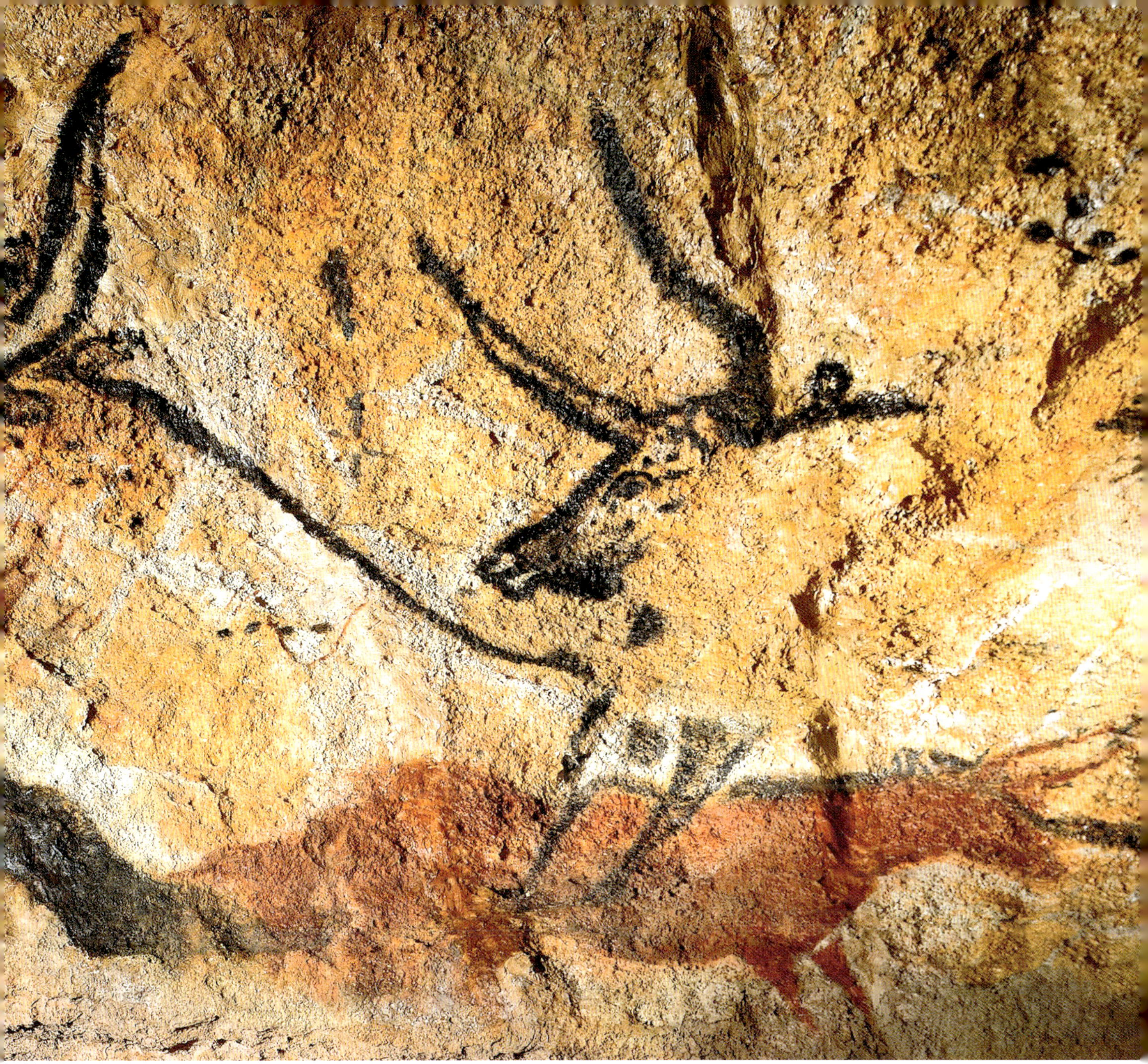

Rekonstruktion einer Felsmalerei aus dem Saal der Stiere von Lascaux. Die Stiere und die rote Kuh dominieren im Vergleich zu dem wesentlich kleiner dargestellten Hirsch links im Bild.

diese Tiere zeichnen zu können, müssen die Cro-Magnons von Lascaux sie gekannt haben.

André Glorys Theorie der Jagdmagie ist verständlich, wenn man die dargestellten Tiere betrachtet. Der Großteil der Abbildungen zeigt Rinder, Pferde und Hirsche, also Tiere, die im Leben einer Gesellschaft aus Jägern und Sammlern einen hohen Stellenwert als Jagdwild einnehmen. Dazu kommen die Symbole, von denen einige der Tiere umgeben sind, die teilweise als Pfeile oder Speere gedeutet wurden. Ein besonders prägnantes Beispiel ist hier die Darstellung von Mann und Steppenbison im Brunnen: Der Steppenbison scheint von einem Speer gekreuzt und somit durchbohrt zu werden. Auch sind Tiere, und hier eben besonders die wilden Rinderarten, die visuell dominierenden Herrscher der Höhle. Außer dem Mann im Brunnen gibt es keine weiteren Menschendarstellungen.

Rinder scheinen für die Cro-Magnon-Menschen besonders wichtig gewesen zu sein: Sie sind zahlreich und überlebensgroß dargestellt. Es ist historisch immer wieder zu Verwechslungen der Rinderarten Steppenbison, Wisent (europäischer Bison) und Auerochse (Ur) gekommen. Der Wisent ist dem Bison eng verwandt und scheint der spätere Nachkomme des Steppenbisons zu sein, der mit dem Ende der Kaltzeit ausstarb. Der Wisent selbst verschwand im 15. Jahrhundert aus Westeuropa. In Osteuropa und im Kaukasus hielt er sich etwas länger, aber die letzten wild lebenden Tiere wurden hier in den 1920er-Jahren getötet. Der Auerochse überlebte noch den Übergang zur Warmzeit. Er ist zwar sehr viel früher als der Wisent in Mitteleuropa ausgestorben, in der Abwesenheit eines lebendigen Gegenstücks zum Wisent verwischten jedoch die Grenzen der Terminologie, sodass die Bezeichnungen „Wisent" und „Auerochse" schließlich synonym gebraucht wurden. In Lascaux sind tatsächlich zwei Tierarten dargestellt, Auerochsen und Steppenbisons – mit der einzigen Darstellung eines Moschusochsen in der Apsis sind es sogar drei Rinderarten.

Ein französischer Wissenschaftler beschäftigte sich mit der Gruppierung und Zusammenstellung bestimmter Tierarten in der Höhle. Er stellte fest, dass drei Gruppierungen immer wieder auftauchen: Auerochsen mit Pferden und Hirschen, Steppenbisons mit Pferden sowie Steinböcke mit Pferden. Die Steinböcke sind selten zusammen mit einer der Rinderarten dargestellt, genauso wenig wie die zwei bzw. drei Rinderarten einander in Lascaux begegnen. Dies entspreche der Assoziation der Tiere mit ihren natürlichen Lebensräumen: Während Steppenbisons, wie der Name schon andeutet, Steppenbewohner sind, Auerochsen und Hirsche jedoch eher bewaldete oder sogar feuchte Gebiete bewohnen, sind Steinböcke wiederum in felsigen Gegenden zu Hause. Es entspricht dem natürlichen Miteinander der Tiere, dass sich nur die Pferde ohne Abstriche mit jeder Gesellschaft zufriedengeben, die Auerochsen und Steppenbisons jedoch nach Möglichkeit einander aus dem Weg gehen.
So könnte man die These als bestätigt ansehen, dass auch die gefährlichen Tiere in Lascaux nur auf jene Tiere treffen, die ihren natürlichen Lebensraum teilen: Die Großkatzen im Seitengang der Raubkatzen begegnen Steppenbisons und Steinböcken (Steppe/Felsen), während sich der einzige Bär in Lascaux im Saal der Stiere hinter einem anderen Waldbewohner, dem Auerochsen, versteckt.

Nach dieser Theorie wären die Bilder zu unterschiedlichen Zeiten entstanden und würden eine Veränderung des Klimas und damit auch des Lebensraumes der Menschen von Lascaux widerspiegeln. Eine solche Klimaveränderung konnte durchaus innerhalb eines Jahrhunderts, also innerhalb nur weniger Generationen, vonstattengehen. Doch nicht nur der großräumige Klimawandel und die damit einhergehende Veränderung der Biotope wurde von den Cro-Magnon-Menschen festgehalten: An den Wänden von Lascaux lassen sich bis zu einem gewissen Grad auch die verschiedenen Jahreszeiten ablesen, da die Veränderungen im Fellkleid der Tiere oft mit erstaunlicher Präzision dargestellt sind. Die Abbildung der „gekreuzten Bisons" im Schiff von Lascaux zeigt beispielsweise dieselbe Tierart, den Steppenbison, aber zu unterschiedlichen Jahreszeiten: Der rechte Bison trägt noch sein dunkles Winterfell, während der linke Bison gerade den Wechsel vom dunklen Winterfell zum helleren Sommerfell durchmacht. Eine rote Kuh am Ende des Saals der Stiere wird zudem von ihrem Kälbchen begleitet. Dieses Bild muss also in die Zeit des Kalbens während des Frühlings fallen.

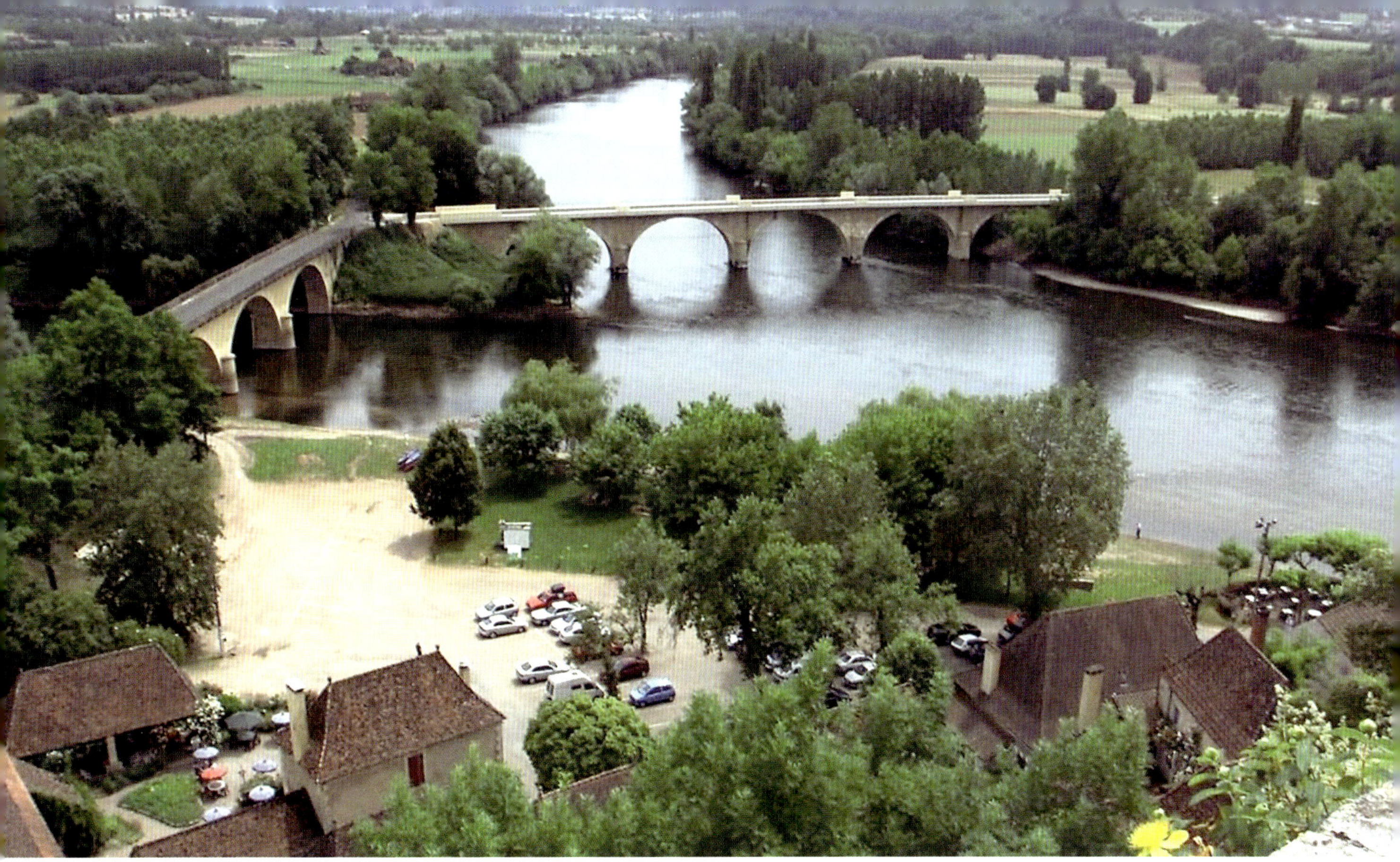

An dieser Stelle, bei dem Ort Limeuil, fließen die Vézère und die Dordogne zusammen.

Geografie und Geologie

Die Vézère ist ein Nebenfluss der in den Atlantik mündenden Dordogne. Auf ihrem Weg vom Zentralmassiv zum Aquitanischen Becken durchfließt sie die Departements Corrèze und Dordogne. Ihr Einzugsgebiet umfasst etwa ein Viertel des Departements Dordogne. Die Höhle von Lascaux liegt zwei Kilometer außerhalb des kleinen Ortes Montignac in der Dordogne bzw. der historischen Provinz Périgord, genauer im „Périgord Noir", dem wegen seiner dunklen Kastanienwälder sogenannten „schwarzen Périgord". Sie gehört zu den Fundstätten entlang des 40 Kilometer langen Flussabschnitts vor dem Zusammenfluss von Dordogne und Vézère bei Limeuil. Das Vézère-Tal wurde aufgrund seiner vielen dekorierten Höhlen zum UNESCO-Weltkulturerbe erklärt. Der Fluss verläuft hier von nordöstlicher in südwestliche Richtung. Auf diesem Abschnitt wird das Tal der Vézère von steilen Felsabhängen aus Kalkstein eingerahmt, die von unzähligen Höhlen durchzogen sind. Viele dieser Karst-Höhlen waren schon im Jungpaläolithikum zugänglich – so auch Lascaux. Kurz vor Montignac, in der Nähe von Lascaux, verbreitert sich das Flusstal der Vézère, und die Ufer werden weniger steil.

Etwa 25 Kilometer flussabwärts befindet sich der Ort Les-Eyzies-de-Tayac-Sireuil, der den Mittelpunkt einer Region mit einer Konzentration von 37 Bilderhöhlen bildet. Dies ist die größte Dichte an solchen Fundstätten in Westeuropa. Damit gibt es in dieser Gegend mehr Funde von Felsmalereien als Siedlungsstätten aus dem Jungpaläolithikum. Die Höhle von Lascaux liegt allerdings etwas abseits dieser Konzentration an bebilderten Höhlen.

Die Kalksteinebenen des Périgords, die sogenannten Causses, haben eine Höhe von etwa 200

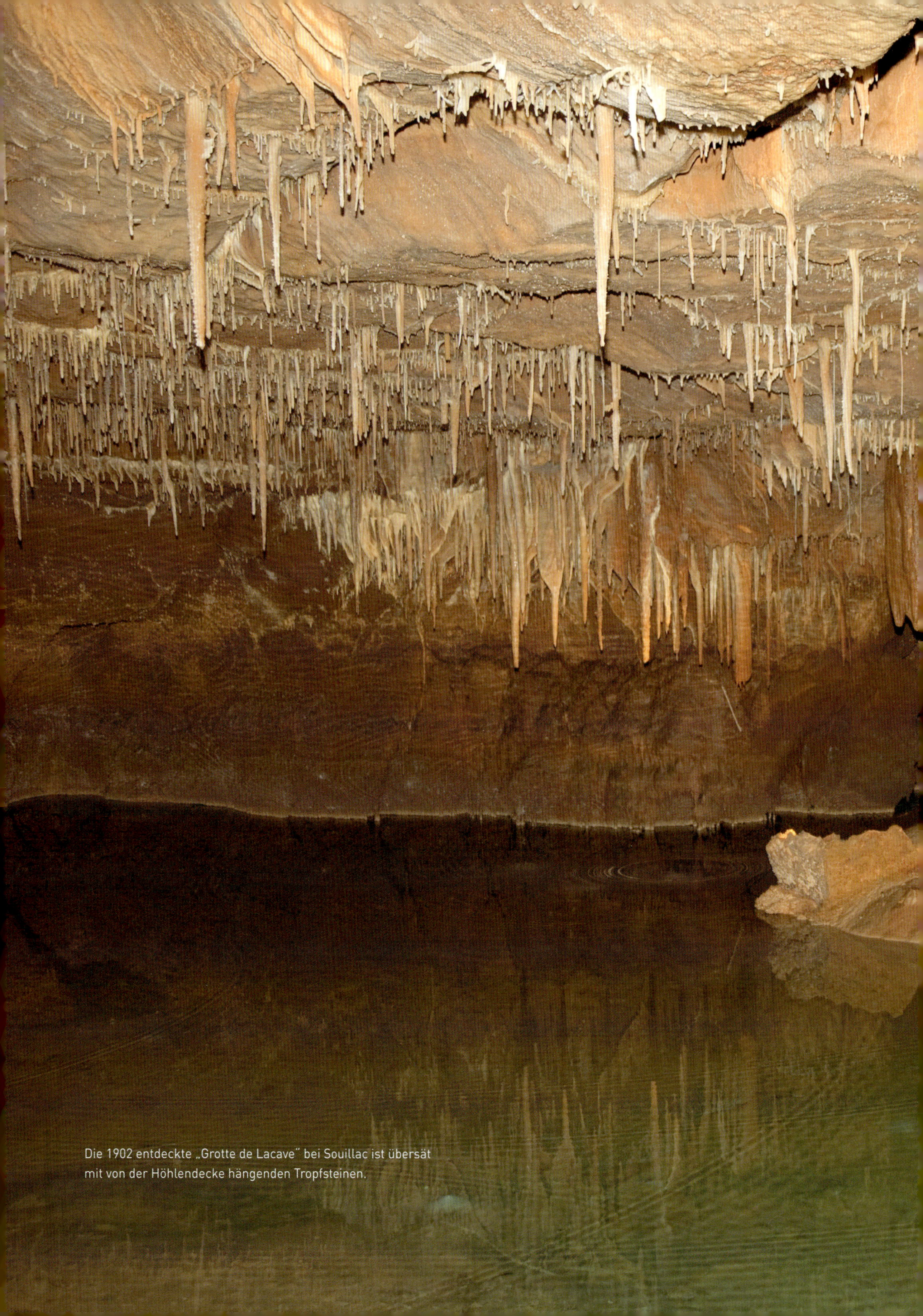

Die 1902 entdeckte „Grotte de Lacave“ bei Souillac ist übersät mit von der Höhlendecke hängenden Tropfsteinen.

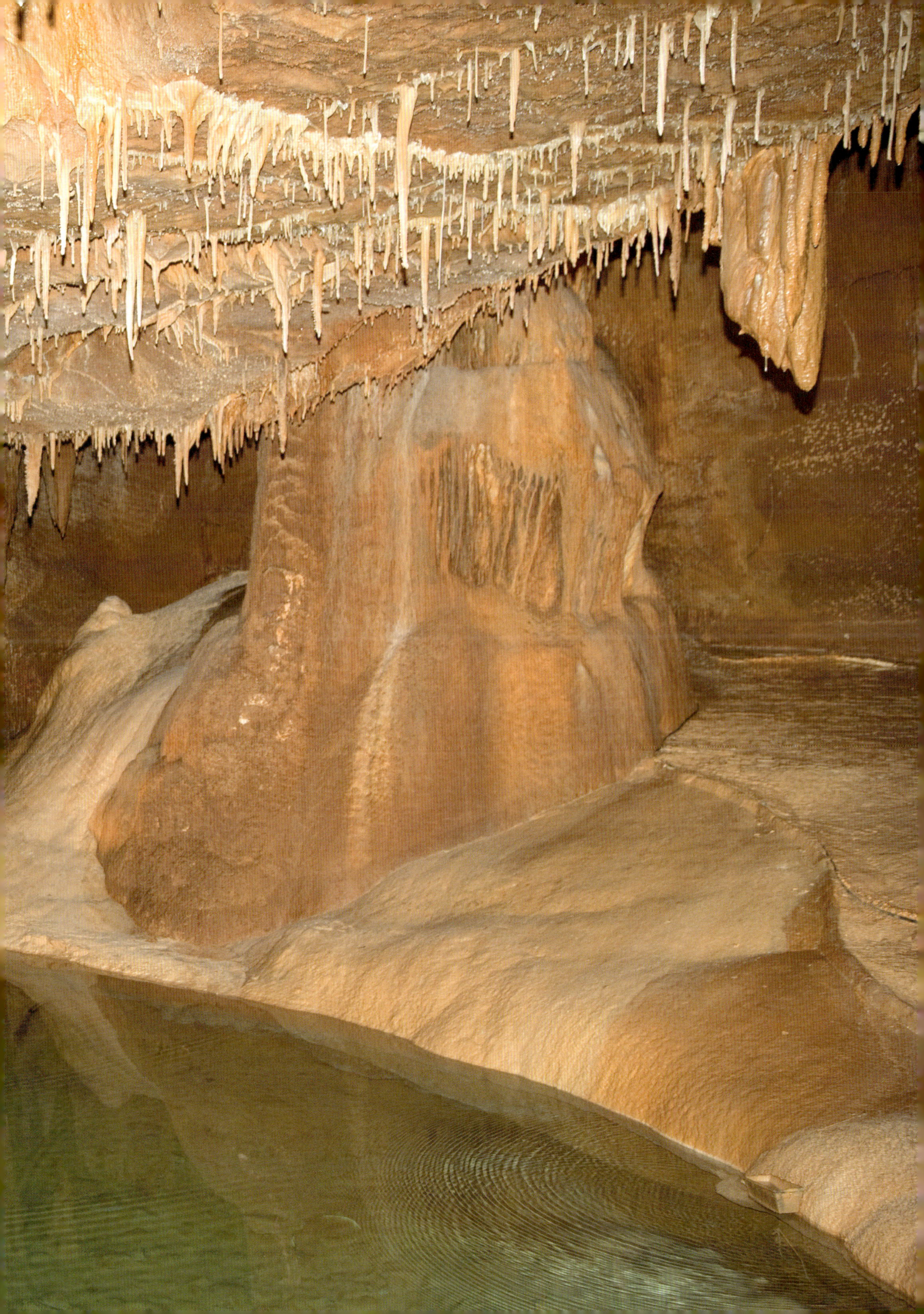

Metern. Das trifft auch für den Hügel von Lascaux zu. Die Höhle selbst befindet sich etwa 20 bis 30 Meter unterhalb der Hügelkuppe, die vom Landgut der Familie La Rochefoucauld-Montbel gekrönt wird. Das Landgut ist seit dem 15. Jahrhundert belegt und gehörte ursprünglich der Familie Lascaux, wechselte aber durch die Jahrhunderte mehrmals die Besitzer. Auf dem Hügel wachsen heute Weinreben, die dank des kalkhaltigen Bodens einen kräftigen Wein hervorbringen.

Der Kalkstein in der Gegend von Lascaux bildete sich vor etwa 86 bis 90 Millionen Jahren im oberen Coniacium – einer Stufe innerhalb der Oberkreidezeit – aus Muschelablagerungen und Sand eines großen Meeres. Karst wird aus Kalkstein, Dolomit oder Gipsgesteinen, also aus wasserlöslichen Gesteinen, geformt. Der Formationsprozess beginnt, wenn saures Wasser in Risse oder Verwerfungen des Ausgangsgesteins eindringt, es angreift und teilweise auflöst. Die Risse werden dadurch immer größer, bis es unter der Oberfläche zur Bildung von Rinnen kommt, die das Wasser abführen. Mit der Zeit bilden sich charakteristische Karsttrichter, Dolinen und Höhlen im Gestein. Unterirdische Rinnsale und Flüsse durchziehen Karstgesteine und höhlen den Fels weiter aus. Der Höhleneingang von Lascaux ist ein ehemaliger Austritt einer Karstquelle. In vielen Karsthöhlen formen sich Höhlenminerale, wenn das fließende Wasser überschüssiges Kalzit und andere Mineralien deponiert. Sinter, also durch Wasserablagerungen entstandenes poröses (Kalk-)Gestein, und Tropfsteine sind die häufigsten und bekanntesten Formen solcher Höhlenminerale.

Auch in Lascaux haben sich durch stehendes Wasser in der Passage und im Saal der Stiere Sinterbecken geformt. Einige Wände, besonders im Saal der Stiere, sind zudem mit solchem Sinter überzogen, jedoch wesentlich weniger als in anderen Höhlen der Dordogne. Im Gegensatz zu vielen anderen Höhlen der Gegend war der Großteil der Wände in Lascaux trocken, dank einer Mergelschicht, die das weitere Eindringen von Wasser verhinderte. Mergel ist ein wasserundurchlässiges Sedimentgestein, das bei der gleichzeitigen Ablagerung von feinem Ton und Kalk entsteht. Auf diese Weise bot die Höhle ideale Bedingungen zur Dekoration der Wände durch Malereien und Gravuren.

Der Fels als natürliche Leinwand

Die Höhlenwände weisen zum Teil harte Versinterungen (Ablagerungen) auf, die wie im Saal der Stiere als natürliche Grundierung für die Malereien dienten, aber nicht für Gravuren geeignet waren. Partiell bestehen die Wände aber auch aus nacktem Kalkstein, in den, wie in überbordender Weise in der Apsis, die Umrisse der Tiere eingeritzt und -graviert werden konnten. Im axialen Seitengang fand die Versinterung der Wände auch noch nach der malerischen Ausgestaltung statt, sodass die Tierdarstellungen von einem milchigen Kalküberzug bedeckt sind.

Die Felsoberfläche ist ein wichtiges Element bei der Komposition jedes einzelnen Tierbildes. Anders als in der Malerei auf Leinwand, in der ein möglichst glatter Untergrund gewünscht ist, suchten die Cro-Magnon-Menschen in Lascaux nach entsprechend geformten Felsvorsprüngen, die sie in die Darstellung integrieren und ihr

Imposante Darstellung eines schwarzen Stiers im axialen Seitengang. Die größtenteils trockenen Felswände in der Höhle von Lascaux boten den prähistorischen Malern eine gute Grundlage, um die Bilder so lebensecht malen zu können.

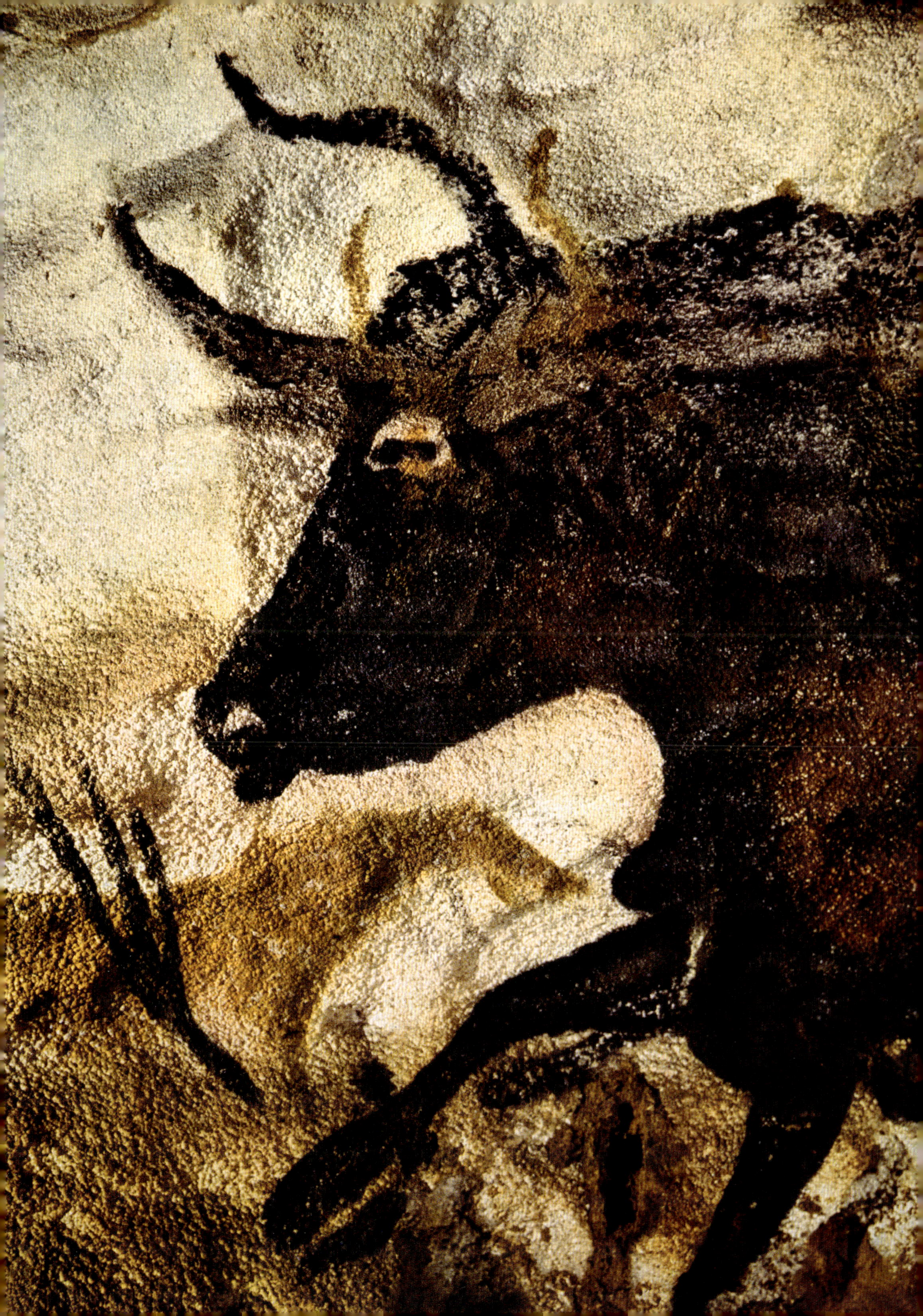

dadurch Plastizität und Lebendigkeit verleihen konnten. So wird eine Wölbung im Fels zum Bauch eines Pferdes, ein Buckel zu einem Pferdekopf, ein scharfer Grat zur Rückenlinie eines Rindes. Das Einbeziehen der unebenen, buckeligen Felswand in die Bildkomposition beschränkt sich aber nicht nur auf Lascaux, sondern ist ein wiederkehrendes Merkmal der gesamten frankokantabrischen Höhlenkunst. Im spanischen Altamira gibt es eine Darstellung einer Rinderherde auf einem extrem buckeligen Untergrund. Jeder einzelne der kleinen Buckel in der Felswand ist ein Rind für sich.

In vielen dekorierten Höhlen des Vézère-Tals scheint die Auswahl der richtigen Stelle an der Felswand zudem ein reiflich überlegter Prozess gewesen zu sein. Die Künstler übergingen viele mögliche Felsflächen, die daraufhin undekoriert blieben. Auf Lascaux trifft dies vereinzelt auch zu. Im Saal der Stiere und im axialen Seitengang sind einige der gut zugänglichen Felswände frei geblieben – die Künstler empfanden die lehmige Oberfläche der Wand an diesen Stellen wohl als ungeeignet. Die Darstellung des Steppenbisons im Brunnen bezieht allerdings die lehmige Oberfläche in die Fellgestaltung mit ein. In der Apsis sind darüber hinaus so viele Tiere in die Wände graviert, dass sie sich bis zur Unkenntlichkeit überlagern, manche sogar so hoch, dass Gerüste konstruiert worden sein müssen, um jene Stellen zu erreichen.

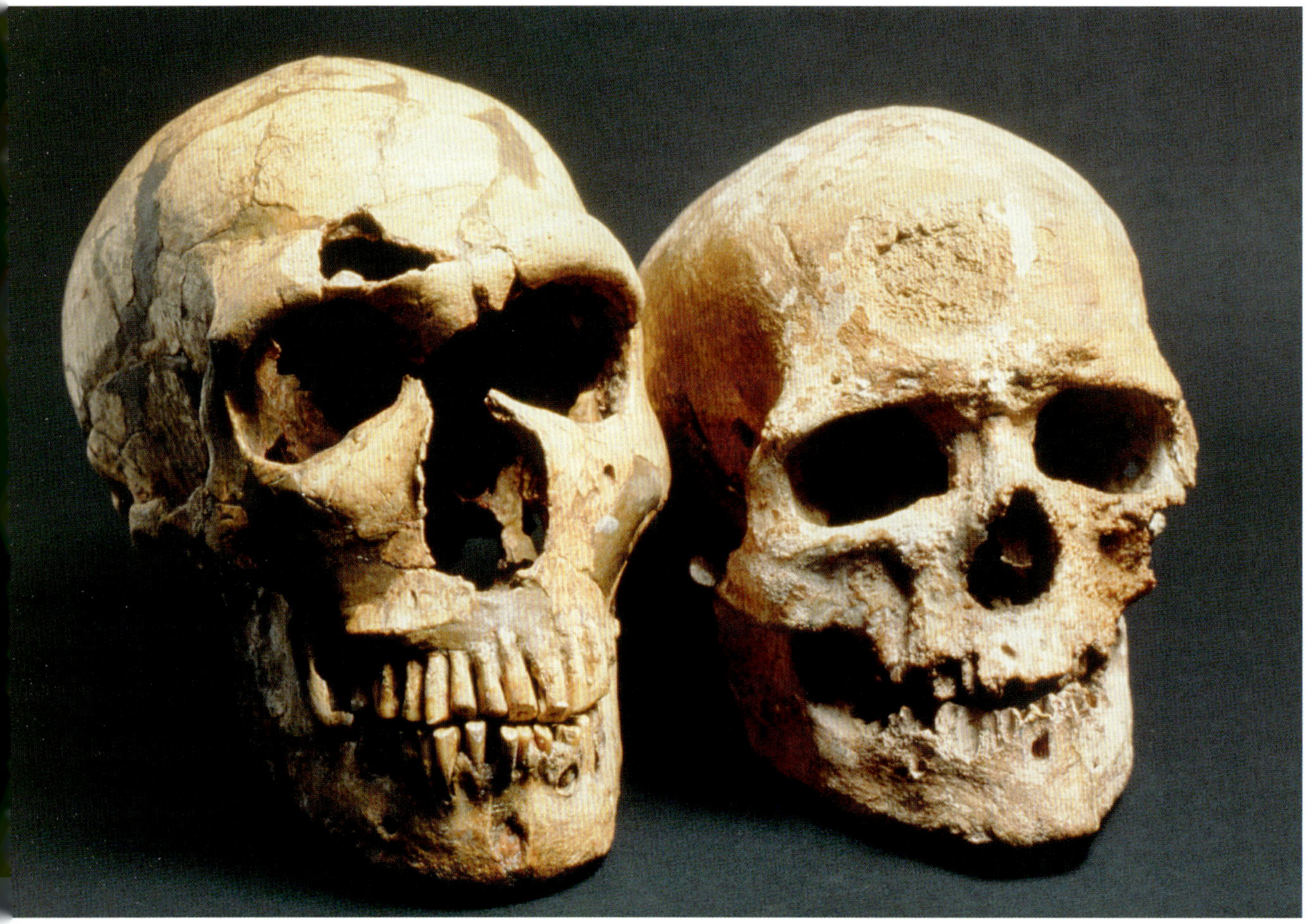

Schädel eines Neandertalers (links, ca. 70 000 Jahre alt) und eines Cro-Magnon-Menschen (rechts, ca. 30 000 Jahre alt). Der direkte Vergleich der Knochenstruktur zeigt, dass die Cro-Magnons im Vergleich zu den Neandertalern in anatomischer Hinsicht bereits moderne Menschen waren.

Im Laufe der Zeit ist in Lascaux im Gegensatz zu anderen Höhlen fast jede mögliche Fläche auch tatsächlich genutzt worden.

Die Fülle an geschmückten Höhlen im Tal der Vézère ist sicher dem günstigen Klima und dem Artenreichtum geschuldet, die das Leben dort trotz der andernorts klimatischen Instabilität angenehm machten. Die Umgebung begünstigte ein Wachstum der Bevölkerung, eine florierende Kultur, Innovation und ein soziales Miteinander. Obwohl die Höhle von Lascaux etwas abseits der dichten Konzentration bebilderter Höhlen um Les-Eyzies-de-Tayac-Sireuil liegt, scheint diese Höhle den Cro-Magnon-Menschen des Magdaléniens besonders wichtig gewesen zu sein. Sie bot im Vergleich zu anderen Höhlen bessere „Leinwände“ und war trockener. Warum ausgerechnet diese Höhle so außerordentlich intensiv genutzt wurde, dass keine Mühen gescheut wurden, auch noch die letzten möglichen Eckchen auszuschmücken, ist allerdings schwer zu sagen. Vielleicht hat es sich einfach so ergeben. In der menschlichen Geschichte wimmelt es von in Gemeinschaften vorherrschenden Konventionen, die das eine wichtig erscheinen lassen, das andere weniger, ohne dass objektiv und rational ein Grund dafür vorliegt.

Wer waren die jungpaläolithischen Maler?

Die Cro-Magnon-Menschen

Die Bilder von Lascaux wurden von den Cro-Magnon-Menschen hergestellt, die vor etwa 40 000 Jahren von Südosten nach Europa einwanderten. Eine Zeit lang lebten diese ersten anatomisch modernen Menschen (Homo sapiens) neben den schon länger in Europa ansässigen Neandertalern, die dann vor etwa 30 000 Jahren ausstarben. Bis vor etwa 8000 Jahren besiedelten die Cro-Magnon-Menschen das Tal der Vézère. Die Cro-Magnon-Menschen sind gewissermaßen „fossile Jetztmenschen“. Im anatomischen Sinne waren sie moderne „Jetztmenschen“ und zählten bereits zu der Art Homo sapiens, ihr Knochenbau, den wir von Fossilfunden her kennen, ist allerdings sehr viel gröber bzw. stabiler als bei heute lebenden Menschen. Beispielsweise treten im allgemein größeren Gesichtsschädel der Cro-Magnons die Augenbrauenwülste sehr viel stärker hervor, das Gesicht erscheint durch ausladende Jochbeine flacher und breiter, die Kiefer kantiger mit einem markanten eckigen Kinn. Im Körperskelett sind die verknöcherten Muskelansätze sehr viel deutlicher ausgeprägt, was auf eine größere Muskelmasse hindeutet. Das lässt die Cro-Magnons robuster erscheinen als die heutige europäische Bevölkerung, allerdings lange nicht so robust wie die Neandertaler, von denen sie sich stark unterscheiden. Die Cro-Magnons gehörten also zu derselben Art der Gattung Homo, der wir auch angehören, aber in dieser Ausprägung existiert sie nur noch im fossilen Fundgut.

Im Jahr 1868 wurden die ersten Skelette dieser Menschen von dem französischen Geologen Louis Lartet in Abri de Cro-Magnon gefunden. Aus einer archäologischen Fundschicht, die dem Aurignacien, der ältesten Kulturepoche des Jungpaläolithikums, zugeschrieben wird, wurden neben Feuerstellen fünf menschliche Skelette geborgen: der „alte Mann von Cro-Magnon“ – ein etwa 45-jähriger Mann –, zwei weitere Männer, eine Frau und ein neugeborenes Kind.

Es handelte sich bei der Fundstelle um einen Bestattungsort, die Beigesetzten waren mit Ocker und durchbohrten Meeresschnecken geschmückt worden.

Im Gegensatz zu den Neandertalern, die Europa zur Zeit der Ankunft der Cro-Magnon-Menschen noch bewohnt hatten, legten die Neuankömmlinge ganz andere Verhaltensweisen an den Tag: Sie besaßen eine andere Siedlungsweise, stellten Schmuck her und begannen, sich im weitesten Sinne künstlerisch auszudrücken. Wahrscheinlich fällt in diese Zeit auch eine Neuorganisation des sozialen Zusammenlebens in nun größeren Gruppen mit komplexeren Ritualen.

Wie genau das Miteinander zwischen Cro-Magnons und Neandertalern bzw. ihr Nebeneinander ausgesehen hat, ob es etwa zu gewaltsamen Auseinandersetzungen oder aber zu einer Zusammenarbeit gekommen ist, bleibt zum größten Teil Spekulation. Ihre höhere kulturelle Entwicklung erlaubte es den anatomisch modernen Menschen, flexibler auf die sich verändernde Umwelt zu reagieren, und ihre fortschrittlicheren Werkzeuge gaben ihnen einen Vorteil bei der Jagd. Dies waren Faktoren, die sich direkt auf ihre Überlebenschancen und damit auf das Bevölkerungswachstum auswirkten. Fest steht, dass in uns modernen Europäern ein winziger Teil von Neandertal-DNA erhalten geblieben ist. Woher diese DNA stammt, ist nicht hundertprozentig sicher. Hinweise aus der Genforschung deuten aber sehr darauf hin, dass sich Neandertaler und Homo sapiens gelegentlich gepaart haben. Die Neandertaler waren jedoch spätestens vor 25 000 Jahren restlos ausgestorben, und so blieb der Cro-Magnon-Mensch allein in Europa zurück.

Zusammenleben in der Gemeinschaft

Vor der Ankunft des anatomisch modernen Menschen vollzogen sich die körperliche Entwicklung und die Entwicklung der Verhaltensweisen gleichmäßig: eines bedingte das andere. Nachdem sich die moderne Anatomie herausgebildet hatte, setzte eine immer schnellere Entwicklung der Verhaltensweisen ein. Was wir heute mit den Worten „Fortschritt“ und „Schnelllebigkeit“ beschreiben, nahm damals seinen Anfang. Technologische Fortschritte und soziale Veränderungen geschahen nicht mehr allmählich im Laufe der Zeit, sondern stiegen im Verhältnis dazu exponentiell an. Die Menschen lebten in größeren Gruppen zusammen, das Sozialleben gestaltete sich dadurch komplizierter, aber auch der Austausch an Ideen innerhalb einer Gruppe und zwischen benachbarten Gruppen nahm zu. Der amerikanische Paläoanthropologe Richard Klein beschreibt eine mögliche Ursache dieses neuen, modernen Sozialverhaltens: Dem veränderten Sozialverhalten könnte beispielsweise die (Neu-)Organisation der Kernfamilie als Produktionsgemeinschaft zugrunde liegen. Dabei entsteht eine Arbeitsteilung nach Geschlecht und Alter. Dies wiederum könnte zu einem veränderten Bewusstsein von Verwandtschaft und Abstammung führen, welches sich in einer zunehmenden Kooperation zwischen Einzelnen und Gruppen niederschlägt. Kultur im weitesten Sinne wurde zum Überlebensfaktor.

Die Menschen entwickelten ein Symbolverhalten, d. h. dass die innere Vorstellungswelt nach außen sichtbar gemacht wurde und mit anderen geteilt werden konnte. Die ersten bewussten Bestattungen von Toten sind beispielsweise schon bei den Neandertalern zu finden. Eine systematische Bestattung mit Totenritualen findet aber erst bei anatomisch modernen Menschen statt.

Die Cro-Magnons ließen den Toten eine große Ehre zukommen: Die Leichname wurden mit Ketten aus Stein- oder Knochenperlen und Anhängern aus Muscheln oder Zähnen geschmückt und mit rotem oder gelbem Ocker bestreut. Oft wurden ihnen kleine Beigaben mitgegeben wie beispielsweise Knochennadeln oder Speere. Bei manchen Bestattungen wurden auch besonders behandelte, etwa polierte oder angespitzte, menschliche Knochen beigelegt. Manche Gräber belegen zudem eine ganz besondere Behandlung der Toten. Der Schädel wurde hier absichtlich getrennt vom Körper bestattet, und oft wurde das Körperskelett nicht in seinem natürlichen Verbund belassen, sondern auseinandergenommen. Solche Bestattungen belegen einen rituellen Umgang mit Knochen, eventuell auch eine Exhumierung und Wiederbestattung vor dem Hintergrund eines Ahnenkultes. Bei wieder anderen Bestattungen wurden schwere Steine oder große Knochen auf die bestattete Person gelegt, damit diese nicht als ruheloser Geist in die Welt der Lebenden zurückkehrt. Diese Gräber, die auf einen solchen Aberglauben schließen lassen, sind auch als „Wiedergängergräber" bezeichnet worden. Es könnte aber auch eine pragmatische Erklärung für diese Behandlung geben, wonach man dies z. B. tat, um zu verhindern, dass Aasfresser die Bestatteten ausgraben.

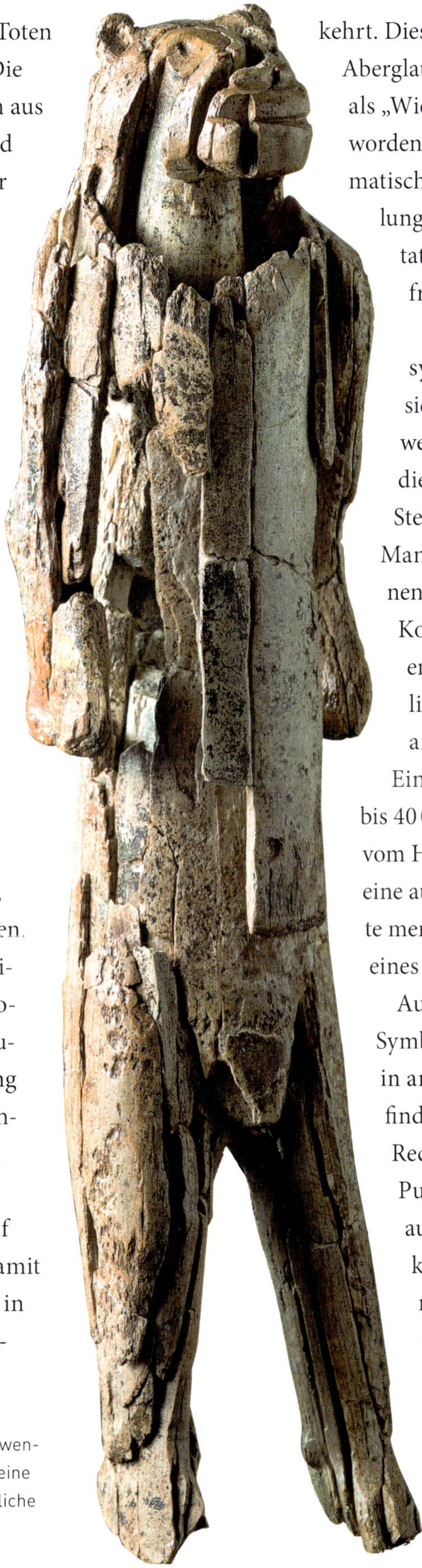

Dieses Bild zeigt den sogenannten Löwenmenschen aus dem Lonetal bei Ulm, eine rund 30 Zentimeter große altsteinzeitliche Skulptur aus Elfenbein.

Es wird oftmals jedoch eine symbolische Vorstellungswelt sichtbar, die mit der Realität nur wenig zu tun hat. In Lascaux trifft dies auf die bereits an anderer Stelle erwähnte Darstellung von Mann und Steppenbison im Brunnen zu: Der Mann scheint den Kopf eines Vogels zu haben und entspricht daher keiner menschlichen Abbildung, sondern einem anthropomorphen Mischwesen. Ein anderes Beispiel ist der 35 000 bis 40 000 Jahre alte Löwenmensch vom Hohlenstein-Stadel im Lonetal, eine aus Mammutelfenbein geschnitzte menschliche Figur mit dem Kopf eines Löwen.

Auch die grafischen Zeichen oder Symbolzeichen, die in Lascaux wie in anderen Felskunststätten zu finden sind, also Striche, Pfeile, Rechteckmuster, Zickzacklinien, Punkte und Ähnliches, deuten auf eine symbolische Ausdruckskraft hin. Solche Symbole haben nur dann einen Sinn, wenn sie nicht nur dem Schöpfer, sondern auch dem Empfänger verständlich sind. Nur dann funktioniert das Senden einer Botschaft mittels Symbolen. Solche Symbole sind also

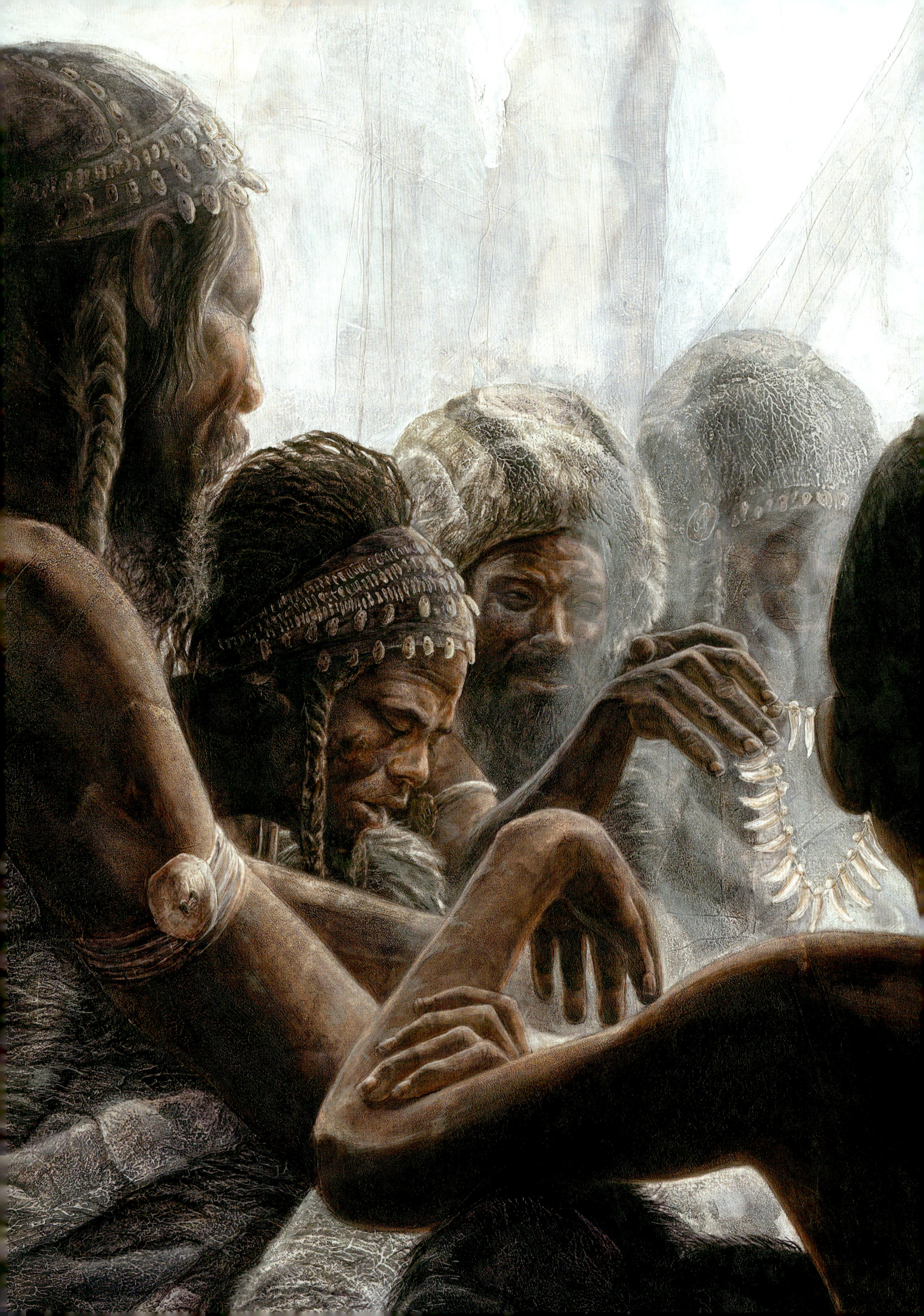

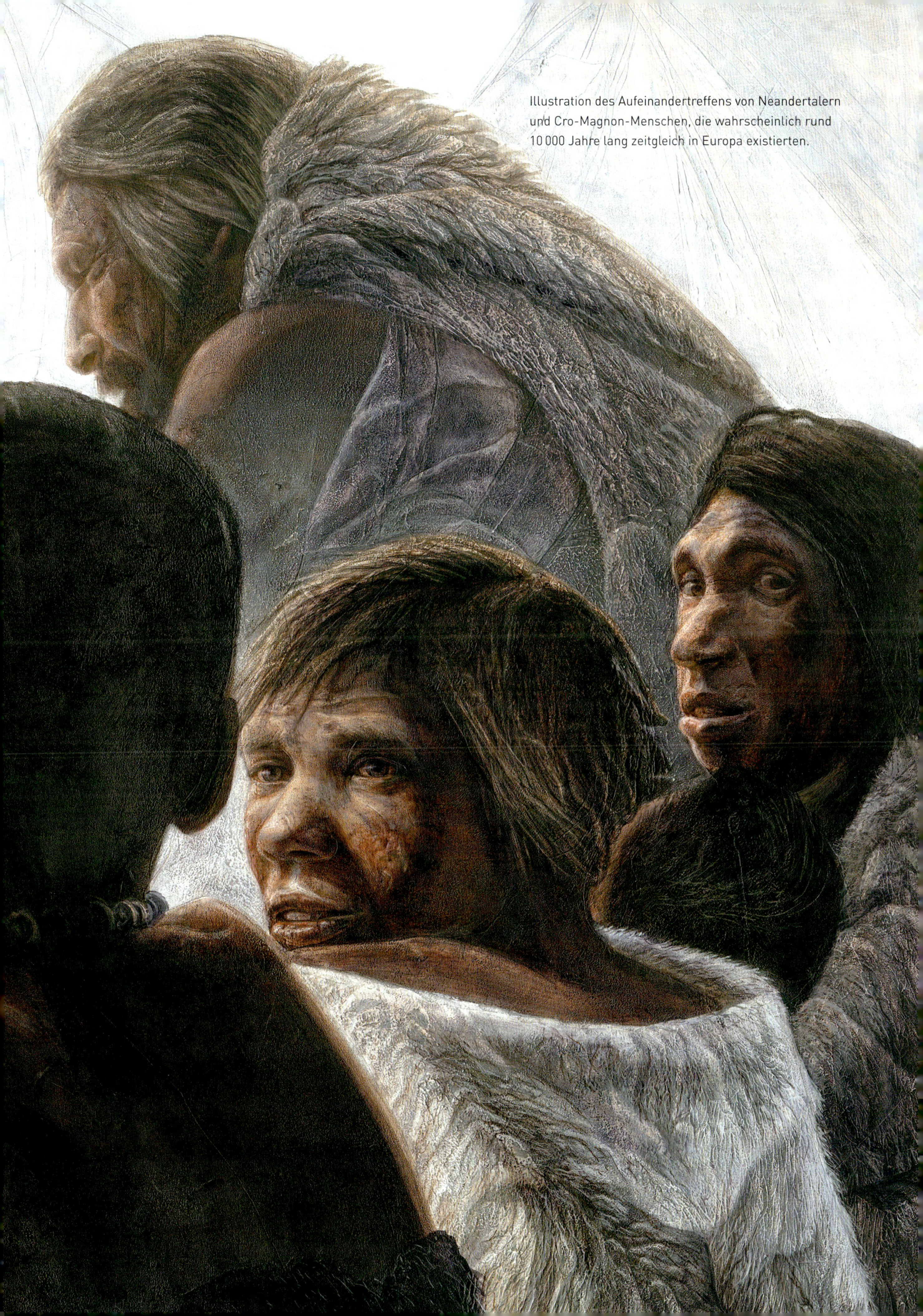

Illustration des Aufeinandertreffens von Neandertalern und Cro-Magnon-Menschen, die wahrscheinlich rund 10 000 Jahre lang zeitgleich in Europa existierten.

eine Art Kurzschrift, die wir nur nicht verstehen können, da uns der Schlüssel nicht überliefert worden ist.

Ein solcher Symbolismus und nicht zuletzt die Überlieferung von Bestattungen legen auch das Vorhandensein einer Art der Religion nahe. Warum sollte man Menschen aufwendig bestatten, wenn man nicht an irgendeine Form des Lebens nach dem Tod glaubte? Wie genau diese religiösen Vorstellungen aussahen und welche Riten damit verbunden waren, können wir jedoch nie erfahren. Aufgrund der Malereien wurden Schamanismus und Totemismus als mögliche Ausdrucksformen von Religionen angeführt. Und aus zahlreichen in Mittel- und Osteuropa gefundenen geschnitzten Venusfigurinen wurde auf die Existenz eines Fruchtbarkeitskultes zur Zeit des Jungpaläolithikums geschlossen. Doch das alles muss Spekulation bleiben.

Eine der offensichtlichsten Ausprägungen von Symbolverhalten ist die menschliche Sprache. Fast nichts wird in der Archäologie und Paläoanthropologie aber so heftig diskutiert wie der Ursprung der Sprachfähigkeit und der Beginn von Sprache im heutigen Sinne. Wir benutzen Sprache nicht nur zur Kommunikation von Fakten. Sprache wird auch und vor allem dazu benutzt, hypothetische, zukünftige oder irreale Szenarien auf rationaler und emotionaler Ebene durchzuspielen: Was wäre wenn? Was passiert morgen, im nächsten Winter, im nächsten Jahr? Was geschieht im Reich der Fantasie?

Anatomisch betrachtet muss schon den Neandertalern eine Sprachfähigkeit zugestanden werden. Aber wie schon im Falle anderer moderner Verhaltensweisen erwähnt, muss das Vorhandensein der anatomischen Gegebenheiten noch lange nicht heißen, dass diese auch schon entsprechend genutzt wurden. Allerdings fungiert Sprache auch als eine Art „sozialer Klebstoff“, der die Gruppe zusammenhält. Affen verbringen einen großen Teil ihres Tages mit dem gegenseitigen Lausen, streng nach Hierarchie geordnet, um damit soziale Strukturen und Allianzen, also in gewissem Sinne „Freundschaften“, aufzubauen und aufrechtzuerhalten. Dies kostet eine Menge Zeit, denn es kann immer nur ein Affe von einem anderen Affen gelaust werden. Unterdessen kann ein Mensch mithilfe von Sprache eine ganze Gruppe gewissermaßen gleichzeitig „lausen“ – ein Konzept, das im Englischen mit „vocal grooming“ umschrieben wird. Damit können Gruppen vergrößert werden, ohne dass der innere Zusammenhalt nachlässt. Vor allem erlaubt das „vocal grooming“, Informationen über abwesende Gruppenmitglieder auszutauschen, also im Grunde genommen Klatsch und Tratsch. Dies ist jedoch eine besonders wichtige Funktion für den Zusammenhalt von Gruppen, deren Mitglieder sich regelmäßig trennen und dann wieder zusammenfinden, wie es bei Jäger- und Sammlergesellschaften üblich ist. In dem Gebiet, das heute Frankreich umfasst, gab es im Jungpaläolithikum einige Zehntausend Menschen. Die Menschen lebten als Jäger und Sammler in kleineren Gruppenverbänden zusammen, die aus wenigen Fa-

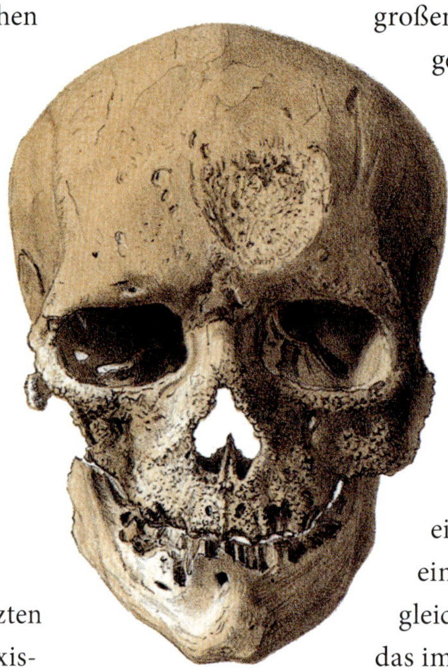

Farbdruck von dem 1868 entdeckten Schädel des „alten Mannes von Cro-Magnon“. Er weist deutliche Verletzungsspuren auf.

milien bestanden. Jede Gruppe besaß ein eigenes, ausreichend großes Territorium. Begegnungen zwischen einzelnen Gruppen waren durchaus möglich, dürften aber schon angesichts der geringen Bevölkerungsdichte eher selten gewesen sein. Wenn solche Begegnungen stattfanden, war es jedoch äußerst wichtig zu wissen, wie diese benachbarte Gruppe zur eigenen eingestellt war.

Die Jäger und Sammler errichteten ihre Jagdlager und Rastplätze, ihre semipermanenten Heimstätten und Basislager unter freiem Himmel – manchmal in Form von Grashütten, wie sie auch in Lascaux dargestellt erscheinen, unter schützenden Felsüberhängen oder in den Eingangsbereichen großer Höhlen. In der Apsis in Lascaux befinden sich einige gravierte symbolische Darstellungen, deren Bedeutung unbekannt ist, die aber von den ersten Wissenschaftlern in Lascaux als „Hütten" bezeichnet wurden, da sie ein wenig an Grashütten erinnern. Vom deutschen Fundort Gönnersdorf ist zu dieser Zeit auch die Nutzung von großen Zelten belegt, die im Durchmesser acht Meter erreichten. Die tieferen Bereiche von Höhlen, in die kein Tageslicht vordrang, wurden nie bewohnt, wenn auch oft mit Tierdarstellungen versehen. Das trifft auch auf Lascaux zu: Die tiefen Bereiche wie der Seitengang der Raubkatzen, der Brunnen oder sogar Schiff und Apsis sind reich ausgestaltet, wurden aber nicht bewohnt – ebenso wenig jedoch die vorderen Bereiche der Höhle. Lascaux wurde exklusiv als „Heiligtum", wie es oft wohl in Ermangelung eines besseren Wortes genannt wird, genutzt. Wo die Künstler von Lascaux tatsächlich lebten, ist unbekannt.

Man nimmt an, dass, wie auch in heutigen Jäger- und Sammlergesellschaften, bei den Menschen von Lascaux eine Arbeitsteilung nach Geschlechtern bestand. Die Skelette der Menschen zeigen durch Jagd und Unfälle bedingte Verletzungen, aber so gut wie keine Verletzungen, die auf eine vorsätzliche Gewaltausübung zurückzuführen sind. Das Leben war allerdings kurz: Die Kindersterblichkeit war hoch, denn fast die Hälfte aller geborenen Kinder überlebte die ersten Jahre nicht. Frauen starben meist relativ jung, oft mit weniger als 40 Jahren, und größtenteils im Kindbett. Und auch die Männer starben mit 50 bis 60 Jahren nicht im hohen Alter, sondern durch Unfälle und Infektionskrankheiten. Andererseits scheint es im Jungpaläolithikum sehr viel mehr „alte" Menschen jenseits ihrer reproduktiven Phase gegeben zu haben als jemals zuvor. Woran lag das?

Es scheint, dass mit der komplexeren sozialen Ordnung auch der Wissensschatz und die Lebenserfahrung der Alten einen neuen Stellenwert gewannen. Die „Alten" verfügten nicht nur über Erfahrungen im Umgang mit schwierigen Situationen wie Nahrungsknappheit infolge kurzfristiger Klimaschwankungen, sondern auch ganz konkret über Fertigkeiten in der Herstellung von immer komplexer werdenden technologischen Geräten wie Speerschleudern, Stein- und Knochenwerkzeugen. Gleichzeitig ermöglichte die aktive Einbeziehung der Großelterngeneration in die Kinderpflege eine nicht zu unterschätzende Entlastung der Eltern, die dann mehr Kraft und Zeit für die Versorgung der Familie sowie der Gemeinschaft aufbringen konnten. Beide Faktoren, Wissen und Erfahrung, waren von unschätzbarem Wert, wenn es um das Überleben der Gruppe ging. Die Entlastung der gebärfähigen Frauen durch die Großelterngeneration verringerte zudem die Zeitspanne zwischen Geburten, wodurch sich das Bevölkerungswachstum beschleunigte.

Die Fürsorge innerhalb der Gruppe erstreckte sich andersherum auch auf „alte" Menschen, die nicht mehr für sich selbst sorgen konnten: Der „alte Mann von Cro-Magnon" z. B. litt an einer Arthrose im Bereich der Halswirbelsäule, die ihn fast unbeweglich machte, wodurch er auf die Hilfe seiner Gruppe angewiesen war. Er hatte eine seltene Pilzinfektion, die Verletzungen auf Schädel-, Kiefer-, Hüft- und Oberschenkelknochen hinterließ. Die Blessuren am Schädel rühren also nicht von einem Schädelbruch her, wie Wissenschaftler zunächst aufgrund der Verletzungserscheinungen angenommen hatten.

Nahrung

Die Cro-Magnon-Menschen waren ausschließlich Jäger und Sammler, saisonale Nomaden, die von natürlichen Ressourcen lebten. Sie kannten die Wanderrouten der Tiere und die Laichzeit der Lachse. Landwirtschaft und Viehzucht hingegen waren ihnen unbekannt. Sie aßen pflanzliche Nahrung je nach jahreszeitlichem Angebot: Früchte und Nüsse, wildes Gemüse. Ihre tierische Nahrung bestand hauptsächlich aus Fischen und Rentieren. Rund 90 Prozent der in Lascaux entdeckten Tierknochen stammen von Rentieren. Dagegen wurden nur wenige Knochen von Rehen, Wildschweinen, Hasen, Pferden oder Hirschen gefunden, während Rinderknochen völlig fehlen. Dies steht im starken Gegensatz zu den Malereien und Gravuren in der Höhle: Das Rentier ist nur ein einziges Mal abgebildet worden, nämlich als Gravur in der Apsis.

Die Knochen können zwar auch von Tieren stammen, die sich in die Höhle verirrt und nicht wieder herausgefunden hatten oder aber durch Löcher im Boden hineingefallen und so umgekommen waren und müssen nicht zwangsläufig auf dem Speiseplan der Cro-Magnons gestanden haben. Wären die Knochen allerdings vor allem durch Zufall in die Höhle gekommen, wären wahrscheinlich mehr Tierarten im Fundmaterial vertreten, nicht nur überwiegend eine einzige Art. Weiterhin sieht man, dass die Cro-Magnon-Menschen von Lascaux junges Ren offenbar besonders gerne mochten: Alle aufgefundenen Knochen stammen von Tieren mit einem Alter zwischen einem und drei Jahren.

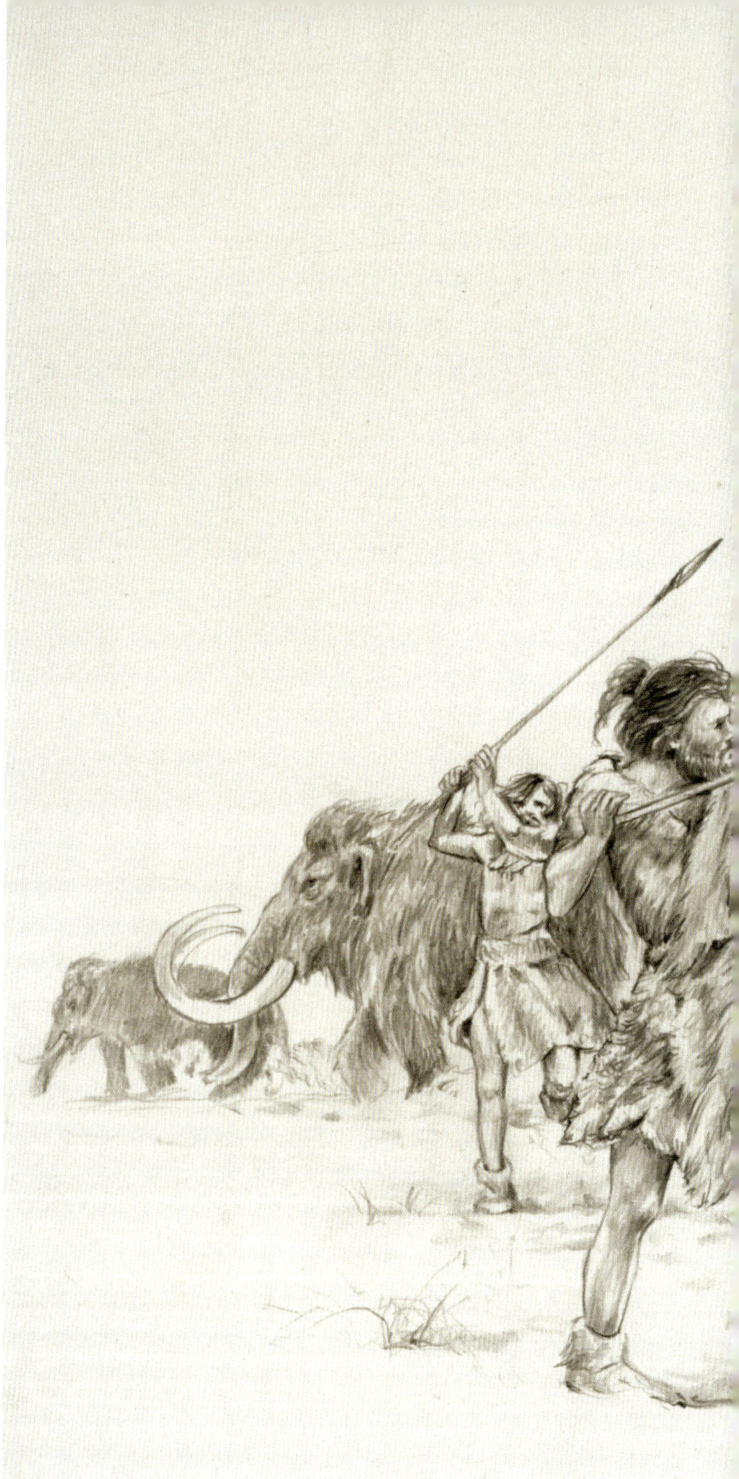

Künstlerische Impression einer eiszeitlichen Mammutjagd

Man kann vom heutigen Verhalten frei lebender Rentiere auf das Verhalten ihrer jungpaläo-

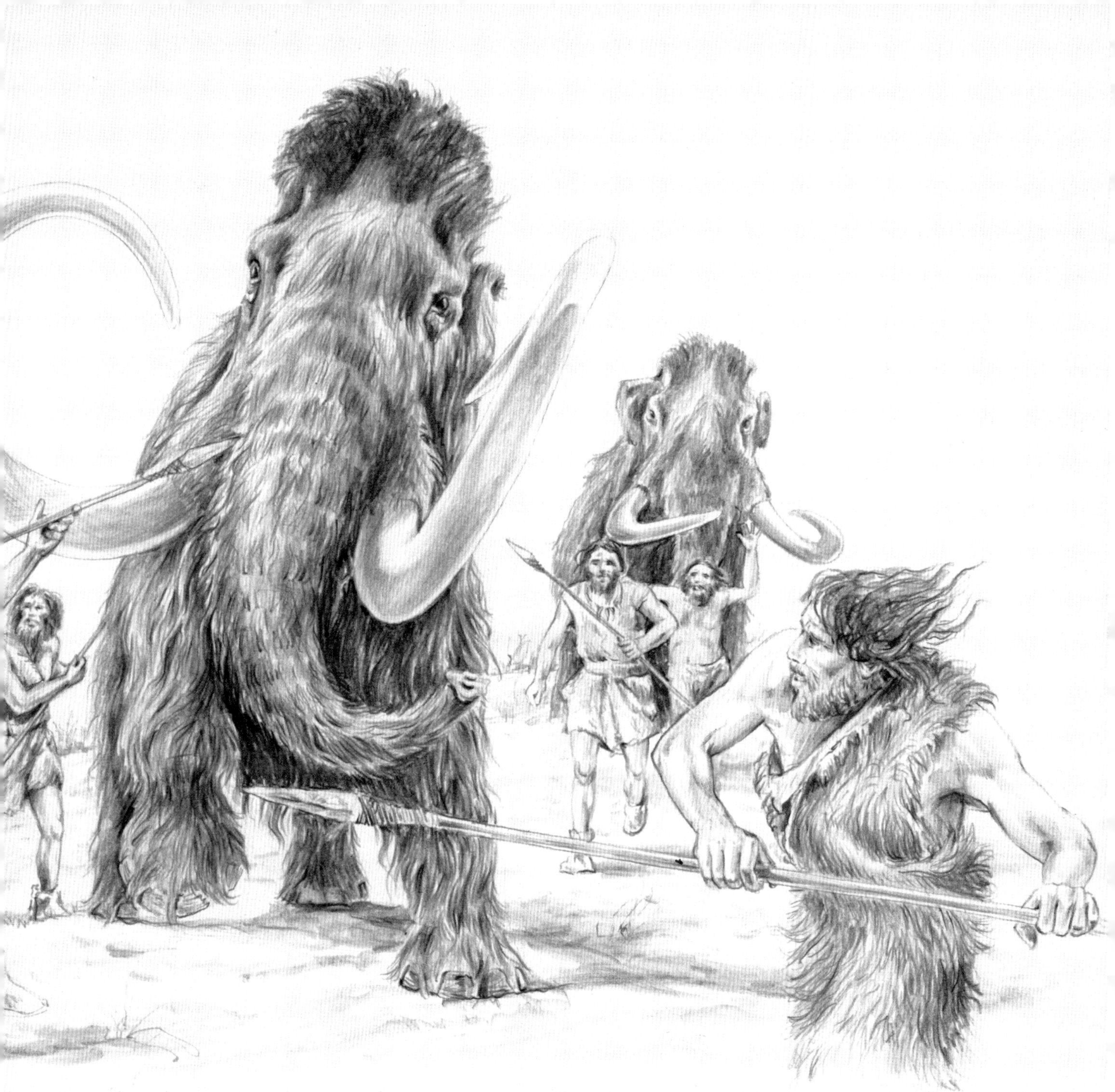

lithischen Vorfahren schließen: Rentiere leben heute an den Rändern des Polarkreises zwischen den Tundren (Kältesteppen mit kleinwüchsigen Bäumen und Sträuchern) und der Taiga (borealer Nadelwald). Sie ziehen in großen Herden zwischen diesen Gebieten hin und her, um im Winter den strengen arktischen Temperaturen der Kältesteppe zu entfliehen, aber im Sommer auch nicht zu weit in die wärmeren Waldgebiete vorzudringen, an die sie nicht angepasst sind. Auf ihren saisonalen Wanderungen legen sie bis zu 5000 Kilometer zurück. Während Rentiere heutzutage auf die nördlichen Gebiete der Erde beschränkt sind, also Nordeurasien und Kanada (hier heißt das Ren Karibu), waren sie während der letzten großen Eiszeit sehr viel weiter südlich anzutreffen. In Europa reichte ihr Verbreitungsgebiet bis zu den Pyrenäen, während in Amerika die Karibus bis nach Mexiko vordrangen.

Die Tatsache also, dass Rentierknochen in Lascaux gefunden wurden, die offensichtlich Nahrungsreste der Cro-Magnon-Menschen darstellen, gibt uns zwei wichtige Hinweise zur Rekonstruktion der Lebensumstände der Maler von Lascaux. Die Menschen lebten in einem sehr viel kühleren Klima als es heute in der Dordogne herrscht. Darüber hinaus wurden die Tiere wahrscheinlich im Spätherbst oder zu Beginn des Winters erlegt und verzehrt, da ihre Wanderrouten sie zu dieser Zeit durch das Vézère-Tal führten. Daher wissen wir ebenfalls, dass die Felsmaler in Lascaux ihrer Arbeit auch im Winter nachgingen, denn ohne die Möglichkeit, Fleisch frisch zu halten, war diese saisonal erhältliche Nahrung nur zu eben jener Zeit zu verzehren. Im Sommer hatte ihre tierische Nahrung wohl eher aus Kaninchen-, Pferdefleisch oder Fisch bestanden.

Traditionell wird ein großes Augenmerk auf die Jagdtätigkeit der prähistorischen Jäger und Sammler gelegt. Dies ist durch die Beschaffenheit der archäologischen Funde zu erklären: Knochen erhalten sich sehr viel besser durch die Jahrtausende hindurch als Pflanzenmaterial. An Nahrungsüberresten wurden in Lascaux nur Knochen gefunden, jedoch keine pflanzliche Nahrung. Um eine realistische Einschätzung des Anteils von Fleisch an der Gesamternährung zu erhalten, müssen Vergleiche mit historischen – und auch gegenwärtigen – Jäger- und Sammlerkulturen herhalten. Von ihnen weiß man, dass pflanzliche Nahrung einen sehr viel größeren Anteil an der Gesamtmenge der verzehrten Nahrung ausgemacht hat als tierische Nahrung. Vor allem bildete die Pflanzennahrung das verlässliche Fundament der Ernährung, während Fleisch ein willkommener Bonus war, das Jagdglück aber auch lange Zeit ausbleiben konnte. Mit Ausnahme der historischen Inuit, die aufgrund der sie umgebenden klimatischen Umweltbedingungen fast völlig auf tierische Nahrung angewiesen waren, gab es kaum ein Jäger- und Sammlervolk, das sich mehrheitlich von Fleisch ernährte. Man kann daher guten Gewissens davon ausgehen, dass dies auch der Fall bei den jungpaläolithischen Cro-Magnons war, wenn auch der archäologische Befund dies nur selten zu unterstützen vermag.

Die Jagd lieferte natürlich nicht nur Fleisch und wertvolles Knochenmark, sondern auch die Rohstoffe zur Herstellung anderer lebensnotwendiger Dinge: Häute für Zelte und Kleidung, Sehnen zum Nähen und für Schnüre, Kordeln, Bogensehnen sowie natürlich Knochen und Geweih oder Elfenbein für die Herstellung von Werkzeug, Schmuck und Kunstgegenständen.

Mit Sicherheit wussten die Cro-Magnons, wie man Feuer kontrolliert und Nahrung kocht: Beispielsweise wurden Erdgruben mit Leder ausgekleidet, mit heißen Steinen gefüllt, deren Hitze die Nahrung durchgarte, und gegen den Hitzeverlust mit Gras oder Ähnlichem abgedeckt. Auf diese Weise konnte sogar Wasser zum Kochen gebracht werden.

Materielle Kultur

Wie die Neandertaler, die vor den Cro-Magnons im heutigen Frankreich lebten, stellten auch diese viele ihrer Werkzeuge aus Feuerstein her. Ihre Steinwerkzeuge unterschieden sich jedoch deutlich von denen der Neandertaler.

Das Moustérien, die Kulturstufe der Neandertaler des Mittelpaläolithikums, ist nach dem französischen Fundort Le Moustier benannt. Auch dieser Fundort liegt im Vézère-Tal und legt

Zeugnis davon ab, dass diese Gegend schon vor den Cro-Magnons ein beliebter Aufenthaltsort war. Ein wichtiger Hinweis auf die Kulturstufe kommt von den Werkzeugen der Menschen, die dort ansässig gewesen waren. Das gilt besonders für Steinartefakte. Bei der Beschreibung von Steinwerkzeugen unterscheidet man zwischen Abschlägen und Kernsteinen – von Letzterem werden die Abschläge abgetrennt. Die Steinwerkzeuge des Moustérien wurden hauptsächlich aus Abschlägen von sorgfältig vorgeformten Kernsteinen hergestellt. Durch die vorherige Bearbeitung der Kernsteine wurde den Abschlägen bereits eine vorbestimmte Form verliehen. Die meist dreieckigen oder ovalen Abschläge wurden danach an den scharfen Schneidekanten, manchmal auch flächig, nachbearbeitet. Das verlieh den Kanten Stabilität und dem Werkzeug die gewünschte Form, durch die Bearbeitung der Flächen wurde das Werkzeug dünner und leichter.

Die Cro-Magnon-Menschen stellten ihre Steinwerkzeuge ebenfalls aus Abschlägen her. Jedoch entwickelten sie eine Technik zur Vorbereitung der Kernsteine, die es ihnen erlaubte, lange – mehr als doppelt so lange wie breite – Abschläge mit fast parallelen Kanten von einem Kernstein abzulösen. Solche Abschläge wurden wegen ihrer Form Klingen genannt. Die Cro-Magnons schufen damit die ersten „Klingenindustrien". Daher sind Klingen auch besonders charakteristisch für das Jungpaläolithikum.

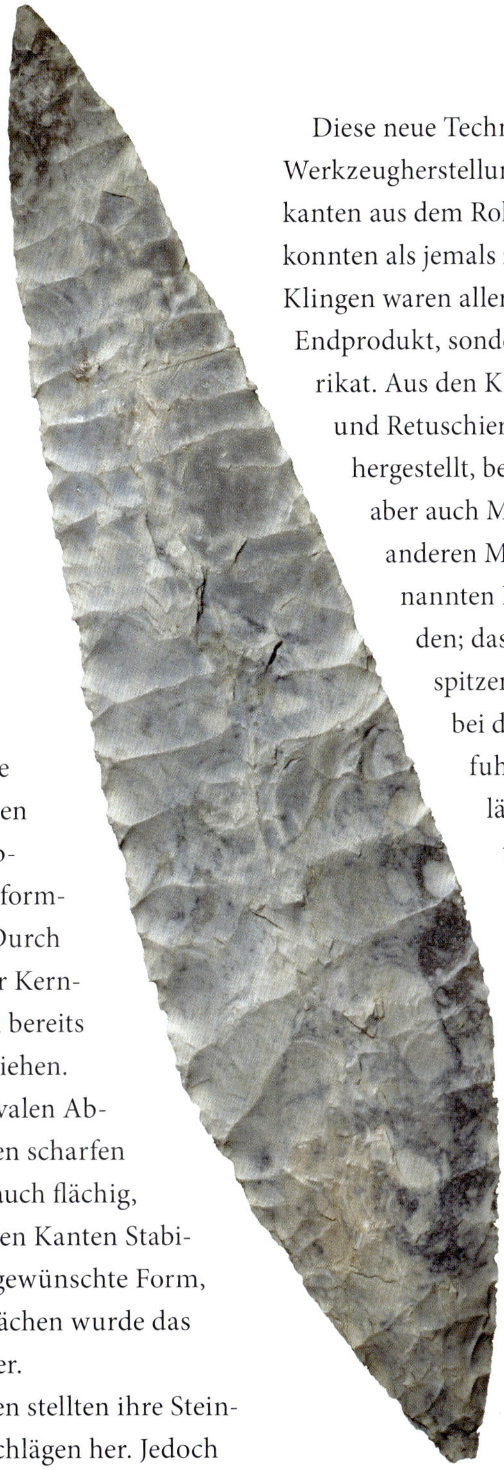

Diese neue Technik war ein Durchbruch in der Werkzeugherstellung, da mit ihr mehr Schneidkanten aus dem Rohmaterial erzeugt werden konnten als jemals zuvor. Die so angefertigten Klingen waren allerdings noch lange nicht das Endprodukt, sondern eher eine Art Halbfabrikat. Aus den Klingen wurden durch Teilen und Retuschieren vielerlei Steinwerkzeuge hergestellt, beispielsweise Stichel, Schaber, aber auch Messer, oder sie wurden mit anderen Materialien wie Holz zu sogenannten Kompositwerkzeugen verbunden; das konnten beispielsweise Pfeilspitzen sein. Auch die Schlagtechnik bei der Herstellung der Klingen erfuhr eine Neuerung: Im Jungpaläolithikum wurde die Drucktechnik entwickelt, bei der ein Abschlag nicht mittels eines Schlages, sondern durch intensiven Druck mittels eines Holzstabes oder eines Geweihendes abgelöst wurde. Zuerst waren die Klingen noch breit und dick. Mit zunehmender Geschicklichkeit und Erfahrung in der Klingenherstellung wurde die Technik so weit verfeinert, dass die Klingen oft nur wenige Millimeter dick waren und oft auch nicht viel breiter, dafür aber sehr lang. Aus solchen Klingen entwickelten sich zum Ende des Jungpaläolithikums und zum Beginn des Mesolithikums (Mittelsteinzeit) die Mikrolithen, äußerst kleine Klingen oder Spitzen.

Jungpaläolithische Blattspitze aus Feuerstein

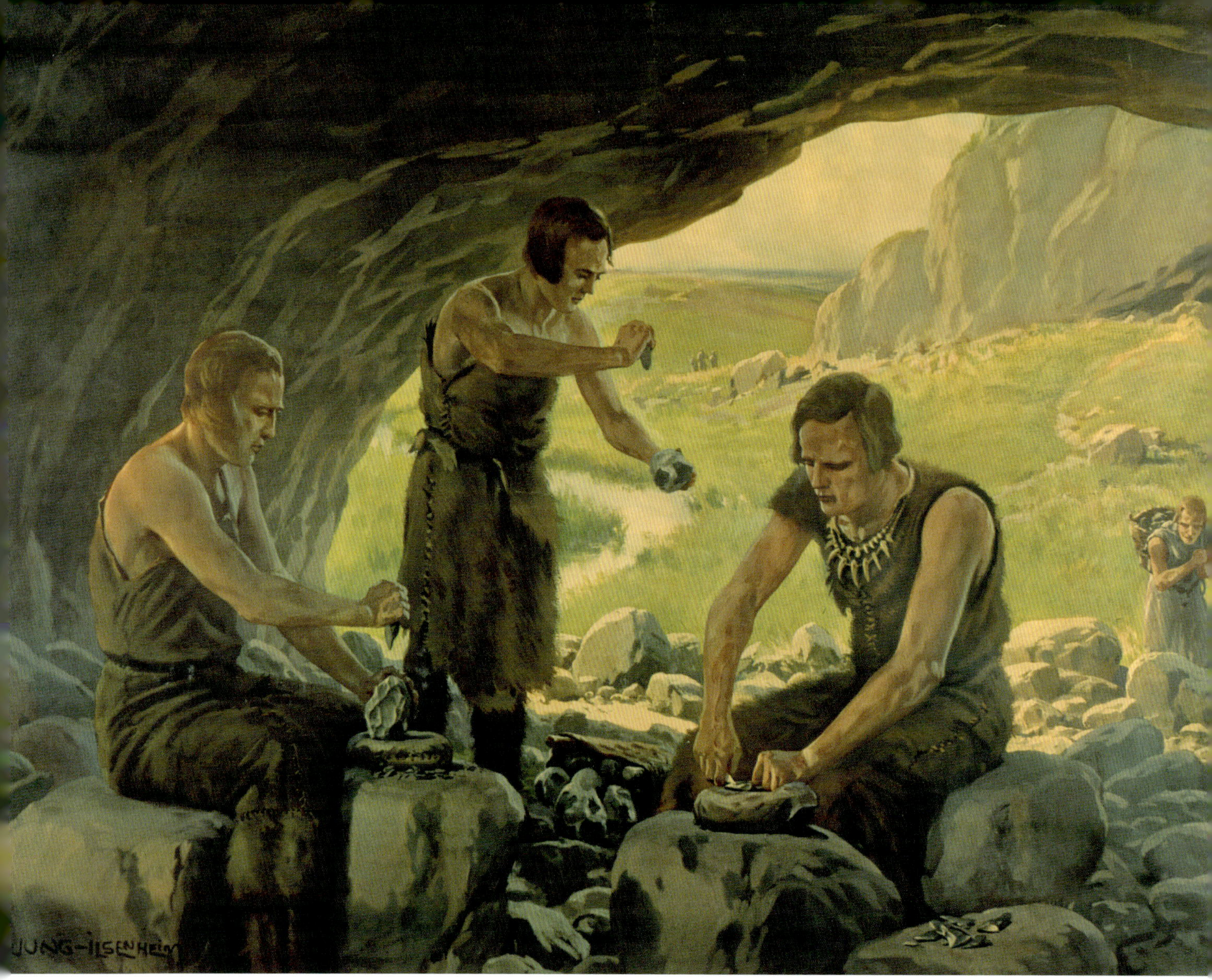

Menschen der Altsteinzeit bei der Herstellung von Werkzeugen

Andere charakteristisch jungpaläolithische Steinwerkzeuge sind die sorgfältig gefertigten und nach heutigen Gesichtspunkten äußerst ästhetisch ansprechenden „Blattspitzen", die leicht irreführend bezeichneten Nasenkratzer – mit denen man sich wohl eher nicht an der Nase kratzte, sondern die wegen ihrer nasenförmig gekrümmten Spitze so genannt werden – oder die sogenannten Rückenmesser, d. h. Klingen mit einer scharfen und einer abgestumpften Kante, einem „Rücken".

Die Cro-Magnons benutzten abgesehen von Stein aber auch andere Materialien zur Herstellung ihrer Werkzeuge: Rentiergeweihe, Knochen und Elfenbein zur Anfertigung von Speerspitzen, Speerschleudern sowie Nadeln gehörten dazu. Die alltägliche, gewohnheitsmäßige Nutzung von organischem Material zur Herstellung von Werkzeugen und vor allem von Schmuck und Kunstgegenständen kam vor allem im Jungpaläolithikum auf, denn für die Neandertaler ist dies nur in seltenen Ausnahmefällen belegt. Nadeln mit Nadelöhr deuten zudem darauf hin, dass die Cro-Magnon-Menschen auch Kleidung nähten. Die Herstellung von Werkzeugen aus Knochen und Geweih setzte voraus, dass schon Werkzeuge aus Stein vorhanden waren, mit denen man das Knochen- oder Geweihmaterial bearbeiten konnte.

An Schmuck wurden verzierte Rondelle aus Knochenplättchen hergestellt, Perlen aus Elfenbein, Stein oder Knochen und Anhänger aus durchlochten Tierzähnen. Die Menschen stellten auch Schmuck aus Muscheln und Schneckenhäusern her, die teilweise von der Atlantikküste ins Vézère-Tal gebracht wurden. Dies deutet darauf hin, dass die Cro-Magnons von Lascaux mit anderen Gruppen in Verbindung standen und ein Austausch von Gütern stattfand.

Die Kulturstufen oder vielleicht besser Kulturkreise der Cro-Magnon-Menschen in Frankreich sind in die sich anschließende Abfolge unterteilt: Die ältesten Artefakte werden dem Aurignacien zugesprochen, darauf folgen das Gravettien, das Solutréen und schließlich das Magdalénien. Alle Kulturkreise sind nach französischen Fundorten benannt, die ein für den jeweiligen Kulturkreis typisches Fundspektrum aufwiesen. Die genannte Abfolge kann als grobe chronologische Einordnung dienen, wobei sich Kulturkreise auch oft zeitlich überlagerten und räumlich nebeneinander existierten. Die Kulturstufe, der die Höhlenbilder von Lascaux zugerechnet werden, wird Magdalénien genannt.

Das Magdalénien wird als die Zeit der Rentierjäger und der Höhepunkt der jungpaläolithischen Kulturen angesehen. Typische Steinwerkzeuge des Magdaléniens waren, neben den Mikrolithen, Stichel, Kratzer, Bohrer und Rückenmesser. Feuersteinspitzen wurden selten und durch oft verzierte Speerspitzen aus Knochen ersetzt. Außerdem wurden verzierte bzw. halbrunde oder durchlochte Stäbe aus Knochen hergestellt, die wahrscheinlich Würdezeichen darstellten. Knochen waren auch das Ausgangsmaterial für Angelhaken, Speerschleudern und Harpunen. Auch andere traditionell aus Feuerstein gefertigte Werkzeuge wurden im Magdalénien mehr und mehr aus Knochen, Geweih oder Elfenbein gemacht: so z. B. Bohrer, Schaber, Kratzer, Glätter – ein längliches, leicht gekrümmtes Werkzeug mit parallelen Kanten. Ebenfalls in diese Zeit fällt die Erfindung der in Lascaux gefundenen Talglampen.

Auch Henri Breuil war aufgefallen, dass eine überbordende Fülle an Knochenwerkzeugen für das Magdalénien kennzeichnend war. Er nahm daher Knochenwerkzeuge – und nicht Steinwerkzeuge wie sonst in der Paläolithforschung üblich – als Grundlage für eine zeitliche Gliederung des Magdaléniens in sechs Stufen. Eine erste zweiteilige Gliederung hatte er bereits 1912 vorgeschlagen, also lange bevor Lascaux entdeckt wurde. Breuils mehrstufige Einordnung anhand von Knochenwerkzeugen ist, mit leichten Veränderungen nach dem aktuellen Stand der Forschung, noch heute gebräuchlich. Lascaux fällt den gefundenen Knochenwerkzeugen nach in das Magdalénien II. Besonders typisch für das Magdalénien II ist die beginnende Herstellung von Mikrolithen. Das Magdalénien I bis II findet sich nur in Südfrankreich, ab dem Magdalénien IV, vor ca. 14 000 Jahren, breitete sich diese Kulturstufe und mit ihr die charakteristischen Knochengeräte in ganz Europa aus.

Durch verbesserte Datierungsmethoden wurde es möglich, die vorher nur aufgrund stilistischer Ähnlichkeiten gezogene Verbindung zwischen der franko-kantabrischen Höhlenmalerei und dem Magdalénien auch direkt zu beweisen. Tatsächlich waren es vorrangig die Magdaléniens unter den Cro-Magnons, die für den Großteil der Höhlenmalereien verantwortlich waren.

Die Cro-Magnon-Menschen von Lascaux waren also nicht nur Jäger und Sammler, sondern ebenso Fischer, Köche, Schneider, Werkzeugmacher, Händler und auch Künstler.

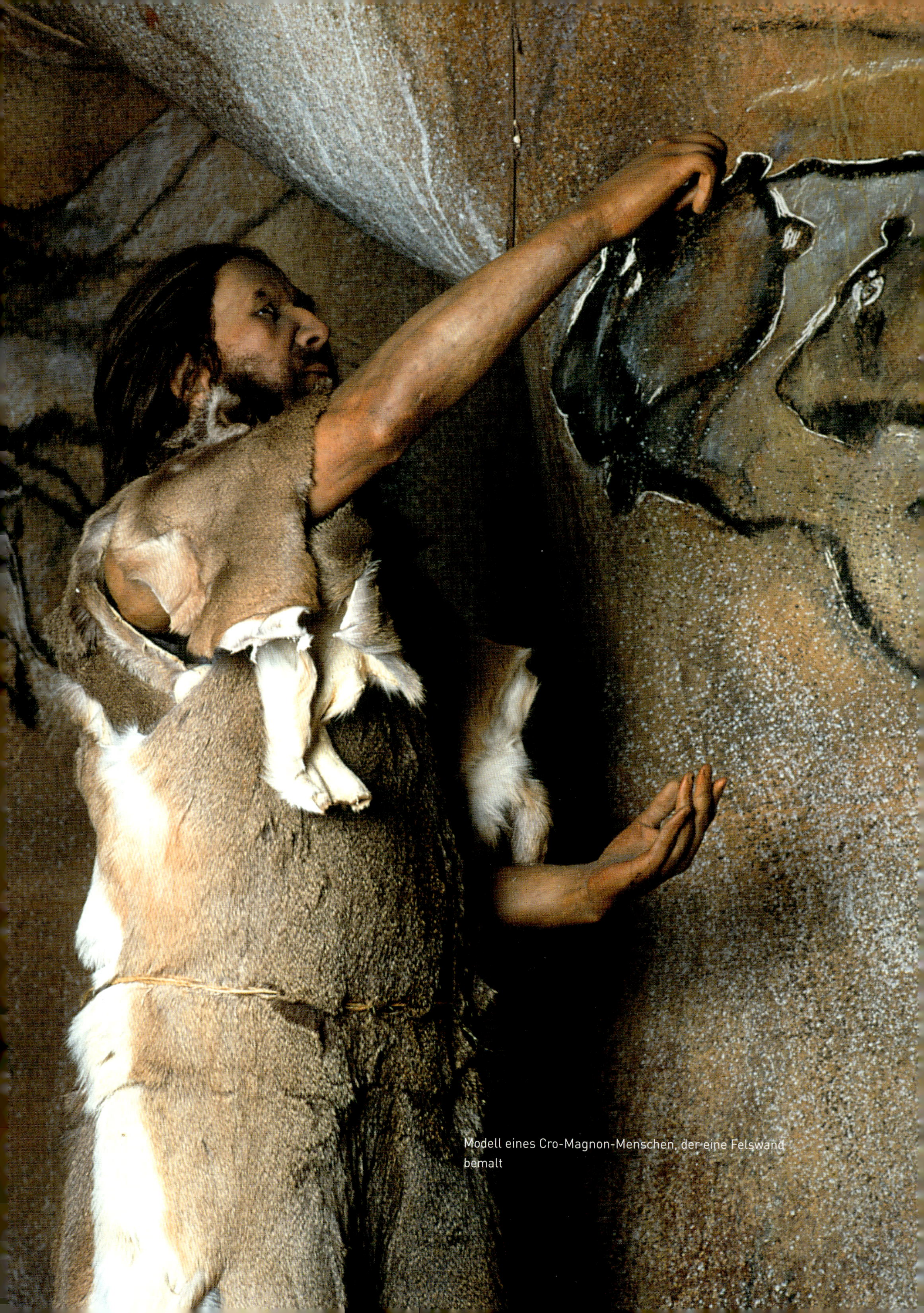

Modell eines Cro-Magnon-Menschen, der eine Felswand bemalt

Wie wurden die Bilder hergestellt?

Inzwischen ist bekannt, dass auch Neandertaler in begrenztem Maße bewegliche Kunstgegenstände herstellten. Aber erst im Jungpaläolithikum, mit der Ankunft der anatomisch modernen Menschen, wurden mobile Kunst und Felskunst vielfach hergestellt und differenzierten sich technologisch und künstlerisch mit der Zeit weiter aus. Unter den archäologischen Funden in der Höhle von Lascaux befanden sich zahlreiche Gegenstände, die einen Einblick in die handwerkliche Dimension der Malereien und Ritzzeichnungen erlauben.

Ritzzeichnungen

Es gibt mehr als 2000 Ritzzeichnungen in Lascaux, die meisten davon in der Apsis. Zumeist stellen sie Tiere einer gemäßigten Klimazone dar, unter anderem Pferde, Rinder, Hirsche, Steinböcke, Löwen, Hyänen, Bären und Nashörner. Vereinzelt sind auch Tiere kalter Zonen zu sehen wie beispielsweise Steppenbisons, ein Rentier und ein Moschusochse. Das einzige Rentier in Lascaux wurde als Ritzzeichnung in der Apsis angebracht.

André Glory kopierte während seiner Arbeit in Lascaux etwa 1500 individuelle Ritzzeichnungen, die teilweise in einer solchen Dichte angebracht sind und sich so sehr überlagern, dass sechs bis acht Striche auf einen Quadratzentimeter kommen. Mit der Zeit war ein Gewirr an Tierzeichnungen entstanden, die nur mit äußerster Mühe auseinandergehalten werden können.

Die Ritzzeichnungen wurden mit einem scharfen Feuerstein oder einem angespitzten Knochen in die Felswand geschabt oder gepickt. Um festzustellen, wofür ein in einer archäologischen Schicht gefundenes Werkzeug benutzt wurde, unterzieht man es einer Gebrauchsspurenanalyse. Dies passiert meist mit dem Mikroskop, denn bestimmte Tätigkeiten oder Materialien hinterlassen bestimmte Schäden oder Gebrauchsmuster an den Werkzeugen. Nur ganz selten bleibt auch einmal etwas von dem bearbeiteten oder verwendeten Material haften, wie etwa Ocker oder Blut, in welchem Fall eine chemische Analyse weiterhelfen kann. Von den knapp über 400 in Lascaux gefundenen Feuersteinen tragen 27 charakteristische Spuren, die entstehen, wenn man Feuerstein wiederholt über Kalkstein zieht. Auch einige Knochensplitter mit diesen charakteristischen Gebrauchsspuren sind während der Ausgrabungen geborgen worden.

Die Striche der Ritzzeichnungen im relativ weichen Kalkstein sind oft sehr fein, nur wenige Millimeter breit und tief. Sie sind meist schwierig zu sehen und nachzuverfolgen, selbst mit archäologischer Ausstattung. Wie schwierig muss es erst im Jungpaläolithikum bei schlechteren Lichtverhältnissen gewesen sein, diese Zeichnungen anzufertigen?

Farben und Pigmente

Ganz anders als bei den schwer identifizierbaren Ritzzeichnungen steht es um die Verwendung der kräftigen Erdfarben. Die Maler benutzten etwa 25 verschiedene Farbtöne, die sie aus un-

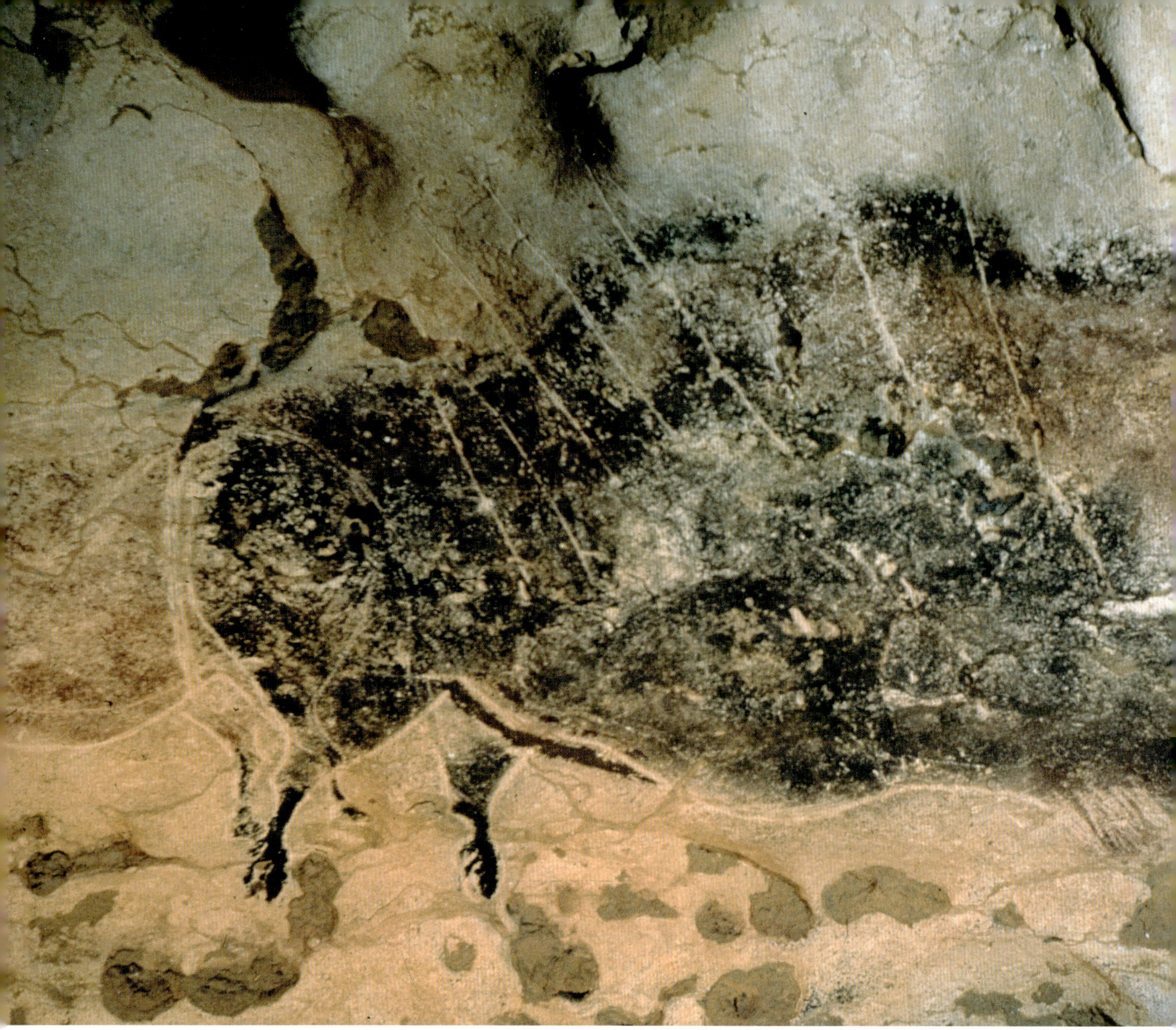

Die Kontur dieses mit Pfeilen bedeckten Bisons aus dem Schiff wurde zunächst in die Felswand eingeritzt. Das Bild ist ein Paradebeispiel für die Überlagerung von Malerei und Ritzzeichnung in Lascaux.

terschiedlichen Mineralien gewannen: Für die Gelb- und Brauntöne verwendeten sie Ocker, Eisenoxid für violette Töne, Hämatite (Rötel) für Rottöne, Manganoxide für Grau oder Schwarz. Weiße Farbe wurde aus Kaolin gewonnen. Kleine Klumpen dieser Farbpigmente wurden insbesondere im axialen Seitengang entdeckt. André Glory maß den Farbpigmenten einen großen Wert bei. Vielleicht waren sie sogar ein begehrtes Tauschobjekt?

Die mineralischen Pigmente erhielten die Menschen von Lascaux meist aus Flussablagerungen in der Gegend, mit Ausnahme des Manganoxids. Das Périgord im Südwesten Frankreichs verfügt über reiche Manganoxidvorkommen im Karst und besitzt eine lange Tradition im Manganabbau, die mindestens seit dem 16. Jahrhundert bestand und bis ins 20. Jahrhundert andauerte. Zwar sind die natürlichen Vorkommen nicht vollkommen ausgeschöpft, doch lohnt sich

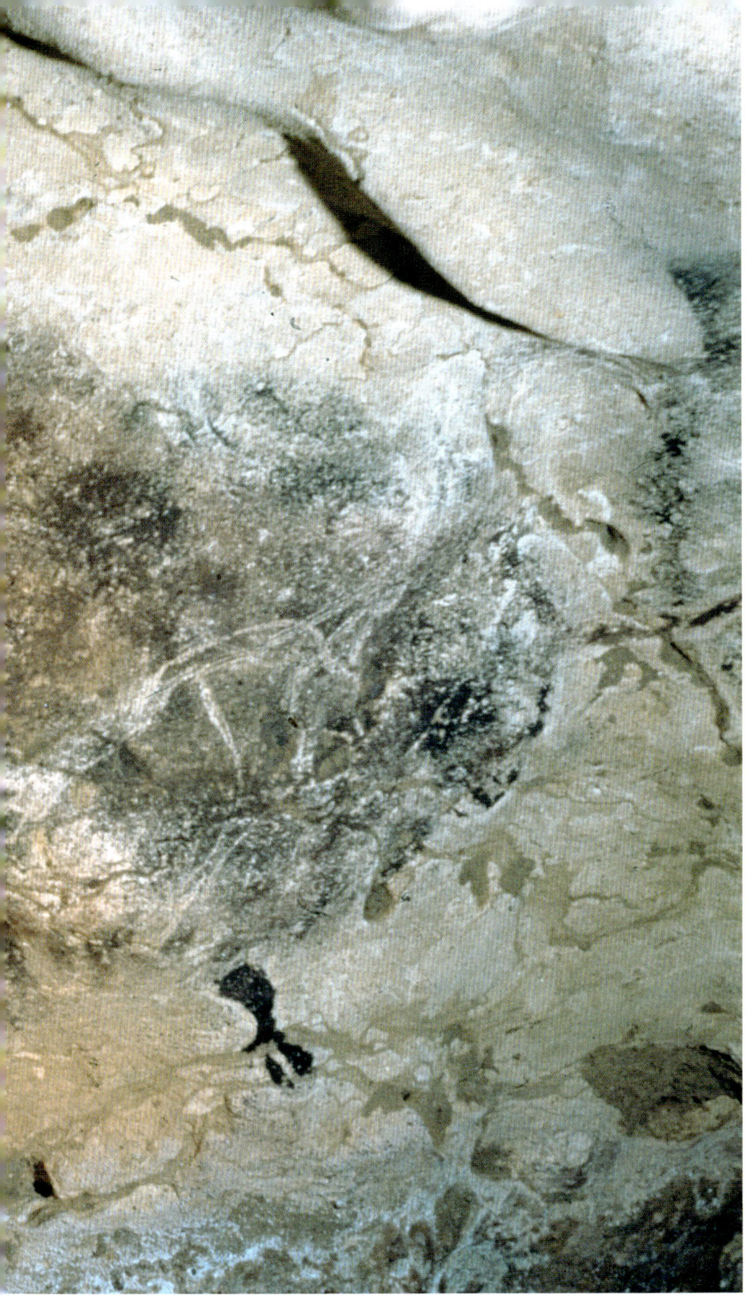

ein Abbau in industriellem Maßstab heute nicht mehr. Eine Manganoxidquelle ist ganz in der Nähe der Höhle von Lascaux bekannt. Nachdem die Maler also die Pigmente in Klumpen eingesammelt hatten, wurden sie zerkleinert, fein zerrieben und ausgesiebt – eventuell mithilfe der Luftströmung wie beim Worfeln, bei dem gedroschenes Getreide in die Luft geworfen wird, um die schweren Körner von der leichteren Spreu zu trennen.

Flache Kalksteinplatten dienten als Paletten. Auf vielen dieser Platten sind noch Pigmentreste zu finden. Die Pigmente wurden in Pulverform auf die Paletten gebracht und mit anderen mineralischen Substanzen vermengt, welche die Farbpigmente strecken sollten. Als Bindemittel wurden wahrscheinlich nur Wasser oder Speichel verwendet. Die mögliche Verwendung von fetthaltigen Substanzen wie beispielsweise Pflanzenölen als Bindemittel wurde zwar diskutiert, konnte für Lascaux allerdings nicht nachgewiesen werden. Bei praktischen Rekonstruktionsversuchen stellte sich außerdem heraus, dass eine fettige Farbmasse nur sehr schwer auf die natürlich feuchten Höhlenwände aufzubringen war. Die Maler hatten sich regelrechte Rezepte zur Farbherstellung erarbeitet, deren physikalisch-chemische Zusammensetzungen durch verschiedenste Methoden wie die Rasterelektronenmikroskopie und Kristallstrukturanalyse rekonstruiert werden konnten. Hierdurch konnte festgestellt werden, in welcher Folge die Malereien auf die Höhlenwände kamen, welche Bilder also mit Farben desselben Rezeptes und somit vom selben Maler zur selben Zeit hergestellt wurden. Dabei stellte sich auch heraus, dass manche Höhlen von vielen Generationen von Malern über Jahrhunderte oder sogar Jahrtausende hinweg immer wieder aufgesucht wurden.

Das Mischen der unterschiedlichen Farbtöne geschah im Gegensatz zur Anmischung einer Farbe aus Wasser und Pigmenten jedoch anscheinend – und im Gegensatz zu der Arbeitsweise moderner Maler – nicht auf den Paletten, sondern direkt auf der Wand, indem die verschiedenen Farben unmittelbar übereinander aufgetragen wurden. Manche Archäologen vermuten, dass die Höhlenmaler jener Zeit Ocker auch erhitzt haben, um eine Farbänderung zu bewirken und so die vorhandene Farbpalette erweitern zu können. Dies konnte aber in Lascaux nicht bewiesen werden.

Die Mineralien zur Farbgewinnung, deren Überreste in der Höhle gefunden wurden, erzeugen die Farben Blutrot, Rosa, Gelb (aus verschieden gefärbtem Ocker), Schwarz (aus Manganoxid) und Weiß (aus Kaolin). Auch eine kleine dreieckige Farbpalette wurde hier entdeckt. Wieder erhält man einen unmittelbaren Einblick in die Arbeit der Höhlenmaler, sodass sich das Bild langsam vervollständigt: Im Schein einer Lampe wurden die Farbpigmente mithilfe von Stein- und Knochenwerkzeugen von Mineralblöcken gekratzt und zerrieben, auf Paletten angemischt und auf die Höhlenwand aufgetragen.

Techniken der Malerei

Die mehrfarbige Malerei, für die Lascaux so berühmt ist, ist keine Selbstverständlichkeit in der franko-kantabrischen Höhlenkunst. In vielen Höhlen wurden ausschließlich Ritzzeichnungen oder einfarbige Konturzeichnungen angebracht. Die Höhle von Lascaux ist etwas Besonderes, weil sie diese drei Arten der bildlichen Darstellung an einem Ort vereint.

Für das Auftragen der Farben, also für den eigentlichen Akt der Malerei, gab es verschiedene Techniken:

1. Es wurde mit einem länglichen oder dreieckigen Pigmentklumpen direkt auf die Wand gezeichnet, ähnlich wie mit einem Zeichenstift. In Lascaux fand man eine große Anzahl dieser Pigmentklumpen, von denen 31 unter dem Mikroskop

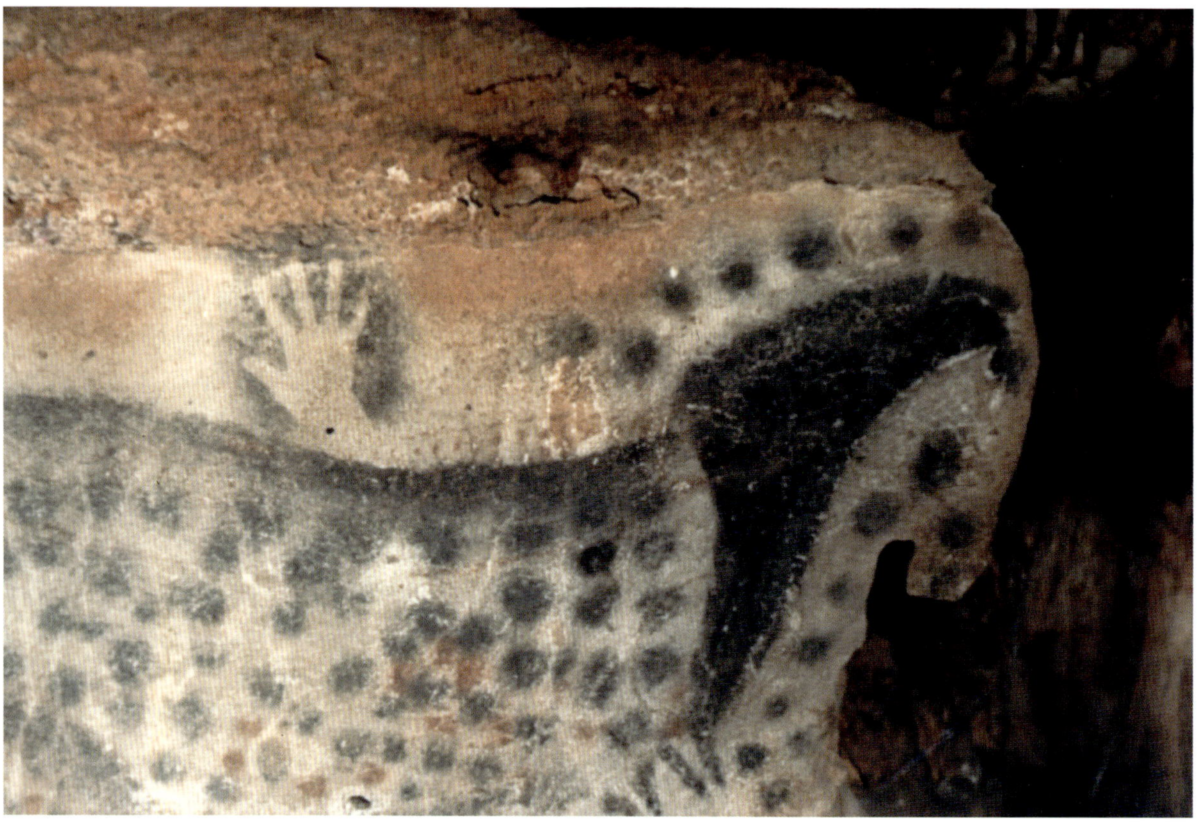

Darstellung eines Pferdes mit gepunktetem Fell und Handnegativ aus der Höhle von Pech Merle im Südwesten Frankreichs

analysiert wurden. Bei elf der Pigmentklumpen wurden Abriebspuren festgestellt, die übrigen sind als Rohstoffe anzusehen. Die Abriebspuren deuten je nach Ausprägung entweder auf ein direktes Auftragen auf die Wand oder auf ein Abkratzen oder Abschaben der Pigmente mithilfe eines Feuersteinschabers hin. Solche Feuersteinwerkzeuge, an denen noch Pigmentreste klebten, wurden beispielsweise im Brunnen gefunden. Andere Pigmentklumpen wurden durch Zerdrücken oder Zermahlen weiterverarbeitet. Das zerkleinerte oder zermahlene Pigmentpulver wurde dann zu einer Farbe angemischt, die auf verschiedene Weise verwendet werden konnte:

2. Die Farbe wurde mithilfe eines Trägermaterials oder einfach unter Zuhilfenahme der eigenen Finger aufgetupft.
3. Die Farbe wurde mit einem Pinsel, eventuell aus Haarbüscheln oder zerfasertem Rohr, aufgetragen. Farbtropfen und -kleckse auf der Wand und dem darunterliegenden Höhlenboden verraten, dass die Maler oft mit sehr flüssiger Farbe arbeiteten.
4. Eine dickflüssige Paste konnte mithilfe eines Messers oder Spachtels direkt auf die Wand aufgetragen und verstrichen werden.
5. Die Farbe wurde an die Wand gesprüht: Dabei wurden Farbpigmente in Puderform oder in Wasser gelöst in den Mund genommen und entweder direkt oder mithilfe eines aufgeschlagenen Röhrenknochens auf die Felswand geblasen – eine Art prähistorisches Airbrush. Röhrenknochen von Rentieren mit Farbresten auf der Innenseite sind auch in der Höhle von Lascaux gefunden worden. Andernorts verwendete man für diese Technik die Röhrenknochen von Vögeln.

In Lascaux sieht man diese Technik oft auf großen Flächen oder unebenem Untergrund angewandt. Bei diesem Verfahren ist es jedoch schwierig, ohne weitere Hilfsmittel eine deutliche Abgrenzung zwischen bemalter und unbemalter Fläche zu erzeugen. Hier müssen also Schablonen zum Einsatz gekommen sein. Die naheliegendste Lösung war, die eigenen Hände dafür zu verwenden, wie es auch André Glory erfolgreich in Experimenten demonstriert hat. Allerdings ist diese Technik nicht unumstritten, denn die verwendeten Mineralien sind nicht unbedenklich. Die Einnahme von Manganerde über einen längeren Zeitraum hinweg, die zwangsläufig passieren muss, wenn man die angemischten Pigmente in den Mund nimmt, könnte zu neurologischen Schäden führen. Auch die Maler von Lascaux waren sich angesichts der langjährigen Erfahrung mit ihren Werkmaterialien vielleicht schon über deren Schädlichkeit im Klaren. Ob die Einnahme von Manganerde bei verschiedenen Cro-Magnon-Gruppen zu Vergiftungserscheinungen geführt hat, lässt sich aber leider nicht am erhaltenen Knochenmaterial ablesen.

Berühmt in der franko-kantabrischen Felskunst sind die Handabdrücke von Altamira und Pech Merle, die mittels dieser Sprühtechnik hergestellt wurden. Dabei legten die Maler die flache Hand an die Wand und sprühten Farbe darauf. So blieb ein Negativabdruck der Hand zurück. Sehr viel seltener wurden auch Positivabdrücke von Händen hinterlassen, wobei die Handfläche mit Farbe bestrichen und dann an die Wand gedrückt wurde. Damit hinterließ der Künstler ein sehr persönliches Zeugnis seiner Anwesenheit. Die Archäologen sind fasziniert von solchen persönlichen Hinterlassenschaften, denn nur selten wird das Individuum bei archäologischen Zeugnissen so deutlich sichtbar. Der Mensch tritt aus dem Dunkel der Zeit hervor, und durch seinen oder ihren Handabdruck entsteht für den Betrachter eine Brücke durch Raum und Zeit. In Lascaux scheint jedoch die Darstellung von menschlichen Händen keine Rolle gespielt zu haben.

Die Cro-Magnon-Künstler beherrschten auch eine Reihe an malerischen Techniken, die so in Europa erst wieder im Mittelalter erscheinen sollten: Sie wussten, wie sie durch die Einbezie-

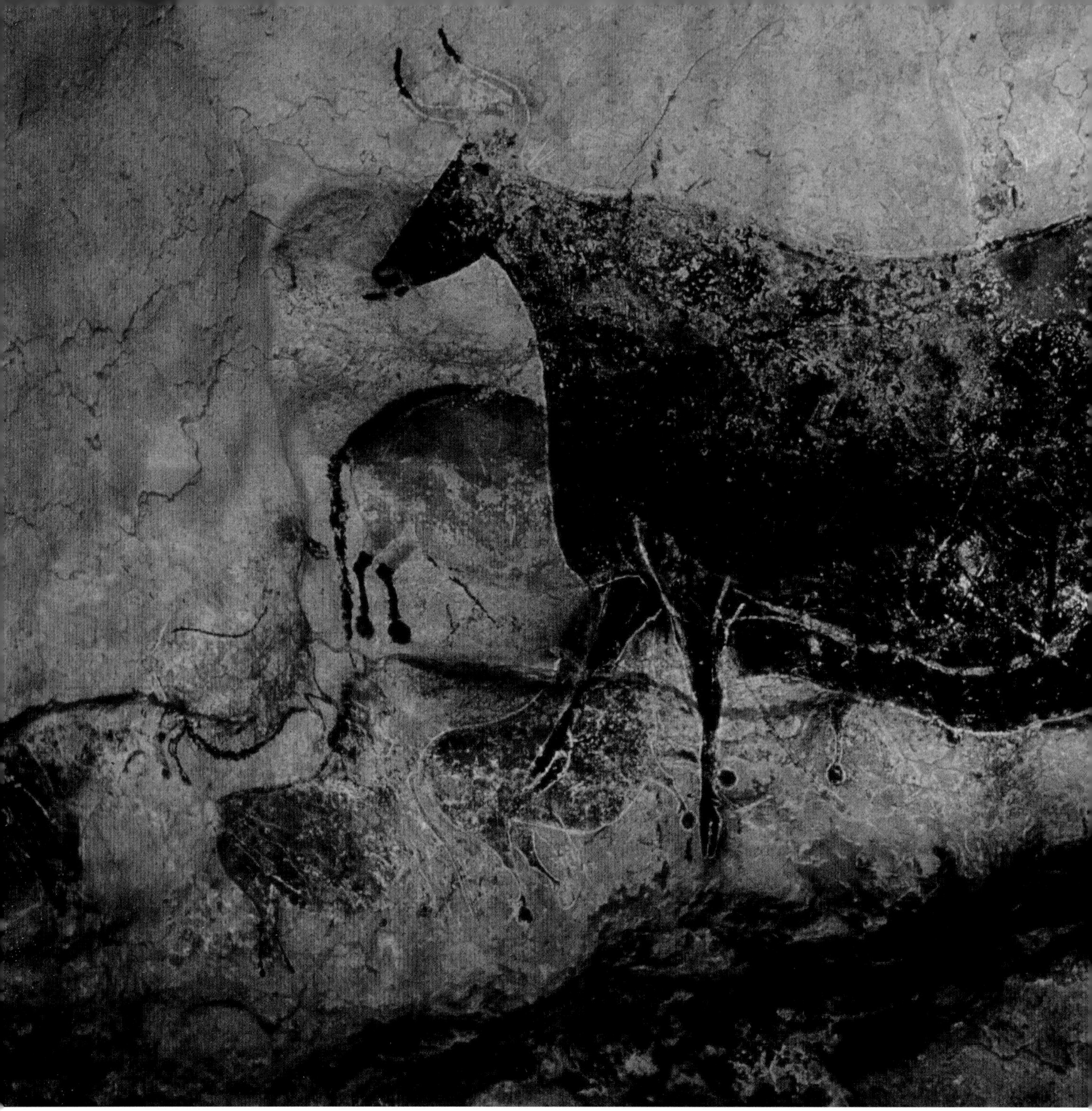

hung des felsigen Untergrundes dreidimensionale Effekte erzielen konnten, und sie kannten die perspektivische Verkürzung, also eine Tiefendarstellung von bestimmten bildlichen Elementen, die vor allem bei Gliedmaßen oder Hörnern angewendet wurde. Die Maler erweckten ihre Bilder zum Leben durch eine Kombination aus Kurven und Gegenkurven, die den Abbildungen Leichtigkeit und Lebhaftigkeit verliehen. Selbst Anamorphosen sind in Lascaux zu finden, stark verzerrt gemalte Bilder mit verschobener Perspektive, die erst aus einem bestimmten Blickwinkel heraus betrachtet normal erscheinen. So wirkt beispielsweise die rechte Körperseite eines Stiers im Saal

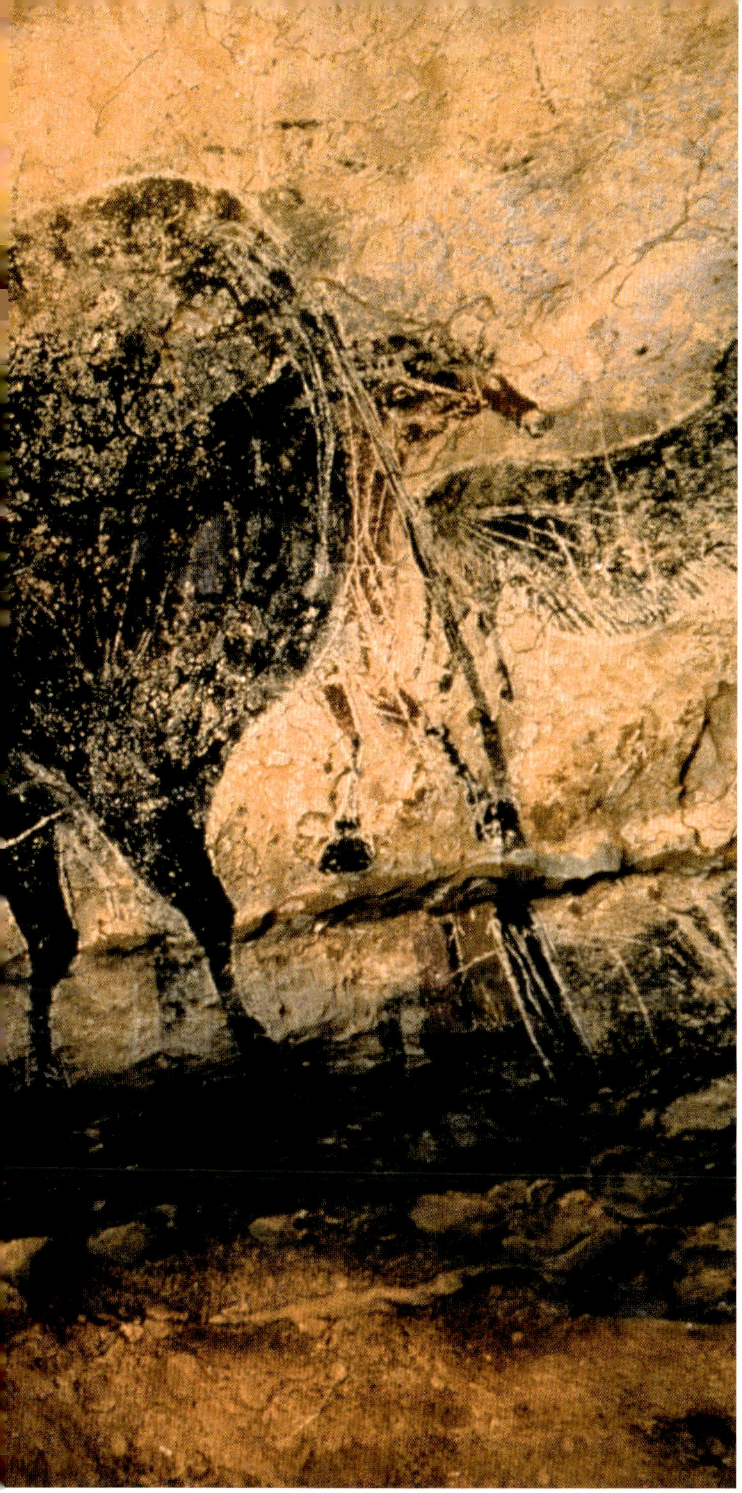

Die berühmte schwarze Kuh aus dem Schiff hat wie einige andere Tiere in Lascaux einen recht kleinen Kopf sowie einen Hängebauch. Ihre Kontur wurde in die Felswand geritzt.

der Stiere, am Übergang zum axialen Seitengang, größer und in die Länge gezogen im Vergleich zur linken Seite, aber nur, wenn man ihn vom Eingang zum axialen Seitengang aus betrachtet. Vom Saal der Stiere aus betrachtet stimmen die Proportionen.

Ein eher zufälliger, naturgegebener Umstand erzeugt bereits den Eindruck einer Freskenmalerei: Ausschließlich mit Wasser angemischte Farben wurden auf den kalkigen Untergrund der Höhlenwände aufgetragen, wie bei heutigen Fresken Wasserfarben auf feuchten Kalkmörtel – durch den chemischen Prozess der Karbonatisierung entsteht Kalkstein. Hierdurch werden die Pigmente fest an den Kalkmörtel gebunden und stabilisiert. Ähnliches geschah an den Kalksteinwänden der Höhle, wo der natürlich abgesonderte Kalksinter eine Schutzschicht über den Malereien bildete und noch immer bildet. Allerdings werden die Kalkablagerungen im Laufe der Jahrtausende stellenweise wohl so dick werden, dass Bilder darunter verschwinden können.

Die Künstler von Lascaux beschränkten sich nicht immer auf eine Technik pro Zeichnung. Verschiedene Techniken wurden oft kombiniert, beispielsweise wurden zuerst Konturen gezeichnet und dann auf andere Weise mit Farbe gefüllt, oder ein Gemälde wurde mit gravierten Linien akzentuiert. Beispiele hierfür sind eingeritzte Konturlinien – im Schiff befindet sich ein Fries aus sieben gemalten Steinböcken mit gravierten Konturen – oder in die gefärbte Fläche geritzte Zeichen.

Der bereits abgebildete, mit Pfeilen bedeckte Bison, der sich am Übergang zwischen Apsis und Schiff befindet, ist ein besonderer Fall der Vermischung von künstlerischen Techniken: Ein Rohentwurf wurde auf die Felsoberfläche graviert. Die Konturen wurden mit schwarzer und roter Farbe ausgefüllt. Die Details der Darstellung – Augen, Nüstern, Bart – wurden wiederum in den farbigen Untergrund geritzt. Weiterhin wurden sieben gerade Linien, von schräg oben kommend, parallel in die Fläche mit dem hinteren Rücken des Tieres geritzt. Vier dieser Linien scheinen Widerhaken zu besitzen, sodass die Darstellung an Pfeile oder Speere denken lässt.

Ebenfalls im Schiff, auf der linken Wand, findet sich eine Gruppe von Pferden. Eines der bräunlich-schwarzen Pferde weist durchgehend eingeritzte Konturlinien auf. Der Körper ist vollständig mit Farbe ausgefüllt und zudem von unzähligen Ritzlinien durchzogen. In den dunklen Pferdeleib hinein wurden deutlich der Umriss und die Details von Augen, Ohren, Nüstern und Mähne eines zweiten, kleineren Pferdes geritzt. Dieses kleine Pferd befindet sich bis auf einen der Vorderhufe fast vollständig innerhalb des Umrisses des großen Pferdes. Die geritzte Konturlinie dieses Hufs außerhalb des Pferdeleibes wurde nachträglich mit schwarzer Farbe ausgemalt.

Es handelt sich hierbei wohl nicht um eine interpretierbare bedeutungsvolle Komposition. Die Abbildung ist vielmehr ein Beispiel für die absichtliche Überlagerung zweier Bilder, die eine interessante Kombination verschiedener Kunsttechniken aufweisen. Um das zweite Pferd innerhalb des ersten Pferdes kenntlich zu machen, mussten seine Umrisse in den schwarzen Untergrund eingeritzt werden, ähnlich einem Wachsgraffito oder „Kratzbild".

Darstellung, zeichnerische Konvention und Stil

Die prähistorischen Künstler beobachteten ihre „Objekte" genau. Durch die Detailtreue der Darstellungen lassen sich die meisten Tierarten eindeutig bestimmen. Aber kein Bild eines Tiers ist wie das andere, in den Höhlen finden wir gewissermaßen individuelle Porträts von Tieren. Bei jedem Tier finden sich Unterschiede in Fellzeichnungen und -schattierungen wie beispielsweise im Bild der gekreuzten Bisons im Schiff. Natürlich handelt es sich aber nicht um fotorealistische Darstellungen.

Die Tiere präsentieren sich konventionell von der Seite. Dabei fällt auf, dass sie oft seltsam in die Länge gezogen sind, ohne dass dies durch die zuvor genannten Anamorphosen zu erklären wäre. Viele, besonders die Pferde, haben dickere Bäuche, und oft sind die Extremitäten und der Kopf im Vergleich zum Körper viel zu klein. Besonders deutlich fällt die künstlerische Freiheit bei den Hirschgeweihen auf, die eine oft bizarr wirkende, übertriebene Anzahl an Enden haben. Vielfach handelt es sich bei den Abweichungen von der Realität jedoch nicht um eine künstlerische Freiheit, sondern um zeichnerische Konventionen, welche die Höhlenmaler von Lascaux entwickelt hatten: Die Ohren sind dreieckig und oft seltsam platziert, weil man trotz Seitenansicht beide Ohren darstellen wollte. Die Hufe sind oft entweder von oben oder von unten dargestellt, ungeachtet der Ausrichtung des restlichen Körpers, und auch die Augen erscheinen vielfach zu groß. Die Köpfe der Tiere von Lascaux sind zudem häufig in Dreivierdelansicht zu sehen. Bei den Steppenbisons werden die Hörner auch frontal dargestellt. Es schien den Künstlern wichtig zu sein, immer beide Hörner abzubilden, auch wenn aus der entsprechenden Perspektive in Wirklichkeit nur ein Horn zu sehen gewesen wäre. Von dieser Konvention gibt es nur wenige Ausnahmen: Ein graviertes Steppenbison in der Apsis und das Bild der gekreuzten Bisons im Schiff sind jeweils nur mit einem Horn abgebildet.

Die Tiere sind nicht statisch dargestellt, sondern in ständiger Bewegung: Hufe scharren, Schwänze wedeln. An der Ostwand des Schiffes sind schwimmende Hirsche abgebildet, und an der Südwand des axialen Seitengangs springt eine Kuh über eine Gruppe von Pferden, die wegen ihrer Ähnlichkeit mit asiatischen Zeichnungen „chinesische Pferde" genannt werden. Fast am Ende der Nordwand des axialen Seitengangs befindet sich wiederum ein Pferd in vollem Galopp, andere Pferde sind im Schritt oder Trab, sogar im Passgang dargestellt. Ein anderes Pferd im axialen Seitengang fällt, und eines in der Passage wälzt sich auf dem nicht vorhandenen Boden. Bisons wenden ihre Köpfe, der Steppenbison im Brunnen senkt den Kopf in Angriffshaltung, und ebenfalls im Brunnen fällt der bereits erwähnte Vogelmensch um. Der fliegende Galopp, bei dem alle vier Beine gestreckt sind, ohne den Boden zu berühren, scheint allerdings eher eine zeichnerische Konvention als eine tatsächliche Beobachtung zu sein. Neben den Gangarten der Pferde ist auch ein anderes, sehr spezifisches Verhalten dargestellt: das Flehmen. Dabei öffnen Tiere halb ihr Maul, oft auch die Zunge etwas vorstreckend, um die Witterung der Pheromone eines vorbeiziehenden Tieres aufzunehmen.

Der französische Archäologe und Anthropologe André Leroi-Gourhan teilte die franko-kantabrische Felskunst in vier Stilepochen ein, Stil I bis IV, wobei Stil IV noch mal in einen älteren und einen jüngeren Stil unterteilt wird. Die Einteilung in Stile deckt sich jedoch nicht unbedingt mit der Unterscheidung nach Kulturstufen. Leroi-Gourhans Interpretationen der Höhlenmalereien entsprechen nicht mehr dem aktuellen Stand der Forschung, weil sich die von ihm genannten Kulturstufen überlappen und sich die Beispiele einzelner Stile nicht immer der jeweils dafür „vorgesehenen" Zeit zuordnen lassen. Dennoch wird seine Klassifikation der franko-kantabrischen Felskunst nach Stilen aus praktischen Gründen auch heute noch benutzt. Alle hier genannten Beispiele für die Stile befinden sich in der Dordogne, deren Reichtum an künstlerischen Darstellungen sich durch sämtliche Perioden erstreckt, in denen diese Kunst entstand.

Stil I und II beschreiben die sogenannte primitive Periode. Während dieser Phasen dominierte noch die mobile Kleinkunst, und die zeichnerischen Darstellungen waren noch wenig definiert. Stil I siedelt Leroi-Gourhan im Aurignacien ab 30 000 Jahren vor heute an. Im Grunde handelt es sich hier eher um mobile Kunst, denn abgesehen von Handnegativen fanden sich aus dieser Zeit keine Darstellungen an den Wänden. Geschmückt wurden dagegen Steinplatten mit schwer oder gar nicht zu identifizierenden Tieren und Symbolen, die Leroi-Gourhan als Genitalien interpretierte. Ein Beispiel für diesen Stil ist die Fundstätte Abri La Ferrassie, die eine Höhle und zwei Abris umfasst. Der größere der beiden Abris war schon von den Neandertalern aufgesucht worden, daher lässt sich an ihm der Übergang vom Moustérien der Neandertaler zum Aurignacien der Cro-Magnons ablesen. Neben Resten von Malereien wurden hier in einen Felsblock gravierte dreieckige Zeichen gefunden, die als Darstellungen einer Vulva interpretiert werden. Da die Neandertaler den Abri zwar aufsuchten, jedoch generell angenommen wird, dass sie keiner künstlerischen Tätigkeit nachgingen, werden diese Darstellungen, die typisch für Stil I sind, dem Aurignacien und damit den Cro-Magnons zugerechnet.

Der Übergang zu Stil II fand im Solutréen statt, zwischen 25 000 und 20 000 Jahren vor heute. Während dieser Zeit entstanden die ersten schematischen Tierbilder. Anthropomorphe, also menschliche, Darstellungen weisen dicke Bäuche und kleine Gliedmaßen auf. Die Abbildungen befinden sich noch im Eingangsbereich von Höhlen oder unter Felsvorsprüngen und sind daher auch im Tageslicht zu bewundern.

Die Darstellungen des Stils III (archaische Periode) sind schon tiefer in den Höhlen angebracht, wo künstliches Licht nötig war. Sie entstammen dem jüngeren Solutréen und erstrecken sich bis ins frühe Magdalénien, aus der Zeit von etwa 20 000 bis 15 000 Jahren vor heute. Die Cro-Magnons beherrschten zu dieser Zeit bereits alle Techniken der Felskunst: Gravur, Malerei und auch die Plastik. Auch die symbolischen Zeichen nahmen in dieser

Zeit zu. Die Höhlenbilder von Lascaux werden in Stil III eingeordnet.

Der ältere Stil IV (klassische Periode) entstammt dem Magdalénien zwischen 15 000 und 11 000 Jahren vor heute. Drei Viertel aller Höhlenmalereien stammen aus dieser Zeit oder werden zumindest diesem Stil zugeordnet. Die Malereien sind ausgesprochen realitätsnah und detailliert. Die Höhlen wurden nun bis zu einer Tiefe von einem Kilometer dekoriert. La Madeleine, die Fundstätte, die dem Magdalénien den Namen gegeben hat, ist ein markantes Beispiel für diese Stilepoche. Es handelt sich hierbei allerdings um ein Abri, also einen Felsüberhang, keine Höhle, und La Madeleine ist auch eher für mobile Kunst bekannt als für die Felskunst. Es wurden hier jedoch Reste einer Bisongravierung und Tierdarstellungen auf Kalksteinplatten im Flachrelief aufgefunden, die aufgrund ihres Detailreichtums typische Vertreter der klassischen Periode sind. Weitere berühmte Fundstätten mit Darstellungen im älteren Stil IV sind die Höhle von Niaux mit ihren mehr als 250 Ritzzeichnungen, von denen allein 158 Mammute darstellen, und die Höhle von Les Combarelles mit mehr als 800 Ritzzeichnungen.

Der jüngere Stil IV (späte Periode) beschreibt den Niedergang der Felskunst. Es ist eine kurze Periode von nur etwa 1000 bis 2000 Jahren während des jüngeren Magdaléniens. Die wenigen bildlichen Darstellungen aus dieser Zeit sind zwar sehr detailgetreu, aber die Menschen konzentrierten sich zunehmend auf eine umfangreiche Produktion mobiler Kleinkunst. Um 9000 vor heute brach die franko-kantabrische Höhlenkunst schließlich ab.

In einer Nische am hinteren Ende des Schiffes, gegenüber der großen schwarzen Kuh, befindet sich das Bild der gekreuzten Bisons. Diese Darstellung eignet sich hervorragend als Beispiel für einige der erwähnten Techniken und Verfahrensweisen.

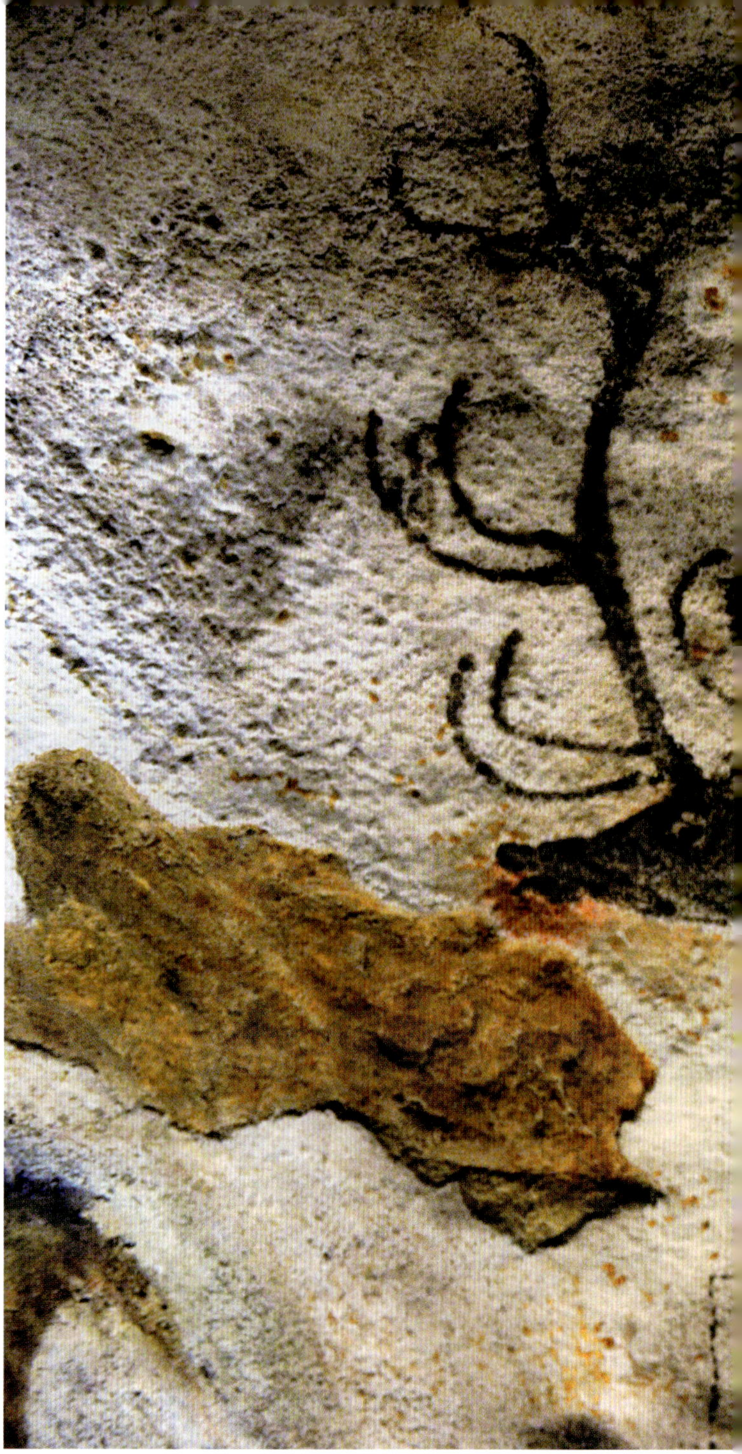

Das Bild zeigt zwei männliche Steppenbisons, Kruppe an Kruppe, deren Hinterbeine sich überkreuzen. Ihre Haltung drückt den Kampf um Dominanz während der Paarungszeit aus. Der linke Bison befindet sich im Fellwechsel und trägt teils noch das dunkle, zottelige Winterfell, teils schon das kürzere, hellere Sommerkleid. Der rechte Bison ist dagegen ganz im schwarzen Winterkleid dar-

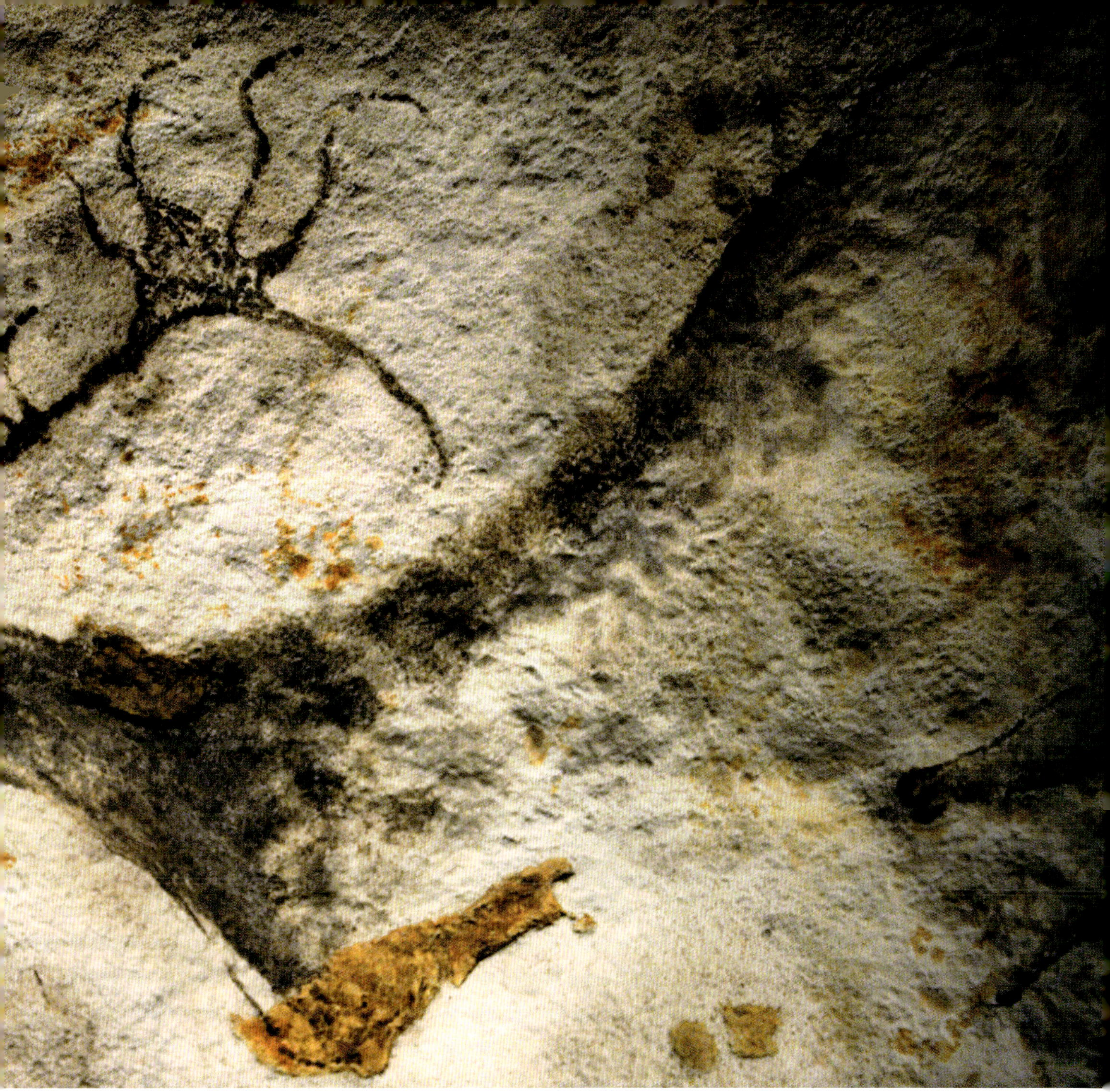

gestellt. Ihre Schwänze sind erhoben und kreuzen sich ebenfalls. Hoch sträubt sich ihr Nackenhaar.

Der Maler benutzte die konkave Krümmung der Nische für einen guten Effekt, indem er die Bisons in einem stumpfen Winkel zueinander platzierte, sodass ihre Hinterteile sich am tiefsten Punkt der Nische berühren und sie auseinanderzustieben scheinen. So wird eine Art 3-D-Effekt erreicht, ähnlich den in runden Bauten ausgestellten Panoramabildern oder den ersten Versuchen mit einem 3-D-Kino auf gekrümmter Leinwand.

Darstellung eines Hirsches mit einem äußerst großen, weit verzweigten Geweih. Hierbei handelt es sich um die Nachbildung einer prähistorischen Malerei aus dem axialen Seitengang der Originalhöhle.

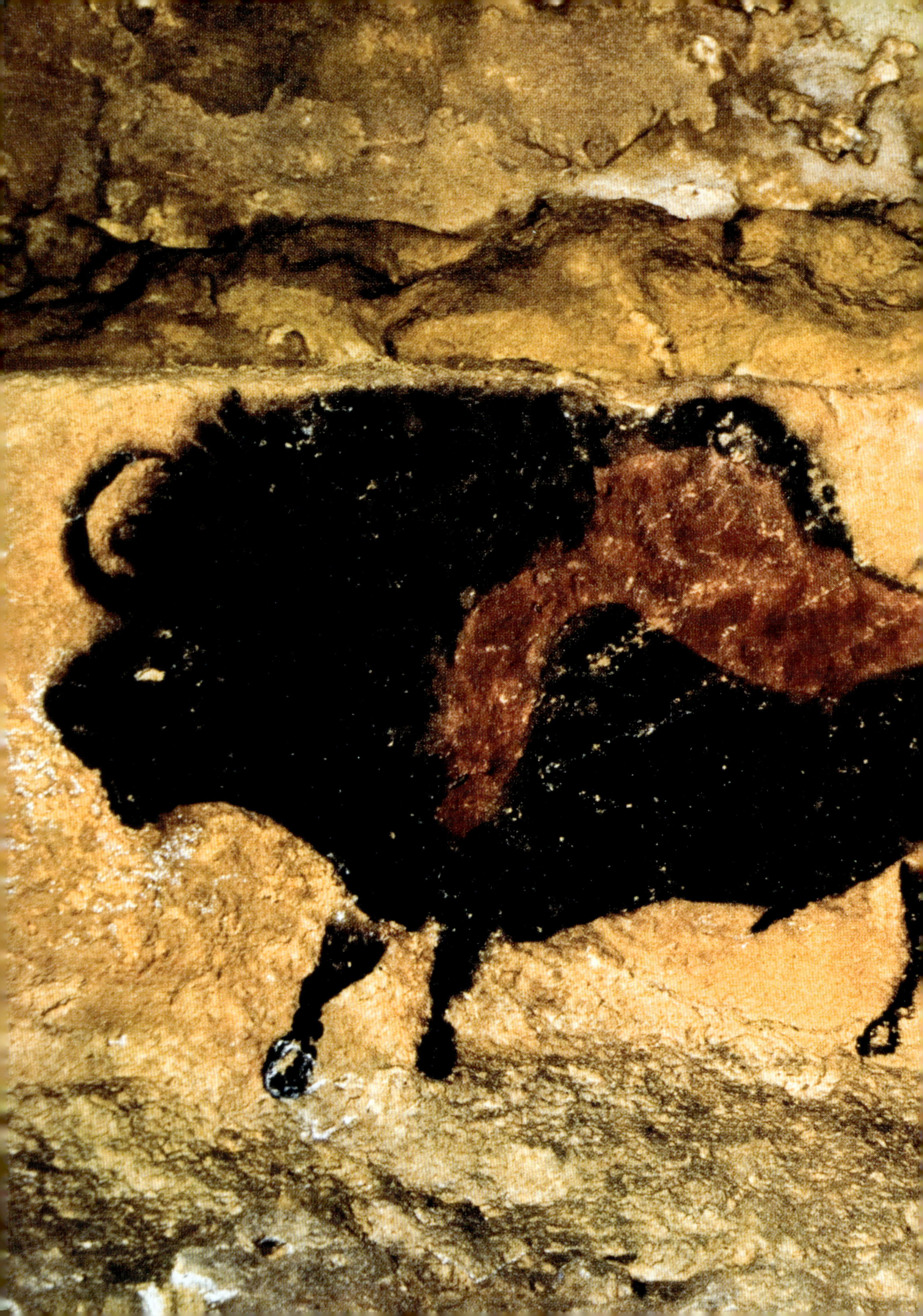

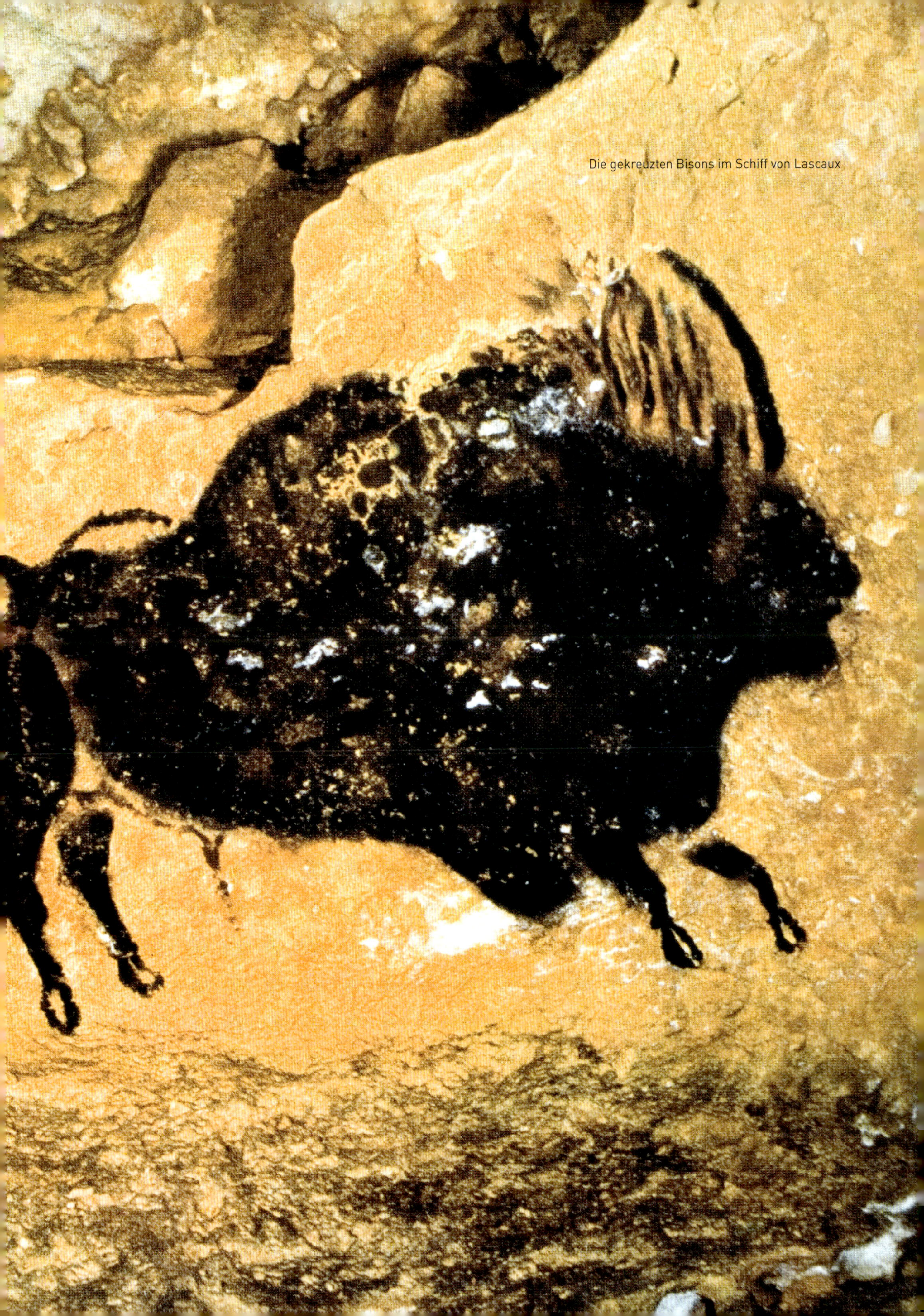

Die gekreuzten Bisons im Schiff von Lascaux

Abgestufte Schattierungen zwischen den beiden sich überlagernden Silhouetten der Kruppen trennen die beiden Figuren voneinander und tragen gleichzeitig zum dreidimensionalen Effekt bei.

Die Farbe für die Körperfläche wurde auf die Wand aufgeblasen, während die Beine und Schwänze mit einem Pinsel gezeichnet wurden. In diesem Fall findet sich keine Gravur der Konturlinien. Eine Gruppe französischer Forscher erstellte eine eingehende Analyse der Pigmente dieses Bildes. Dabei wurde deutlich, dass die Maler ihre Pigmente je nach Bedarf sorgfältig auswählten, um exakt den erwünschten Farbton zu erzielen. Beispielsweise gibt es verschiedene natürliche Mineralzusammensetzungen des Manganoxids, die Pigmente für schwarze Farbe liefern können. Die Forscher fanden Spuren von drei verschiedenen Zusammensetzungen in dieser Bildkomposition. Demnach handelte es sich um von Menschenhand zusammengestellte Pigmentgemische.

Auch über die Komposition und Reihenfolge der Ausführung ließen sich auf diese Weise Erkenntnisse gewinnen. Zuerst wurde die Wand mit grobem Sand – anstelle von Schleifpapier – abgerieben, um sie für die Malerei vorzubereiten. Den Farben wurde durch die Zugabe von feinem Sand oder Lehm die gewünschte Konsistenz verliehen. Die Komposition muss bereits als Ganzes in der Vorstellung des Malers existiert haben: Das rote Fell des Sommerkleides wurde nicht hinterher auf den schwarzen Körper aufgemalt, sondern der Maler ließ die entsprechende Fläche zunächst frei, als er die Farbe für das schwarze Fell auf die Wand brachte.

Ein dunkler Braunton in dieser Bildkomposition gibt den Forschern dagegen Rätsel auf. Es handelt sich dabei um eine Mischung aus rotem Hämatit und schwarzem Magnetit, die auf drei Arten zustande gekommen sein könnte. Die Mischung als solche kommt in der Natur vor, allerdings eher selten. Sie könnte aber auch durch Erhitzen entstanden sein: Rotes Hämatit wandelt sich durch Hitzeeinwirkung in schwarzes Magnetit um – eine Reaktion, die sich die alten Griechen bei der Herstellung ihrer schwarzfigurigen Keramik zunutze machten. Ob allerdings dieser Zusammenhang schon im Magdalénien bekannt war, ist fraglich. Vielleicht haben die Cro-Magnons die einzelnen Farben auch bewusst übereinander aufgetragen, wobei das schwarze Magnetit dazu dienen sollte, ein grelles Rot abzutönen. In jedem Fall erforderte die Verwendung dieses Brauntons wie auch anderer Farbtöne eine gewisse Vorbereitung und ging mit einem nicht unbeträchtlichen Aufwand einher.

Hilfsmittel

Um ihre Ritzzeichnungen und Malereien ausführen zu können, bedienten sich die Cro-Magnons in Lascaux einiger Hilfsmittel, etwa Leitern, Gerüsten und Seilen, um an hohe Decken (Apsis) und in tiefe Löcher (Brunnen) zu gelangen. Eine Streuschicht aus Gräsern auf dem Boden half, sich vor der Feuchtigkeit zu schützen, und Fettlampen sorgten für Licht. Woher wissen wir das?

Dass Leitern oder Gerüste benutzt wurden, ergibt sich schon allein aus der Lage der Felsbilder, die teilweise in zweieinhalb bis dreieinhalb Metern Höhe an sonst unerreichbaren Stellen an den Wänden und der Decke angebracht sind. An einigen Stellen, beispielsweise im axialen Seitengang, haben die Wissenschaftler zudem von Menschenhand gemachte kleine Mulden und Nischen in den Felswänden gefunden, die auf die Befestigung von Gerüsten und Leitern hindeuten. Diese Interpretation wird auch durch den Fund von Holzüberresten untermauert, die von solchen Gerüsten herrühren könnten.

Und in einer Bodenrinne im Seitengang der Raubkatzen fand André Glory die Überreste eines Seils. Man kann also davon ausgehen, dass der Maler, der die rätselhafte Szene mit Vogelmensch und Steppenbison im Brunnen schuf, sich beim Abstieg in den Schacht mit einem Seil sicherte.

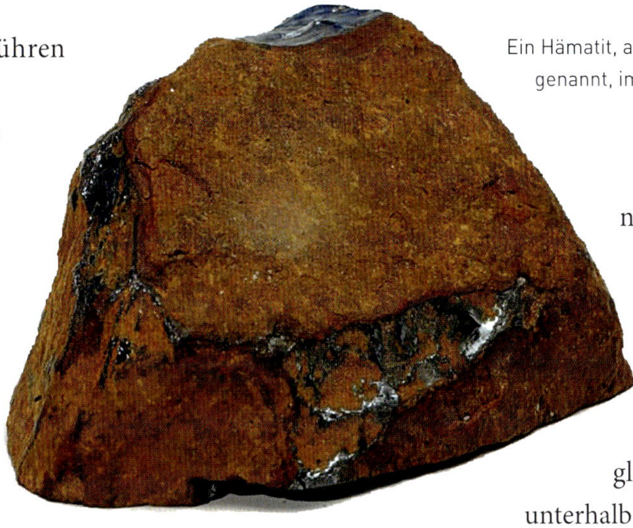

Ein Hämatit, auch „Blutstein" genannt, im Rohzustand

Die Streuschicht aus Gräsern und Beifußgewächsen kann durch den Fund von Pollenkörnern rekonstruiert werden. Die Pollenkörner von Beifußgewächsen und Süßgräsern wurden im axialen Seitengang und in der Passage aufgefunden. Die Cro-Magnons brachten diese Pflanzen im Ganzen und in großer Zahl in die tieferen Bereiche der Höhle. Diese Pflanzen blühen zwischen Juli und September, was uns wiederum eine jahreszeitliche Einordnung der Malereien in Lascaux ermöglicht.

Licht war wichtig für die Maler in den Tiefen der Höhle. So sind denn auch mehr als 200 als Lampen interpretierte Objekte gefunden worden. Die Fettlampen sind in ihrer einfachsten Form kleine Steinplatten mit einer Vertiefung in der Mitte, die das Brennmaterial, Talg oder Öl, und den Docht enthielt. Als Docht sind in Lascaux kleine verkohlte Stücke aus Wacholderholz nachgewiesen, auch Reste des Brennmaterials konnte man belegen. Viele Lampen wurden zudem umgedreht aufgefunden, sodass die Wölbung die Reste des verkohlten Inhaltes überdeckte.

Die aufwendiger hergestellten Lampen, wie das im Brunnen gefundene Beispiel aus rotem Sandstein, sind sorgfältig geformt, mit einem Griff und sogar mit Symbolen verziert. Von diesen Fettlampen sind ganze Depots entdeckt worden, teilweise noch unbenutzt, ineinandergestapelt und entlang der Felswände aufgereiht.

André Glory glaubte im Brunnen unterhalb der Zeichnung des Wollnashorns sogar die Überreste eines „mehrarmigen Leuchters" gefunden zu haben: Quer über zwei miteinander verbundenen Kalkplatten, die von mehreren Lehmkugeln gestützt wurden, war mithilfe eines Keils aus einer dritten Kalkplatte ein verkohlter Wacholderzweig geklemmt, der als Docht gedient hatte. Die Erde unter dieser steinernen Anlage war rot verfärbt, wie nach intensiver Feuereinwirkung.

In anderen Höhlen, wenn auch nicht in Lascaux, ist die Verwendung von harzigen Fackeln als Lichtquelle belegt: Von ihnen sind Aschereste und verkohlte Hölzer aufgefunden worden. Außerdem gibt es stellenweise aschige und rußige Schleifspuren an den Wänden, wie sie entstehen, wenn man eine Fackel regelmäßig abstreift, damit sie länger brennt.

Die Höhle von Lascaux ist also in mehrerer Hinsicht etwas Besonderes. In ihr vereinen sich verschiedene Techniken der bildlichen Darstellung. Gleichzeitig geben die archäologischen Hinterlassenschaften in Kombination mit den Bildern einen Einblick in den immensen logistischen Aufwand, den die Vorbereitung und Ausführung der Malereien und Ritzzeichnungen mit sich brachten.

Die Cro-Magnons investierten sehr viel Zeit und Arbeit in die Dekoration einer dunklen Höhle. Warum? Dieser Frage wird im nächsten Kapitel nachgegangen.

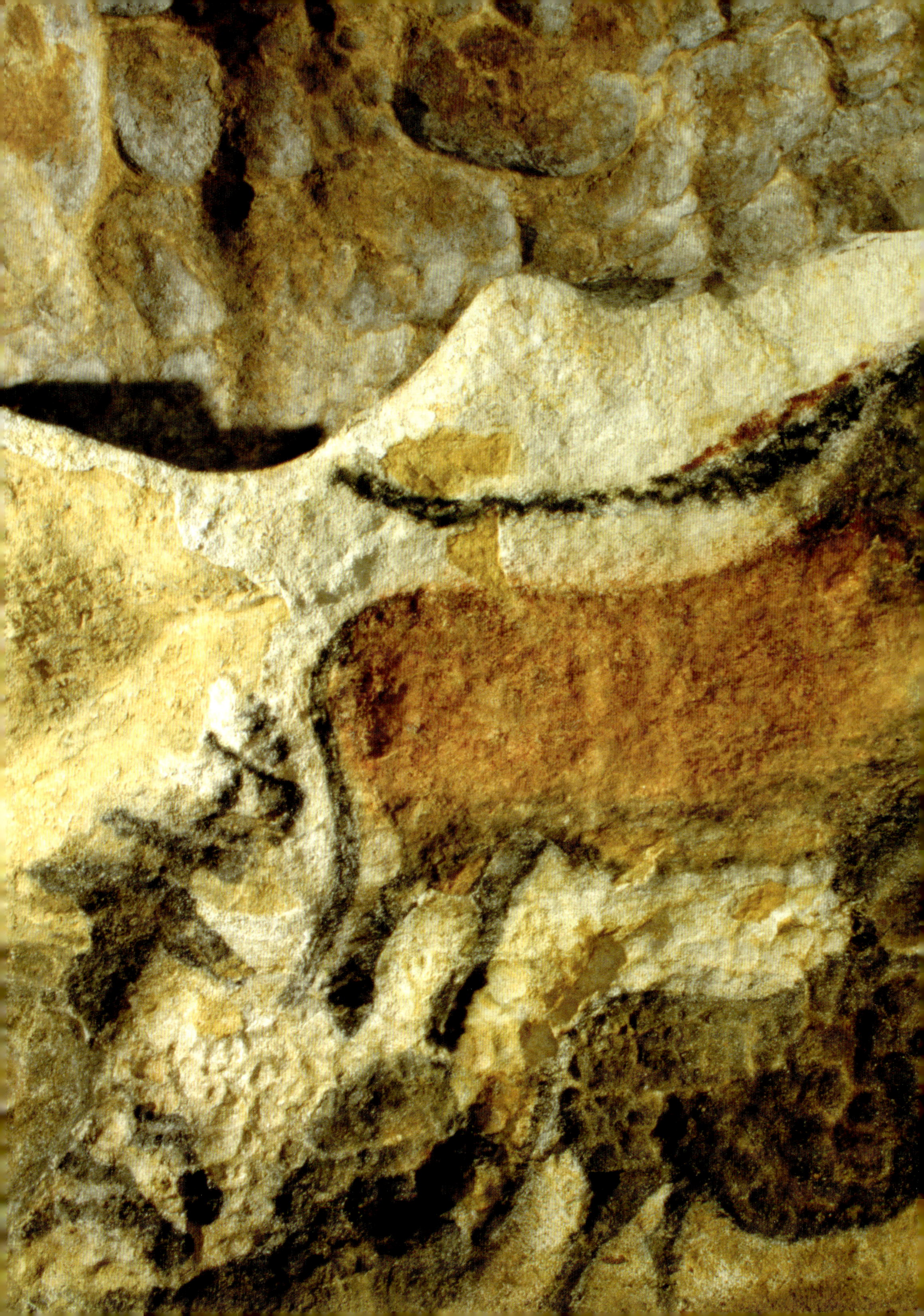

BILDER UND VISIONEN

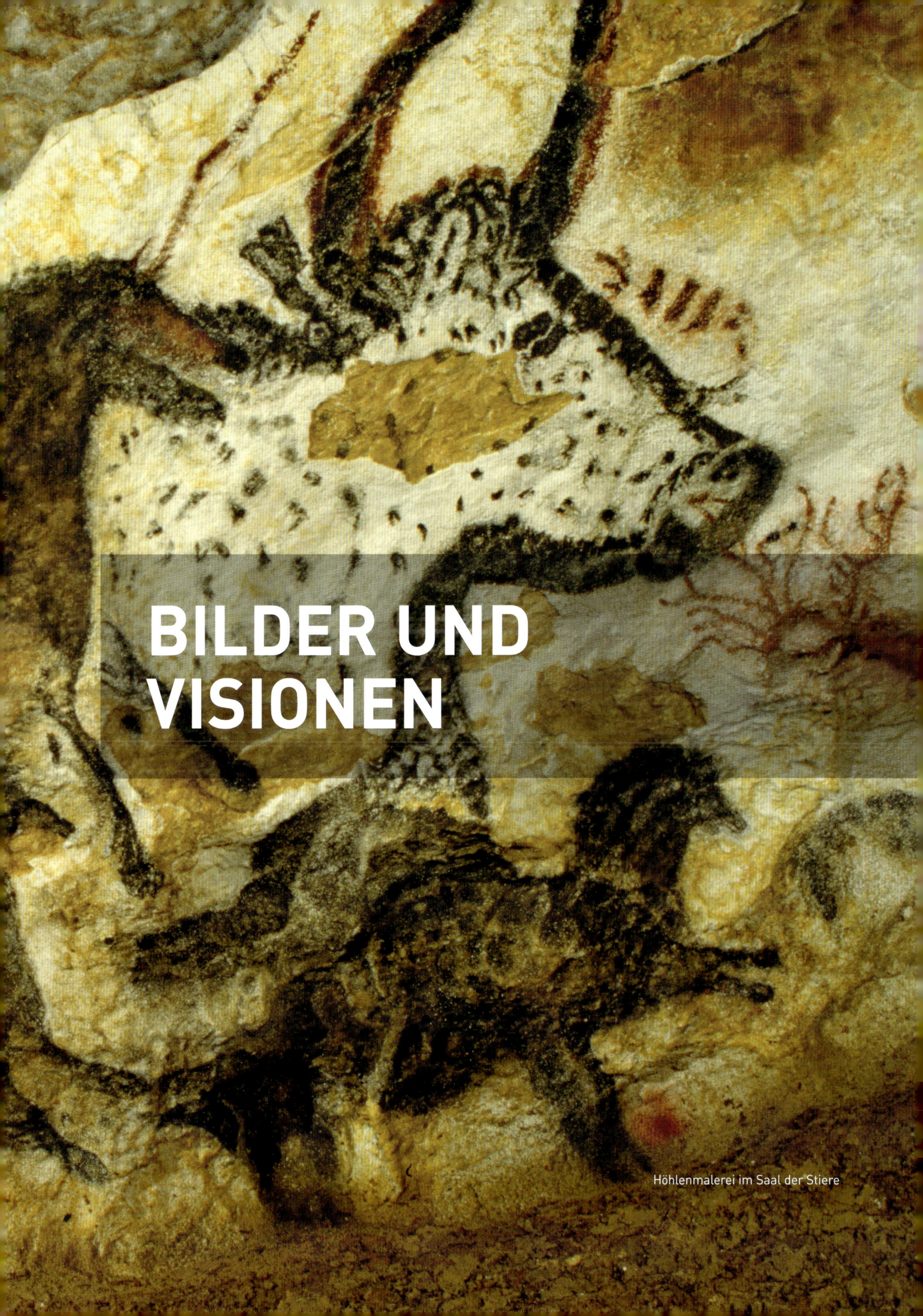

Höhlenmalerei im Saal der Stiere

Die Geburt der Kunst?

Viele der Standardwerke über die Bilderhöhle von Lascaux beziehen sich auf den Begriff „Kunst" – so Arlette Leroi-Gourhans „Lascaux. Am Ursprung der Kunst" oder Georges Batailles „Die Höhlenbilder von Lascaux oder Die Geburt der Kunst". Der Saal der Stiere wurde von Henri Breuil als „Sixtinische Kapelle der Vorgeschichte" bezeichnet. Die gesamte Höhle wird „Heiligtum" genannt, und ihre einzelnen Kammern werden begrifflich mit den einzelnen Teilen einer Kirche gleichgesetzt: Lascaux besitzt eine Apsis und ein Schiff. Schon in diesen Begriffen stecken Interpretationen, wenn diese wahrscheinlich auch eher unbewusst erfolgt sind. Die jahrtausendealte Bilderwelt wird einerseits mit dem heutigen Kunstbegriff verknüpft, andererseits mit religiöser Architektur verglichen. Was ist Kunst heute, und ist diese Bedeutung auf die Vorgeschichte übertragbar?

In seiner „Einführung in die Kunstgeschichte" schreibt Ernst Gombrich, dass es eigentlich keine Kunst gebe – es gebe nur Künstler. Ob diese Künstler nun Rinder an Höhlenwände malten oder Werbetafeln für Rinderbrühe entwerfen, sei dabei nebensächlich oder lediglich eine Frage des Zeitgeistes. Natürlich ist diese Aussage, so nackt in den Raum geworfen, ziemlich umstritten, nicht zuletzt angesichts der Tatsache, dass der Kunstmarkt Milliarden an Umsätzen macht. Gombrich führt dann auch aus, dass die Produkte der Künstler, nennen wir sie der Einfachheit halber „Kunst", bis vor etwa 200 Jahren, also vor gar nicht allzu langer Zeit, immer einen Zweck verfolgten. Es waren meist Auftragswerke, die ein Künstler gemäß einer mehr oder weniger detaillierten Beschreibung auszuführen hatte. Sollte das Ergebnis vom Auftrag abweichen oder dem Auftraggeber nicht gefallen, bezahlte dieser den Künstler nicht oder forderte ihn zur Nachbesserung auf. Kunst war also in diesem Sinne nichts anderes als eine Ware wie beispielsweise ein Bauernschrank oder Geschirr. Und wie der Schreiner und der Töpfer besaß eben auch der Künstler ein gewisses Talent – eine „Kunstfertigkeit" – in der Ausübung des von ihm gewählten Handwerkes. Im antiken Griechenland waren Künstler nicht einmal besonders hoch angesehen. Es bestand so gut wie kein Unterschied zwischen Kunst und Handwerk, die Grenzen verschwammen im Kunsthandwerk bzw. in der Handwerkskunst.

Man kann natürlich hinterfragen, was die Motive der Auftraggeber waren: die „Verschönerung" einer Kirche durch ein Heiligenbild? Aber was steckte dahinter? Meist war das der Wunsch nach Selbstdarstellung, der besonders deutlich wird, wenn der Auftraggeber selbst als Nebenfigur im Gemälde erscheint. Oft ging es auch um die Demonstration von Macht. Oder es handelte sich um den Wunsch nach Vergebung begangener Sünden durch die Kirche oder durch Gott selbst, vielleicht sogar um den Versuch, sich einen Platz im Himmel zu erkaufen. Man sieht, die Verschönerung der Kirche ist nur ein vordergründiges Motiv.

Kunst hat also viele Zwecke. Nicht zuletzt soll sie schlicht gefallen. Dass Kunst ausschließlich zieren und Vergnügen bereiten soll, ist ein relativ neues Denken, das vor weniger als 200 Jahren in den Salons des gehobenen Bürgertums entstand. Trotzdem ist es gerade dieser Anspruch, der sich wohl am meisten in den Köpfen der Menschen der westlichen Welt festgesetzt hat: Kunst gefällt, ist aber ansonsten nutzlos, und sie wird von denjenigen geschaffen, deren gesellschaftliche Stellung und Funktion durch ihren Status als Künstler bestimmt sind. Dass Kunst auch ganz praktische Gebrauchszwecke haben konnte, spielte bei der Rezeption der entdeckten Felsmalereien von Lascaux keine Rolle – man sah in ihnen „L'art pour l'art".

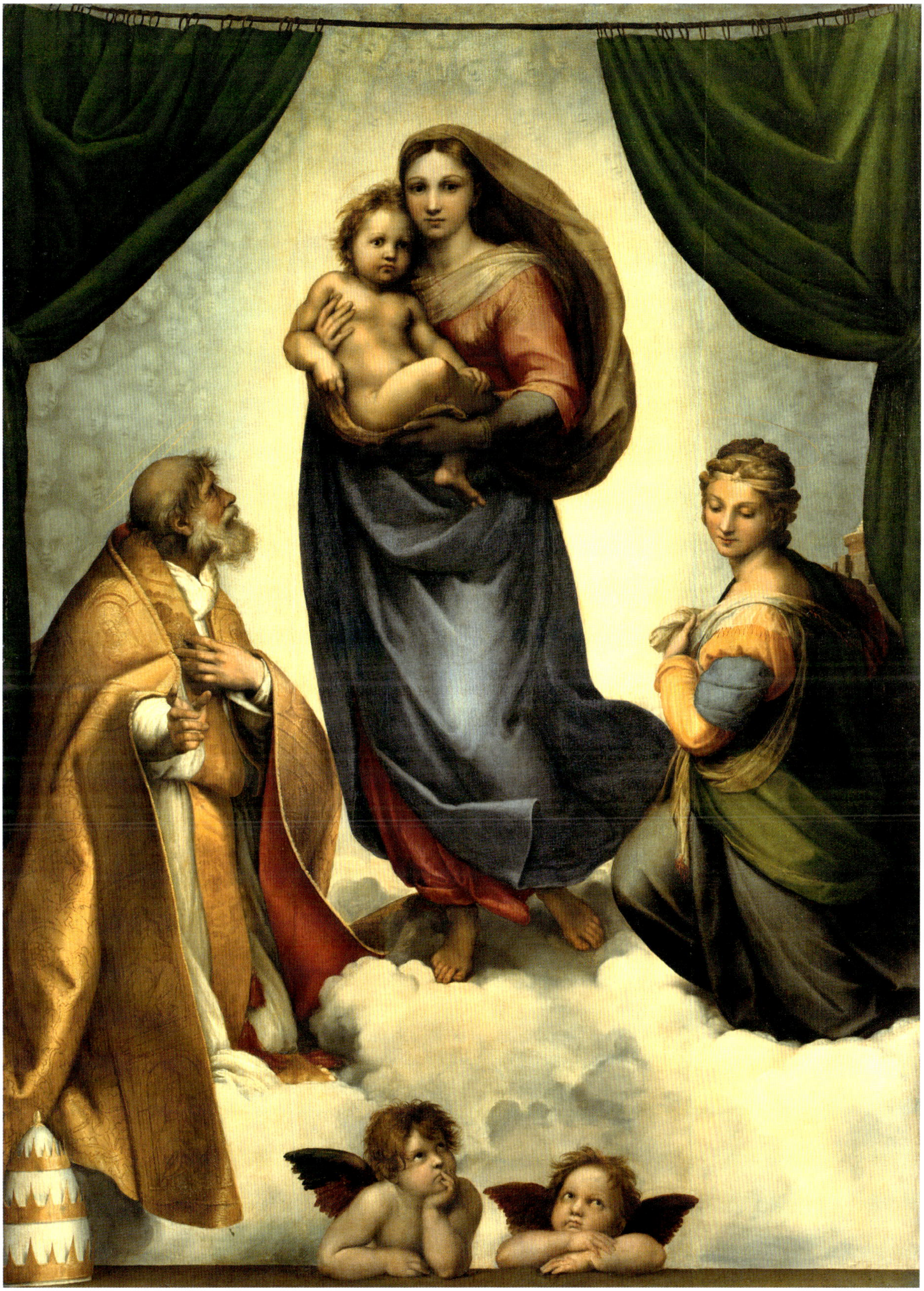

Die berühmte „Sixtinische Madonna" von Raffael (1483–1520) hatte Papst Julius II. (1443–1513) in Auftrag gegeben und der Klosterkirche San Sisto in Piacenza gestiftet. Anlass hierfür war der Sieg des Papstes über die in Italien eingedrungenen Franzosen.

Jener etwas naive Anspruch folgt einem ästhetischen Empfinden, das sich gleichermaßen an der Realität wie an künstlerischen Konventionen orientiert: Es gefällt, was einen hohen Wiedererkennungswert hat, sei es durch Vorbilder in der Natur oder weil man eine gewisse Darstellungsweise gewohnt ist. Der Himmel ist blau, das Gras ist grün, das weiß jedes Kind. In der westeuropäischen Kunsttradition kommt beides, die Ausrichtung an der Realität und die künstlerische Konvention, zusammen.

Vor diesem Hintergrund nun muss auch die erste, fast instinktive Reaktion verstanden werden, die die Malereien – weniger die Ritzzeichnungen – von Lascaux bei ihren Betrachtern zur Zeit der Entdeckung um 1940 auslösten. Der detailgetreue Realismus in Farbgestaltung und Formgebung der Tierdarstellungen fällt mit den westeuropäisch geformten Sehgewohnheiten der Betrachter zusammen. Bezeichnend dafür sind die eingangs erwähnten Vergleiche mit Kunst und Kunststätten, die Lascaux zuteilgeworden sind. So wird auch nachvollziehbar, warum Marcelino Sanz de Sautuola in Bezug auf die Gemälde von Altamira, die man auf seinem Grund entdeckt hatte, der Vorwurf der Fälschung gemacht wurde – wie konnten Malereien, die modern wirkten und nach westeuropäischem Stilempfinden im künstlerischen Ausdruck recht fortgeschritten waren, so unglaublich alt sein? Es musste sich um eine Fälschung handeln.

Als kein Weg mehr an der Akzeptanz des hohen Alters der franko-kantabrischen Felskunst vorbeiführte, wurde eben dieses Stilempfinden zur Interpretationsfalle und verleitete zu falschen Rückschlüssen: Die Malereien empfand man als schön, also hatten die prähistorischen Künstler dasselbe Empfinden für Schönheit besitzen müssen. Und eben dieses ästhetische Empfinden hätte sie dazu getrieben, die Majestät der Tierwelt auf die Felswände zu bannen.

Wenn nun in Lascaux die Anfänge der Kunst gesehen werden, was sagt das über die Bilderwelt von Lascaux und ihre Betrachter aus? Wie weit kann man ein bestimmtes Stilempfinden, eine unter besonderen örtlichen und zeitlichen Umständen geprägte Ästhetik auf die Vergangenheit übertragen? Wir brauchen nur über den Tellerrand und in andere Kulturkreise zu blicken, um festzustellen, dass unser ästhetisches Empfinden schon in unserer Zeit nicht an jedem Ort gleich ist – nicht mal im selben Kulturraum. Wenn es nun solche großen geografischen Unterschiede im Kunstempfinden gibt, wie groß müssen erst die Unterschiede bei einer so großen Zeitspanne sein? Können wir die „erste" Kunst überhaupt erkennen? Und wann begann Kunst?

Auch die Archäologen sind sich der Schwierigkeiten beim Erkennen und Bestimmen von Kunst bewusst. In der Paläoanthropologie entwickelte sich daher die Auffassung von Kunst als menschlicher Verhaltensweise. Diese Verhaltensweise ist von Abstraktion und Symbolik geprägt. Man kann immer dann von künstlerischem Verhalten sprechen, wenn die Ausdrucksform entweder abstrakt, also ohne unmittelbaren Zusammenhang zur greifbaren Wirklichkeit, oder symbolisch ist, d. h., dass ein Zeichen für etwas anderes steht. Die Fähigkeit zur Abstraktion und Darstellung von Symbolik ist eines der Kennzeichen „moderner" menschlicher Verhaltensweisen, also der Verhaltensweisen, die dem anatomisch modernen Menschen zugeschrieben werden und sich bei früheren Menschenformen nicht nachweisen lassen. Ein Beispiel soll dies verdeutlichen: Zwei Steine weisen deutliche Bearbeitungsspuren auf. Der eine Stein ist ein Kernstein aus Flint (Feuerstein), auf dem die Negative, die Mulden, zu erkennen sind, die Abschläge hinterlassen haben. Der andere ist ein längliches Stück roter Ocker, auf dem ein regelmäßiges Muster aus sich überkreuzenden Zickzacklinien eingeritzt ist. Der erste Stein erfüllt ganz und gar einen nützlichen Zweck: Flintabschläge wurden gebraucht, um daraus Feuersteinwerkzeuge herzustellen. Der zweite Stein dagegen ist schwieriger zu deuten, denn wozu ist ein Zickzackmuster nötig?

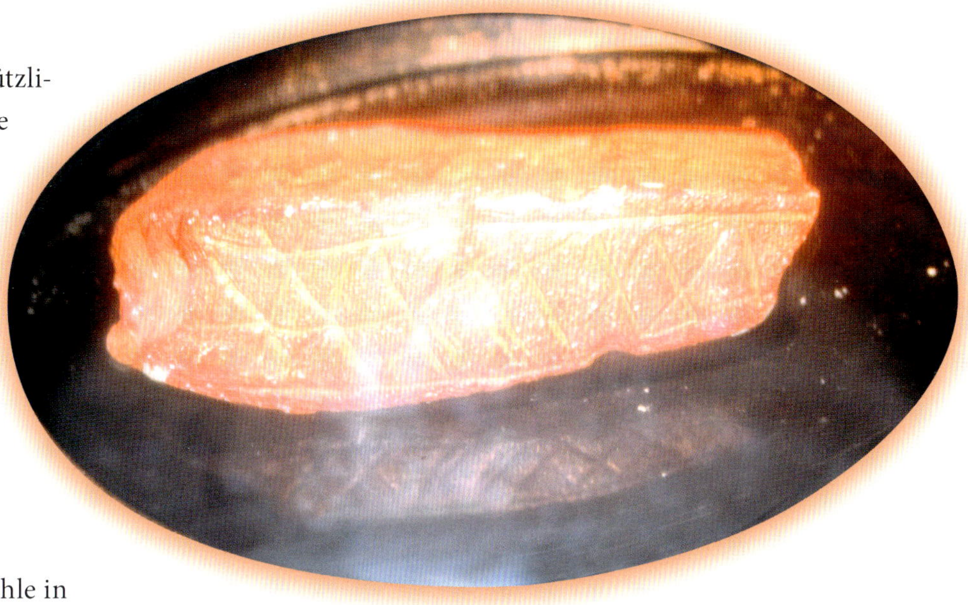

Zeugnis einer sehr frühen menschlichen Bearbeitung: Hologramm des mit einem Zickzackmuster verzierten Ockersteins aus der Blombos-Höhle

Dieser zweite Stein existiert tatsächlich. Er wurde in der Blombos-Höhle in Südafrika gefunden und auf ein Alter von etwa 77 000 Jahren vor heute datiert. Die Einritzung darauf besteht aus einem geometrischen Muster zweier sich überlagernder Zickzacklinien bzw. aneinandergereihter X-e, die von zwei horizontalen Linien begrenzt und von einer dritten durchzogen werden. Aus dem Ockerblock wurden Farbpigmente gewonnen, die dann anderweitig gebraucht wurden, beispielsweise für die Einfärbung von Objekten oder die Bemalung von Felsoberflächen oder sogar der eigenen Haut. Es ist allerdings völlig unnötig, allein für die Gewinnung der Pigmente regelmäßige Muster auf dem Stein anzubringen. Dafür würde es reichen, die Pigmente flächig mit einem Steinwerkzeug oder einer Muschel abzukratzen. Dies würde zwar charakteristische Kratzspuren hinterlassen, allerdings keine regelmäßigen Linien. Dieses Stück Ocker wird von dem Wissenschaftler und Leiter der Ausgrabungen, Chris Henshilwood, daher als früheste Form einer abstrakten Repräsentation von etwas bezeichnet, was auch immer diese Zeichnung repräsentieren sollte. Wenn künstlerisches Verhalten von Abstraktion und Symbolik geprägt ist, dann sehen wir hier in dieser frühen abstrakten Repräsentation also den Beginn eines künstlerischen Ausdrucks in der menschlichen Vorgeschichte. Dass Pigmente gewonnen und verarbeitet wurden, ist bereits in älteren archäologischen Schichten, um 100 000 Jahre vor heute, nachweisbar, wenn auch nicht genau bekannt ist, wofür die Pigmente letztendlich gebraucht wurden.

Wäre Marcelino Sanz de Sautuola in Altamira auf ein solches Stück Ocker gestoßen, hätte gewiss noch niemand von Kunst gesprochen. Und hätte Robots Abenteuer im Kaninchenloch nichts weiter als ein solches Ockerstück zutage gefördert, wäre bestimmt niemand auf die Idee gekommen, es mit Michelangelos Farbenpalette zu vergleichen. Erst die Entdeckung der Höhlenmalereien brachten Altamira und Lascaux den Vergleich mit der Sixtinischen Kapelle ein.

Das Ockerstück aus der Blombos-Höhle deutet eine menschliche Verhaltensweise mit Sinn für Abstraktion an, aber würde es von jedem von uns als Kunst identifiziert werden, so wie die Gemälde in Lascaux? Wohl kaum. Es besteht also durchaus ein großer Unterschied zwischen dem, was Archäologen und Paläoanthropologen als „künstlerische Verhaltensweise“ bezeichnen, und

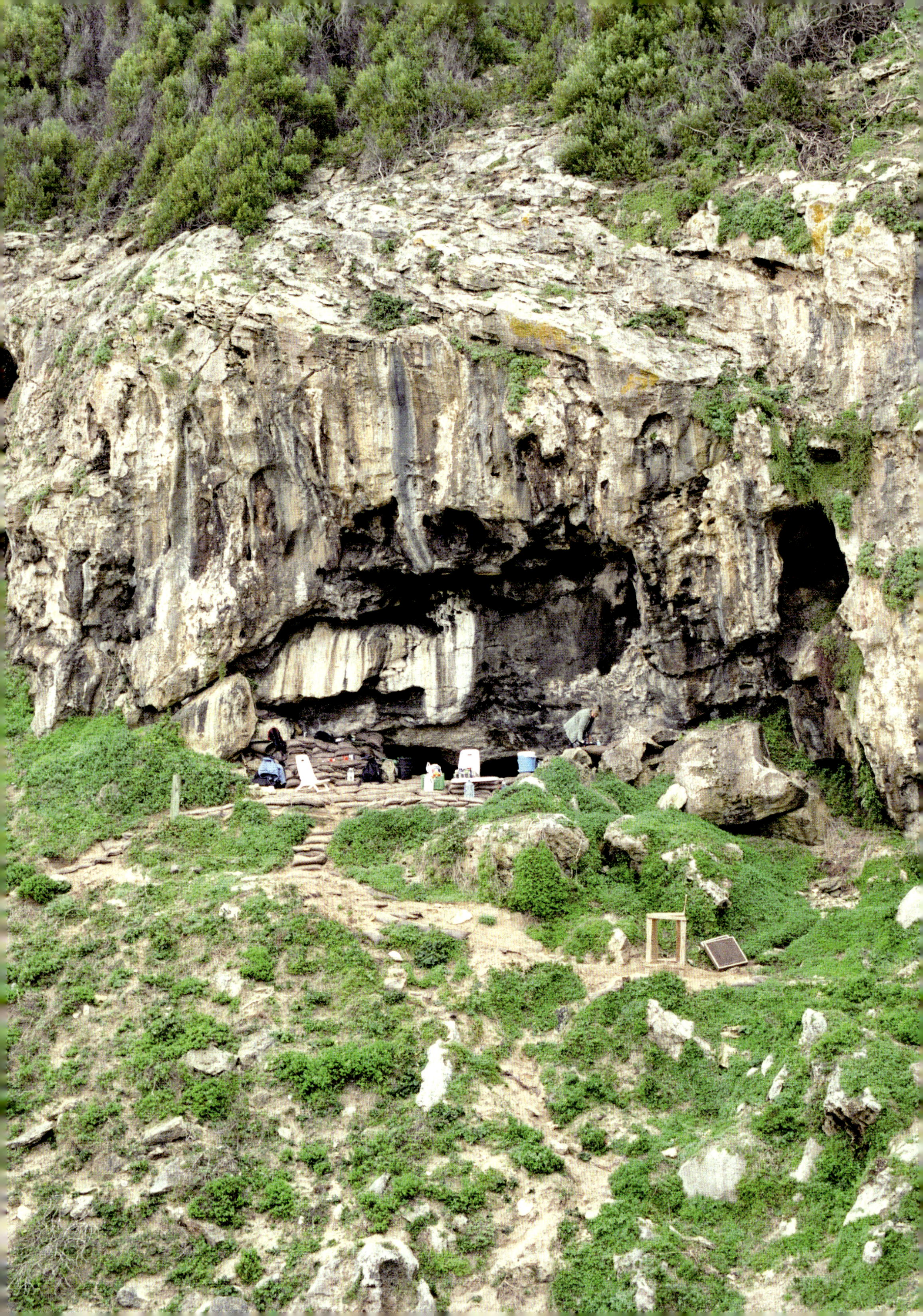

dem, was man im allgemeinen Sprachgebrauch unter „Kunst" versteht. Dies sind wichtige Vorüberlegungen, wenn man sich mit der Bedeutung jungpaläolithischer Felskunst beschäftigt.

Worin bestand also die erste jungpaläolithische Felskunst? Die „geschmückten" Höhlen in Franko-Kantabrien sind eindrucksvoll, jede auf ihre Art. Sie sind jedoch nicht alle gleich in Inhalt und Ausführung. Manche von ihnen erscheinen „primitiver" als andere, andere wiederum „fortschrittlicher" im Stil. Auf die Schwierigkeiten bei der Datierung von Felskunst wurde schon hingewiesen. Anhand der Einordnung in eine Stilfolge versuchte man, eine sinnvoll erscheinende Chronologie aufzustellen – eine zeitliche Reihe beginnend mit geschnitzten und gravierten Objekten, der sogenannten mobilen Kunst oder Kleinkunst. Während die Herstellung von Kleinkunst fortgeführt wurde, begannen die Menschen als Nächstes, ihr künstlerisches Repertoire um Wandzeichnungen zu erweitern. Im Bereich der Wandkunst entstanden zunächst ausschließlich Gravierungen, später dann Malereien – auch kombiniert mit Ritzzeichnungen –, die anfangs noch „primitiv" waren, sich im Ausdruck jedoch immer weiterentwickelten.

Aber wie alle wissenschaftlichen Theorien musste sich auch diese Kategorisierung an neuen Entdeckungen messen lassen – und die Entdeckung der Höhle von Chauvet im Jahr 1994 warf noch einmal alles um, was man zu wissen glaubte. Auch Chauvet, im französischen Departement Ardèche, enthält eine reiche Auswahl an beeindruckend ausgeführten Tierdarstellungen, sowohl in Form von Malereien als auch von Ritzzeichnungen. Die Figuren sind teilweise mehrfarbig, die Malereien erzeugen den Eindruck von räumlicher Tiefe und Bewegung. Und trotz dieser „Fortschrittlichkeit" wurden die ältesten Bilder in Chauvet anhand von Holzkohleüberresten mit der Radiokarbonmethode auf ein Alter von mehr als 30 000 Jahren datiert. Chauvet galt damit für einige Jahre als die älteste bekannte Bilderhöhle im franko-kantabrischen Raum, inzwischen weiß man aber, dass die Malereien in der El-Castillo-Höhle in Spanien noch älter sind.

Die Höhle von Chauvet enthält, wie auch die El-Castillo-Höhle, eine große Anzahl an Handabdrücken und Tierdarstellungen. Stilistisch wurden die Tierdarstellungen der Chauvet-Höhle dem älteren Stil IV, also der klassischen Periode, zugeordnet, wären demnach also jünger als die Stil III zugeordneten Bilder von Lascaux. Tatsächlich sind die ältesten Malereien in der El-Castillo-Höhle 40 000 Jahre alt und somit älter als die in Lascaux sowie in allen anderen Höhlen.

Man kann also nicht behaupten, dass die erste Höhlenkunst primitiv oder einfach gewesen wäre. Es ist eines der großen Rätsel der Archäologie, wie es sein kann, dass eine Kunstform mit einer geradezu ausgefeilten Technik auf der Bildfläche der Vorgeschichte erschien. Ebenso rätselhaft ist aus heutiger Sicht die Frage, warum es dann überhaupt „primitive" Höhlenmalereien gab, wenn die jungpaläolithischen Künstler es doch schon sehr früh besser konnten.

Vielleicht kam es gar nicht so sehr darauf an, wie gekonnt eine Ausführung war – zumindest nicht immer. Vielleicht war der Schaffensprozess genauso wichtig wie das fertige Kunstwerk, das damals wiederum womöglich gar nicht als Kunst angesehen wurde. Vielleicht, und da schließt sich der Kreis wieder, kam es genauso auf die Intention des Malers an. Vielleicht besaßen die Malereien und Ritzzeichnungen von Lascaux eine Funktion abseits der „Kunst" und entsprachen nur zufällig dem Kunstgeschmack des ausgehenden 19. und frühen 20. Jahrhunderts. Und damit begeben wir uns auf das höchst spannende Feld der archäologischen Interpretation.

Der Eingang zur Blombos-Höhle in Südafrika

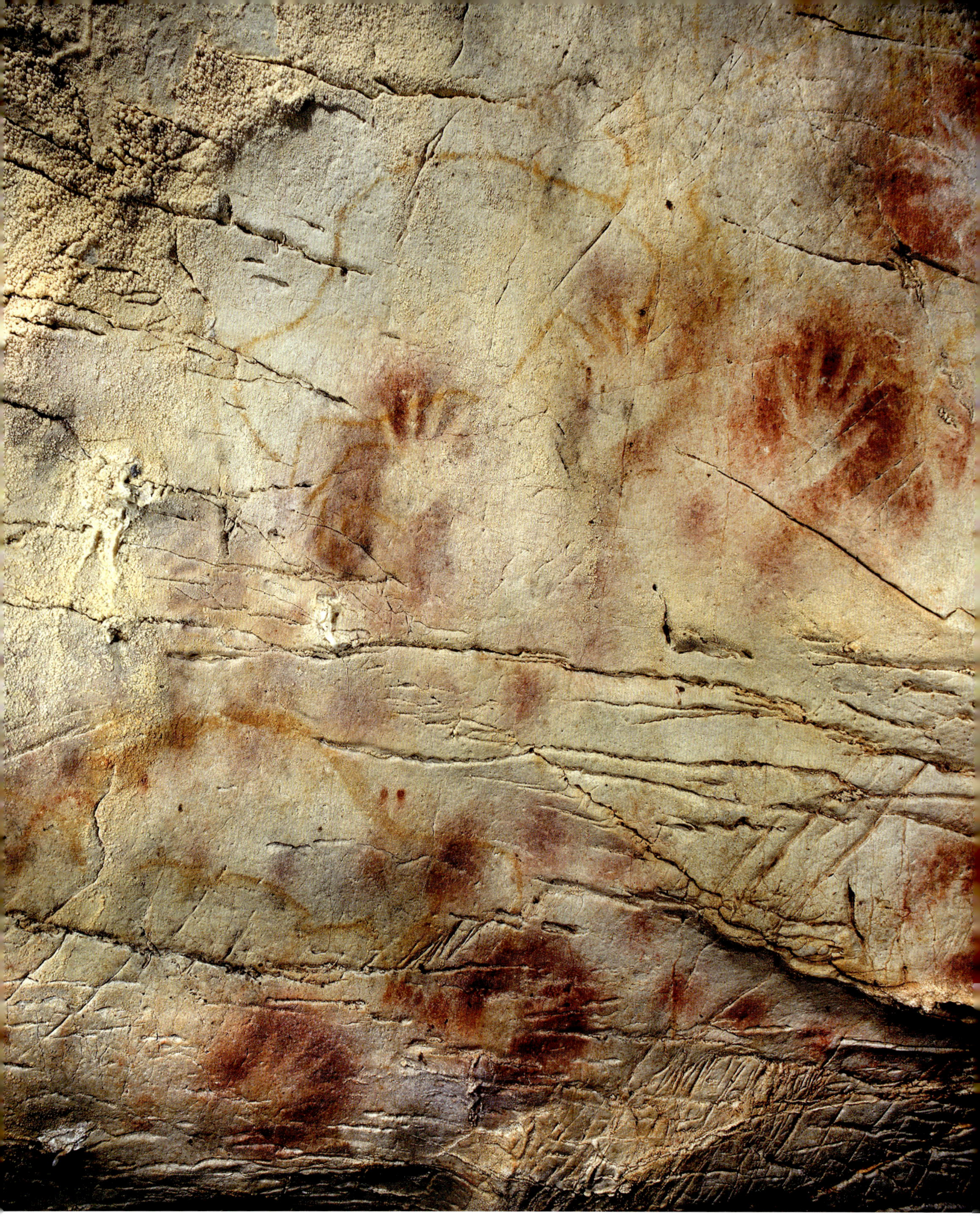

Bis zu 40 000 Jahre alte negative Handabdrücke zieren die Felswände der spanischen El-Castillo-Höhle.

Warum wurden die Bilder hergestellt?

Die Interpretation stützt sich auf das, was die Archäologen noch an jungpaläolithischer Kunst auffinden können, also auf das, was die Jahrtausende überdauert hat. Durch verbesserte Datierungsmethoden, insbesondere durch die Anwendung der sogenannten Beschleuniger-Massenspektrometrie auf die C14-Methode, mit deren Hilfe auch kleinste Proben analysiert werden können, wurde es möglich, die vorher aufgrund stilistischer Ähnlichkeiten gezogene Verbindung zwischen der franko-kantabrischen Höhlenmalerei und der Kulturstufe des Magdalénien auch direkt zu beweisen. Tatsächlich waren vor allem die Magdaléniens unter den Cro-Magnons für den Großteil der Höhlenmalereien verantwortlich.

Die Kunst spielte für die jungpaläolithische Gemeinschaft eine wichtige Rolle. Sie bietet die ersten Hinweise auf das Vorhandensein eines ideologischen Systems, also darauf, dass die Menschen in einem auf gemeinsamen Werten beruhenden sozialen System lebten. Dies wird besonders deutlich in den sich herausbildenden Grabsitten: Bei Bestattungen im Jungpaläolithikum kamen zunehmend üppige Grabbeigaben zum Einsatz, etwa persönlicher Schmuck wie Perlen aus Stein oder Muschelschalen sowie Anhänger aus Tierzähnen. Manche würden sogar so weit gehen, die jungpaläolithische Kunst für die erste Verkörperung von Religion zu halten. Die ersten Theorien zum Sinn und Zweck der Höhlenkunst in Lascaux gingen jedoch keineswegs so weit. Man nahm an, dass die Umweltbedingungen so günstig und die Cro-Magnons in ihrem Lebensstil fortgeschritten genug waren, dass sie nicht jede freie Minute der Nahrungssuche widmen mussten. Sie verfügten daher über genügend Freizeit, sich anderen Dingen zu widmen, unter anderem eben der Produktion von persönlichem Schmuck, mobiler Kleinkunst und Felskunst. Die Theorie von der Kunst als Selbstzweck gesteht ihnen jedoch noch kein entwickeltes Sozialleben zu, welchem komplexe Wertevorstellungen zugrunde liegen. Das Sozialleben spielte nach dieser Interpretation bei der Produktion von Kunst keine Rolle. Die Felskunst diente angeblich reinen Dekorationszwecken oder entsprang dem Wunsch des jungpaläolithischen Künstlers, die eindrucksvollen Bilder der Natur zum eigenen Vergnügen auf einem dauerhaften Medium wiederzugeben.

Diese Ansicht änderte sich, als mehr und mehr Kunst an Höhlenwänden gefunden wurde, die tief unter der Erde abgeschnitten vom Tageslicht lagen. Auch der später kritisch beäugte Ansatz eines ethnografischen Vergleiches zeigte unzweifelhaft, dass selbst die „primitivsten" Völker unter den harschesten Lebensbedingungen eine Religion besaßen sowie Kunst produzierten und dass letzteres immer ein sozialer Akt und oft genug auch religiös motiviert war.

Jagdmagie, Schamanismus und Totemismus

Das Vorhandensein mystisch-religiöser Vorstellungen ist von zentraler Bedeutung für die Interpretation der Bilder als Jagdmagie. Dasselbe gilt für die damit verbundene Fruchtbarkeitsmagie sowie für Schamanismus und Totemismus. Auf diese Theorien wurde kurz schon zu Beginn eingegangen, sie sollen aber hier weiter ausgeführt und durch Beispiele konkretisiert werden.

Magie ist etwas Geheimes, das im Verborgenen stattfindet. Anders als tragbare Kleinkunst, die

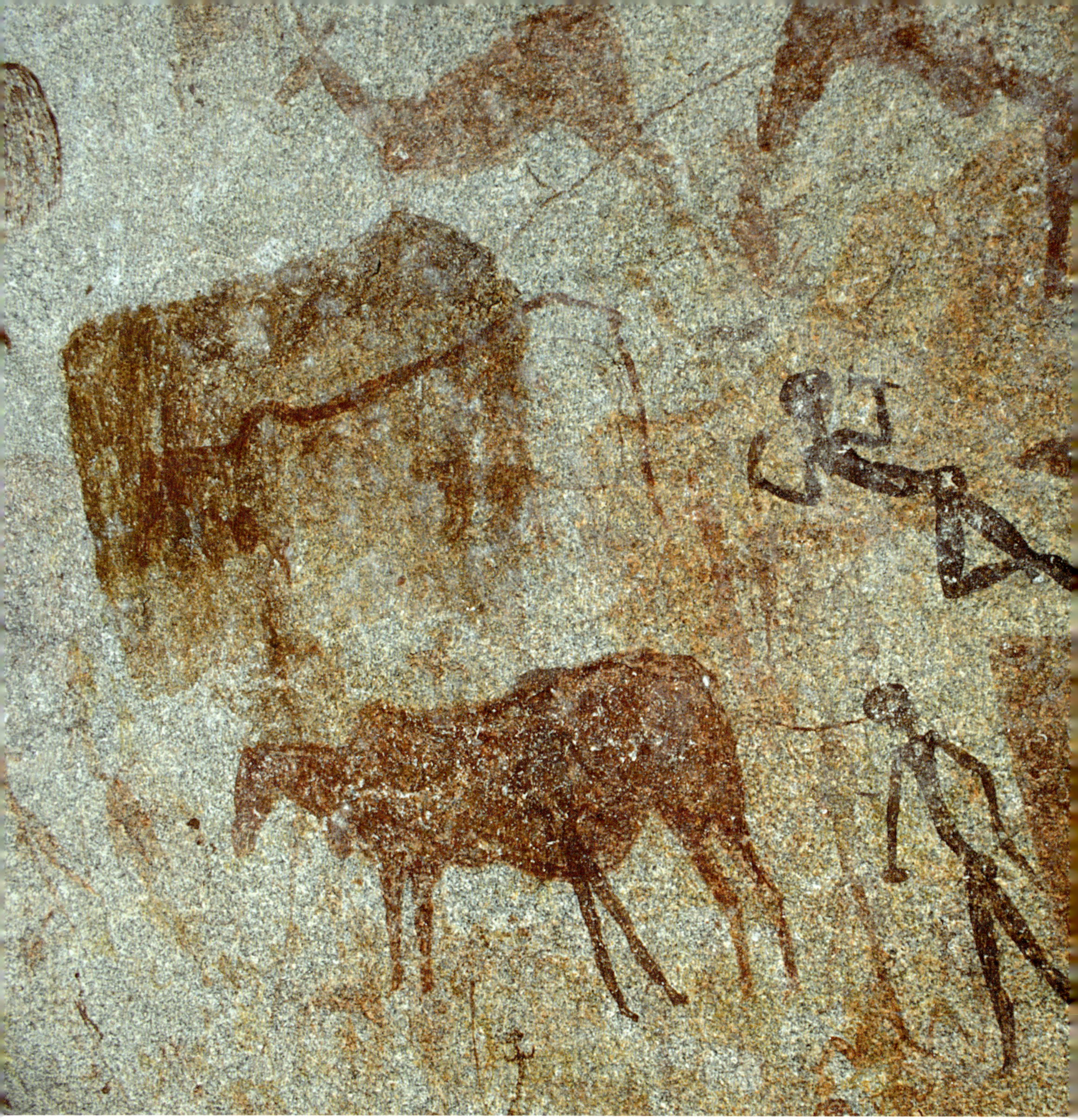

Felsmalerei der San-Buschmänner mit Jagdszene, Simbabwe

ins Tageslicht gebracht werden kann, oder Felskunst, die in Abris oder an anderen dem Tageslicht ausgesetzten Felswänden angebracht ist, sind die Höhlenbilder von Lascaux tief im Inneren der Höhle zu finden. Ohne künstliche Beleuchtung kann man sie nicht sehen. Ohne künstliche Beleuchtung hätten sie nicht einmal erschaffen werden können. Verlässt das Licht mit dem Künstler zusammen die Höhle, fallen die Bilder in absolute Dunkelheit zurück.

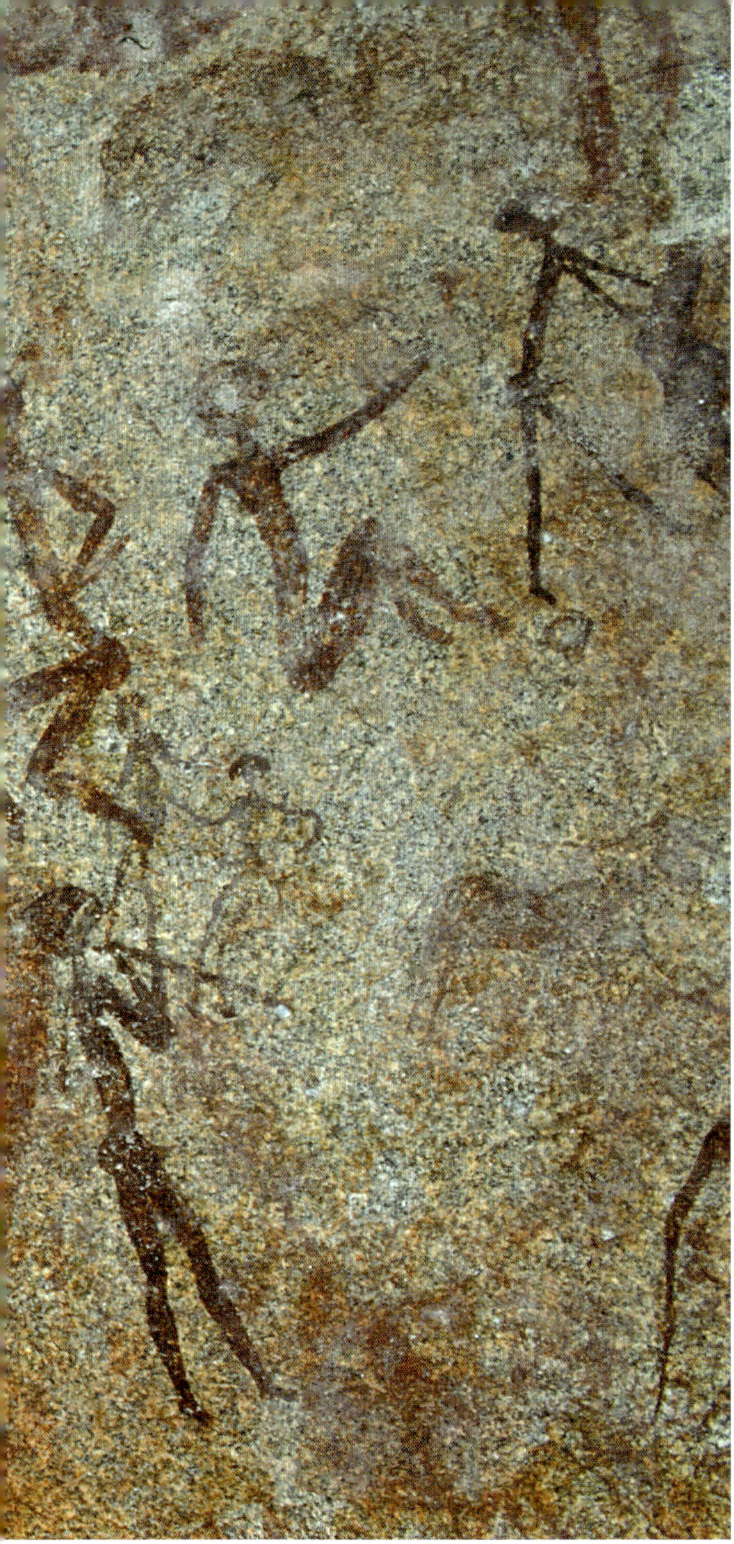

Die Theorie, dass die Bilder magische Zwecke erfüllen sollten, setzt voraus, dass es sich bei der Höhlenkunst in Lascaux in der Tat um etwas Zweckmäßiges gehandelt hatte. Sie geht davon aus, dass die Bilder eine bestimmte Funktion hatten und ihre Erschaffer dazu in der Lage waren, sich über diese Funktion Gedanken zu machen. Daher sind die magischen Theorien im Vergleich zu der Theorie von der Kunst als Selbstzweck schon als deutlicher Fortschritt in der Forschungsgeschichte zu werten.

Die Theorie der Jagdmagie war die wichtigste und am weitesten verbreitete Theorie zur Felskunst bis zur Zeit des Zweiten Weltkrieges. Als Lascaux 1940 entdeckt wurde, waren die Tage dieser Interpretation bereits gezählt. Dies hielt jedoch Henri Breuil und seinen Mitarbeiter und Nachfolger André Glory, beide Prähistoriker der alten Schule, nicht davon ab, sie auf Lascaux anzuwenden. Henri Breuil hatte mehrere Reisen nach Afrika unternommen, wo er unter anderem die Felsbilder der dort noch immer als Jäger und Sammler lebenden San-Buschmänner studiert hatte und zum selben Schluss gekommen war: Es handelte sich um Jagdmagie.

Auch André Glory war zunächst ein überzeugter Vertreter der Jagdmagie. Die Theorie wurde gestützt von Abbildungen verwundeter Tiere oder von Tieren, die nachträglich mit pfeilartigen Symbolen versehen wurden. Der Steppenbison im Brunnen erfüllt gleich beide Voraussetzungen. Weitere Bisons finden sich in der Passage, im Schiff und im Seitengang der Raubkatzen. Darüber hinaus gibt es in Lascaux noch mehrere Beispiele von Tieren mit pfeilartigen Symbolen, darunter Pferde (im axialen Seitengang, in der Passage, in der Apsis, im Seitengang der Raubkatzen und im Schiff), Hirsche (in der Apsis und im Seitengang der Raubkatzen), Auerochsen (im Saal der Stiere und im axialen Seitengang), aber auch Wildkatzen (im Seitengang der Raubkatzen). Das Jagdwild sollte so auf magische Weise schon vor der Jagd erlegt werden, man verließ sich also nicht auf das Jagdglück, sondern wollte Tatsachen schaffen. Gefährliche Tiere oder Konkurrenten des Menschen bei der Jagd, wie eben

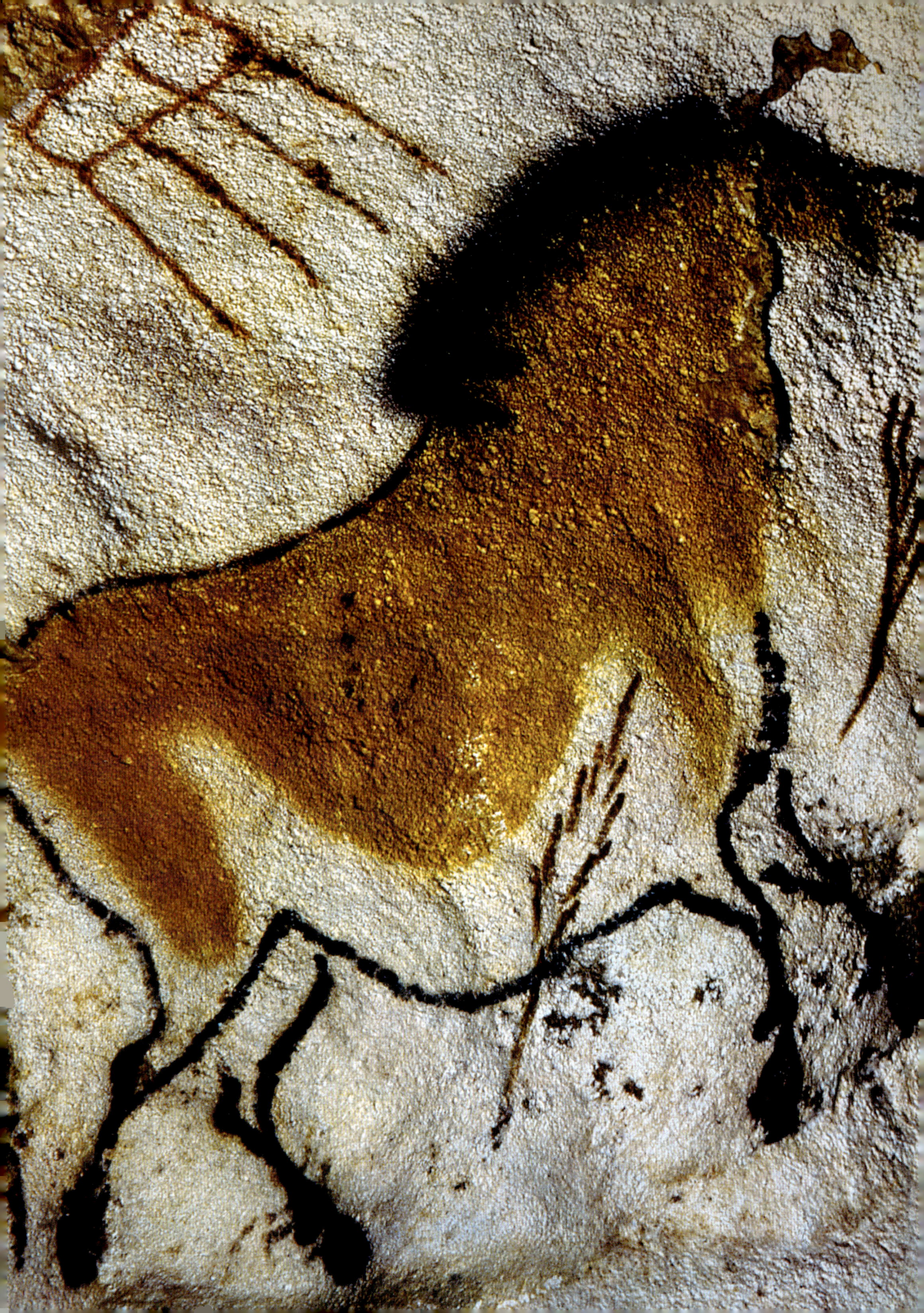

Wildkatzen als Raubtiere, sollten so ausgeschaltet werden. Ein weiteres wichtiges Element dieses auch Sympathiezauber genannten Aktes ist die Darstellung von trächtigen Tieren oder Tieren beider Geschlechter vor der Paarung. Dies sollte der Aufrechterhaltung der Arten dienen und für weiterhin zahlreiches Jagdwild sorgen.

Der wichtigste Einwand gegen die Jagdmagie als Erklärung für die Bilderwelt von Lascaux ist wahrscheinlich der, dass die dargestellten Tiere nicht den bevorzugt verzehrten Tierarten entsprechen: Das Rentier war – wie in Bezug auf die Tierwelt schon einmal kurz erwähnt – das wichtigste Jagdtier, es findet sich in Lascaux jedoch nur eine einzige Darstellung eines Rens. Die wenigen mit Pfeilen oder Verletzungen abgebildeten Tiere hinterließen also einen so starken Eindruck auf die Forscher, dass sie, obwohl in der Minderheit, zur Untermauerung der Theorie der Jagdmagie herhalten mussten. Wenn es aber nicht um Jagdmagie ging, warum wurden überhaupt Tiere mit Waffen oder Wunden dargestellt?

Ein weiterer mit der Jagdmagie verbundener Aspekt ist der des Schutzzaubers. Bevor auf diesen näher eingegangen wird, sollen zunächst ein paar Zahlen genannt werden: In der Apsis finden sich mindestens sieben Pferde und zwei Hirsche mit Pfeil-Symbolen. Im axialen Seitengang sind es zwei Pferde, in der Passage fünf, im Schiff weitere vier, und sogar im Seitengang der Raubkatzen findet sich ein Pferd mit einer solchen Jagdsymbolik. Das scheint zunächst recht viel zu sein, aber gemessen an der großen Anzahl von dargestellten Pferden in Lascaux sind es weniger als sechs Prozent. An Hirschen sind fast 14 Prozent mit pfeilartigen Symbolen versehen, bei den Auerochsen sind es knapp sechs Prozent und bei den Bisons 35 Prozent. Bei den Raubkatzen weisen rund 60 Prozent diese Symbole auf.

Dieses „chinesische" Pferd im axialen Seitengang ist von Symbolen umgeben, die an Speere und Fallen erinnern. Als Erklärung für solche Darstellungen diente oftmals die Jagdmagie.

Wissenschaftler schlussfolgerten aus diesen Zahlen, dass diesen Darstellungen eine Art Schutzfunktion zugeschrieben worden war, da vor allem die gefährlichen Tiere, also Bisons und Raubkatzen, mit pfeilartigen Symbolen abgebildet sind und so außer Gefecht gesetzt werden sollten. Allerdings war der Auerochse nicht weniger gefährlich als der Bison, die Theorie hat hier also eine Schwachstelle. Man versuchte, dies dadurch zu erklären, dass für den Menschen gefährliche Begegnungen mit Auerochsen sehr viel seltener stattgefunden hätten als mit Bisons. Hier stellt sich nun die Frage, ob sich Begegnungen mit Raubkatzen so viel häufiger ereignet hatten, dass das die Vielzahl der Darstellungen rechtfertigt. Dies ist jedoch zu bezweifeln, da Raubkatzen nicht gejagt, also auch nicht aktiv aufgesucht wurden. Außerdem sind sie von Natur aus eher scheue Kreaturen, es sei denn sie befinden sich selbst auf der Jagd. Und es muss doch stark bezweifelt werden, dass relativ wehrhafte Menschen zum bevorzugten Beuteschema der jungpaläolithischen Raubkatzen gehörten. Diese interessante Theorie ist also stark an die Jagdmagie angelehnt und in sich nicht völlig stimmig.

Beim Totemismus stehen die Menschen einer Gruppe in einer engen Beziehung zu ihrem Totem, also einem bestimmten Tier, einer Pflanze oder auch einem Gegenstand. Dabei werden dem Totem menschliche Bedürfnisse oder Verhaltensweisen beigemessen, die wiederum von dem in der jeweiligen Gruppe vorherrschenden Verhaltenskanon abhängen. Die Zeichnungen als Ausdruck eines mit einem bestimmten Tier verbundenen Klans zu sehen, so vielleicht des Stamms der Auerochsen oder der Pferde, ist eine verführerische Idee. Beide Tierarten sind in Lascaux vertreten, und die Argumentation lautet, dass zwei unterschiedliche Totemtiere, die auf den Wänden der Höhle um die Vorherrschaft kämpfen, zwei zugehörige Klane repräsentieren, die sich im Einzugsgebiet der Höhle feindlich gegenüberstanden. Die Totemtheorie beruht vor allem auf ethnografischen Parallelen zu den nordamerikanischen Ureinwohnern, also auf einer Gesellschaftsorganisation, die sich für die Cro-Magnon-Menschen des Jungpaläolithikums nicht nachweisen lässt.

In Lascaux werden der Totemtheorie zufolge ausschließlich Tiere dargestellt, die als mögliche Totems infrage kommen. Pflanzentotems oder gegenständliche Totems sind überhaupt nicht abgebildet, weder in Lascaux noch in anderen jungpaläolithischen Höhlen. Auch ist die Zahl der dargestellten Tierarten in Lascaux wie auch in anderen Höhlen des franko-kantabrischen Raumes nicht groß genug, als dass jede existierende Gruppe ihr eigenes Totem hätte beanspruchen können. Man müsste in diesem Fall davon ausgehen, dass selbst auf geografisch begrenztem Raum unterschiedliche Gruppen ein gemeinsames Totemtier besaßen, was im Totemismus eher ungewöhnlich wäre.

Eng verbunden mit der Idee der Magie und des Totemismus ist die des Schamanismus. Nachdem André Glory eine ethnografische Abhandlung über Schamanen in Sibirien gelesen hatte, wandte er sich von der Theorie der Jagdmagie ab und wurde zum überzeugten Vertreter der Theorie des Schamanismus. Diese fußt vor allem auf der Darstellung des Mannes im Brunnen, der als Schamane gedeutet wird, aber auch auf der „Figur" des „kleinen Zauberers" in der Apsis, eine vage menschenähnliche Einritzung aus eng beieinanderliegenden, recht wirren Linien, deren Bedeutung unbekannt ist.

Der Schamane ist imstande, sich durch die Technik der Ekstase in Trance zu begeben und in diesem Zustand Zugang zu einer spirituellen Welt zu finden. Dort sucht er seinen Mitmenschen aus der realen Welt auf verschiedene Weise zu nutzen,

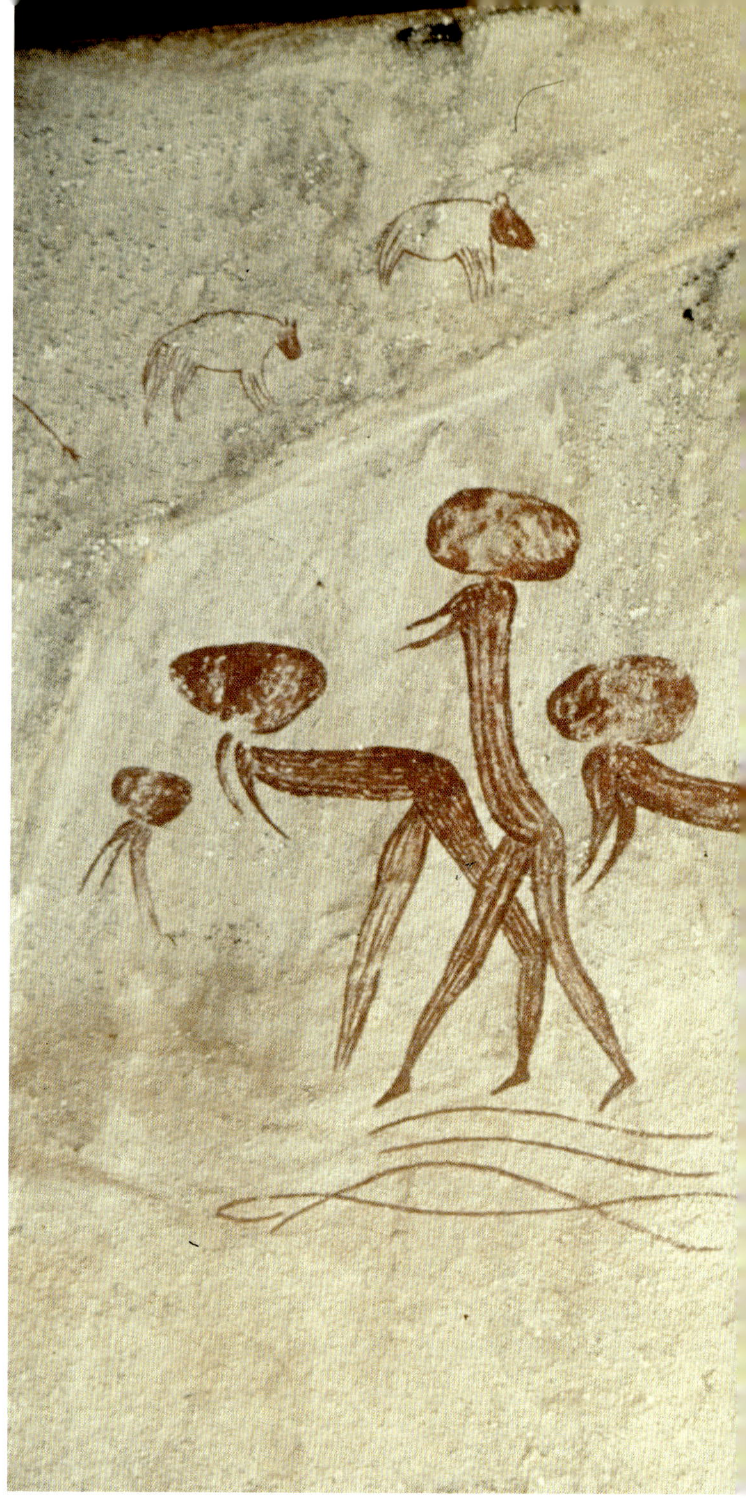

meist indem er das Wohlwollen der Geisterwesen erwirbt. Schamanen wird außerdem zugeschrieben, dass sie heilende Kräfte besitzen, die Wanderbewegungen und Lebenszyklen der Tiere kontrollieren und das Wetter beeinflussen können. Der Schamane fungiert schließlich als Zeremonienmeister bei magischen Ritualen. Die Höhlenma-

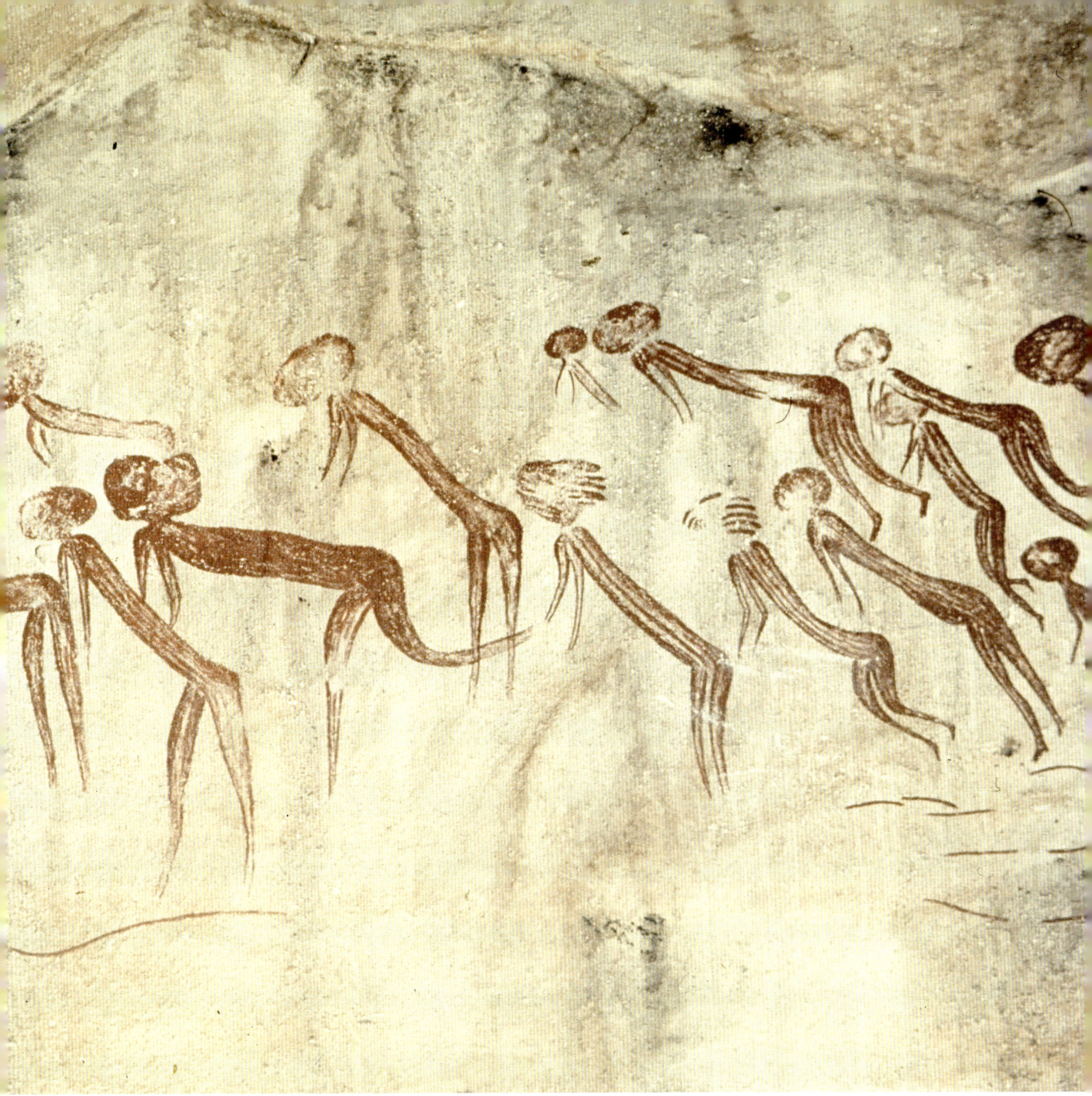

Diese altsteinzeitliche Felszeichnung wurde in Tansania gefunden. Deutungen zufolge bildet sie ein schamanisches Tanzritual ab.

lereien befinden sich tief im Inneren der Erde und damit am Übergang zwischen zwei Welten, der realen Welt des Menschen und der traumähnlichen, spirituellen Welt des Geheiligten, so argumentieren viele Wissenschaftler. Der Schamanismus als Interpretationsmodell für die Höhlenbilder ist bei Weitem nicht völlig verschwunden, denn ethnografische Parallelen weisen darauf hin, dass der Schamanismus, wie auch der Totemismus, bei einigen Völkern noch immer praktiziert wird.

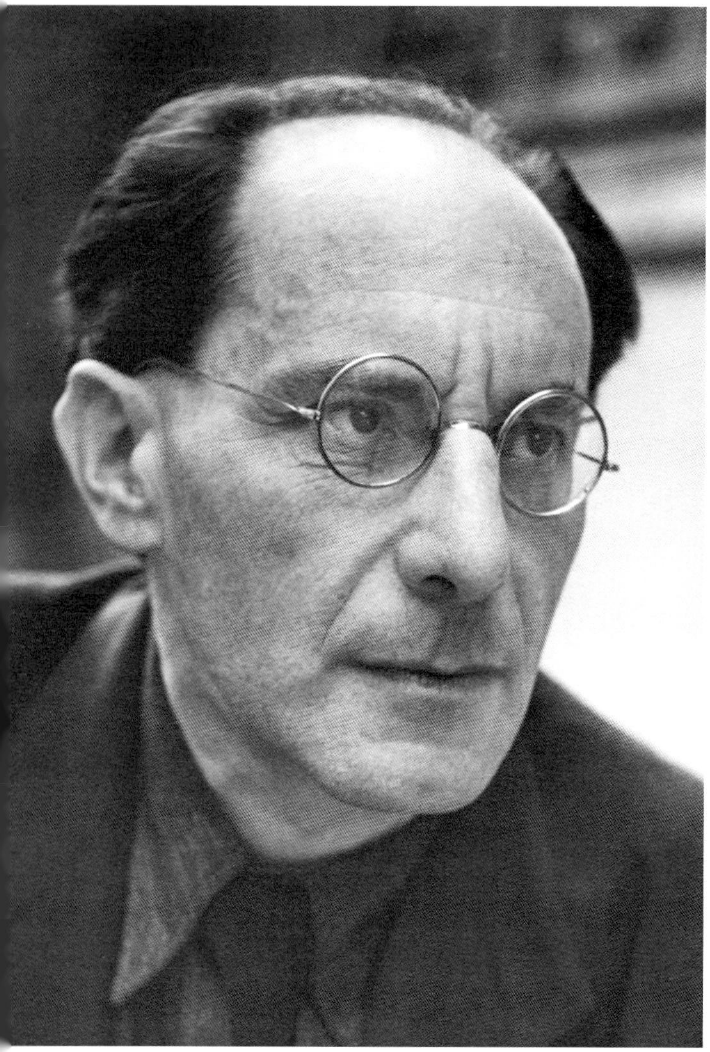

Max Raphael (1889–1952) im Jahr 1943

Es gab bis vor Kurzem einen sehr populären, neurowissenschaftlichen Ansatz, die mysteriösen symbolischen Zeichen auf den Felswänden durch Wahrnehmungen während eines Trancezustandes, wie ein Schamane sie während der Ausübung seiner Zeremonien erlebt, zu erklären. Trancezustände werden nach dieser Theorie durch eine sogenannte sensorische Deprivation hervorgerufen. Im Grunde genommen bedeutet dies, dass die Sinne aussetzen: Man verliert den Hörsinn, den Sehsinn und schließlich das Bewusstsein. Während des beginnenden Trancezustandes soll die Wahrnehmung eine feste dreistufige Reihenfolge durchlaufen, die von der Struktur des menschlichen Gehirns abhängig ist. Daher ist der Theorie zufolge diese Wahrnehmung auch, anders als Träume, unbeeinflusst von der kulturellen Prägung dessen, der sie erlebt. Die visuellen Wahrnehmungen oder auch Halluzinationen der ersten Etappe während des beginnenden Trancezustandes sind sogenannte entoptische, also im Inneren des Auges gelegene, Wahrnehmungen: Man sieht Punkte, Striche, Zickzacklinien, unterteilte quadratische Felder usw. – Symbole, die sich auch auf den Wänden von Lascaux und in den übrigen jungpaläolithischen Höhlen wiederfinden. In der zweiten Etappe finden deutende Interpretationen dieser entoptischen Symbole statt, während in der dritten Etappe entoptische und repräsentierende Abbildungen, also Abbildungen realer Dinge, in der Halluzination kombiniert werden. Das Ergebnis eines solchen Prozesses könnte beispielsweise das „Einhorn“ aus dem Saal der Stiere sein, da es Merkmale verschiedener Tierarten sowie entoptische Züge aufweist.

Die Höhlenmalerei in Lascaux bildet alle drei Etappen ab, aber eben auch nichtentoptische Symbole, die sich nicht durch eine dieser drei Etappen des Trancezustandes erklären lassen. Der Saal der Stiere war mit neun Metern Breite und Bildern in bis zu vier Metern Höhe auf jeden Fall groß genug für die Ausübung von schamanistischen Zeremonien unter Mitwirkung einer großen Gruppe von Zuschauern oder Tänzern. Auch die akustischen Verhältnisse trugen dazu bei, Trancezustände zu intensivieren, indem sie beispielsweise das monotone Trommeln der Menschen verstärkten.

Am Ende des axialen Seitengangs wurden in einer Nische in der Wand bei dem stürzenden Pferd mit Pigmenten eingefärbte Steinwerkzeuge gefunden, die auf eine Trancezeremonie hinweisen. Auch der Brauch, besondere Objekte zum Ort einer Zeremonie zu bringen und dort zurückzulassen, findet seine Entsprechung in den schamanistischen Traditionen, die von ethnografischen Berichten her bekannt sind. Nach der schamanistischen Theorie wiederholt ein Durchdringen der Höhle, angefangen am Eingangsbereich bis hin zu den Tiefen und Untiefen wie dem Ende des Seitengangs der Raubkatzen oder dem Brunnen, die Reise des Bewusstseins während des Trancezustandes – von einem wachen Zustand in eine tiefe Trance. Wissenschaftler argumentieren, dass auch das Bildprogramm der Höhle sich dementsprechend verhält, die Bilder also immer tranceartiger anmuten, je weiter man in die Tiefen der Höhle vordringt, was besonders deutlich an dem rätselhaftesten Bild wird: die Szene mit Vogelmensch und Steppenbison am Ende des Brunnens.

Während einige Wissenschaftler zwar die Theorie der Jagdmagie nicht weiter verfolgen, sind sie dennoch starke Verfechter der Theorie des Schamanismus und der dazugehörigen Erklärungen, denen zufolge die Höhlenbilder aus Trancezuständen stammen. Andere Forscher sind dagegen der Meinung, dass diese äußerst beliebten Trancetheorien unglücklicherweise nicht mehr aufrechterhalten werden können. Neuere Untersuchungen in der Neuropsychologie haben ergeben, dass die drei Etappen des Trancezustandes, auf denen die Theorien beruhen, eigentlich nur unter dem Einfluss von LSD hervorgerufen werden können. Es ist schwer vorstellbar, dass die jungpaläolithischen Cro-Magnons über solch ein synthetisches Halluzinogen verfügten.

Strukturalismus, Dualismus und sexuelle Symbolik

Bis hierher wurden die Malereien in Lascaux wie auch in anderen Bilderhöhlen lediglich als Anhäufung von Einzeldarstellungen angesehen. Henri Breuil und André Glory, die ersten Forscher, die sich auf wissenschaftlicher Ebene mit der Bilderwelt von Lascaux auseinandersetzten, waren ebenfalls dieser Meinung. Der erste Wissenschaftler, der die Bilder als bewusst gewählte Kompositionen betrachtete und die einzelnen Tierdarstellungen in Beziehung zueinander setzte, war der deutsche Kunsthistoriker und Philosoph Max Raphael. Raphael, der dem Marxismus zugetan war, verließ Deutschland Anfang der 1930er-Jahre und ging nach Frankreich, wo er sich für paläolithische Kunst zu interessieren begann. Kurz vor Ausbruch des Zweiten Weltkrieges besuchte er die Bilderhöhlen der Dordogne und veröffentlichte seine Erkenntnisse im Jahr 1945 im amerikanischen Exil unter dem Titel „Prehistoric Cave Paintings".

Annette Laming-Emperaires Forschung beruhte zum großen Teil auf den Erkenntnissen Raphaels, wie der Beobachtung, dass Tiere oft in bestimmten Gruppen oder Paarungen auftreten. Auch sie betrachtete die Bilder demnach nicht als zufällig nebeneinanderstehende Einzelwerke, sondern als geplante Kompositionen. Laming-Emperaire vermutete, dass sich hinter dem Aufeinandertreffen von Tierarten, etwa von Rindern und Pferden, eine Bedeutung jenseits der Jagdmagie versteckte. Die Paarungen genau zu entschlüsseln, erforderte aber eine neue, sehr viel strukturiertere Methode der archäologischen Bestandsaufnahme von Höhlenmalereien. Daher forderte Laming-Emperaire, dass für jede Höhle mit Parietalkunst Karten angefertigt werden, auf der die exakten Positionen der Bildkompositionen inklusive Form und Inhalt sowie die dazugehörigen archäologischen Funde verzeichnet sein sollten.

Auf Laming-Emperaires Methodik wiederum fußte die berühmte strukturalistische Arbeit von André Leroi-Gourhan. In den 1960er- und 1970er-Jahren stellten Laming-Emperaire und Leroi-Gourhan gemeinsam die Theorie auf, nach der jedes Tier und jedes Symbol entweder dem männlichen oder dem weiblichen Prinzip zuzuordnen ist. Diese Theorie sollte auf alle Bilderhöhlen des franko-kantabrischen Raumes anwendbar sein, und Lascaux spielte bei der Weiterentwicklung dieser Hypothese eine zentrale Rolle.

André Leroi-Gourhan beschäftigte sich mit der kommunikativen Funktion der prähistorischen Bilder. Ähnlich der von dem Sprachwissenschaftler Ferdinand de Saussure vorgenommenen Unterscheidung zwischen „langue" und „parole" (Sprache und Sprechakt), musste es Leroi-Gourhan zufolge auch bei der jungpaläolithischen Höhlenmalerei eine zugrunde liegende Struktur oder Grammatik (Sprache) geben, die sich in der einzelnen Bildkomposition (Sprechakt) ausdrückt. Beeinflusst durch seine Bekanntschaft mit dem Ethnografen Lévi-Strauss, der das Denken in Gegensatzpaaren als Fundament menschlicher Mythen und Sprachen identifiziert hatte, entwickelte Leroi-Gourhan während der 1960er- und 1970er-Jahre schließlich auch für die Interpretation der jungpaläolithischen Bilderhöhlen eine Theorie der Gegensätze: Die paarige Darstellung der immer gleichen Tierarten repräsentierte Gegensätze wie Licht/Dunkel oder männlich/weiblich. Auf solchen Gegensätzen beruhte laut Leroi-Gourhan eine Mythologie oder Religion der Jungpaläolithiker, die sich in eben diesen Höhlenmalereien niederschlug, wobei die Höhle selbst ein wichtiger Teil der Komposition war.

Leroi-Gourhan entwarf ein „Mythogramm" – eine Art Schablone, mit deren Hilfe sich die Zusammensetzung aller Bilderhöhlen im gesamten Jungpaläolithikum erklären lassen sollte. Diesem Mythogramm zufolge ist der zentrale Gegensatz der zwischen dem Männlichen und dem Weiblichen: Betrachtet man die Bilder als Gesamtkomposition, dann bildet ein großer Teil der zentralen Wandfläche dieses Gegensatzpaar ab, ein peripherer Bereich darum herum ist dem Männlichen gewidmet, wie auch der Eingangsbereich. Die tiefen Höhlenabschnitte sind einer dritten Kategorie jenseits des Männlich/Weiblich-Musters, und zwar den gefährlichen Tieren, vorbehalten. Die Höhle selbst repräsentiert das Weibliche.

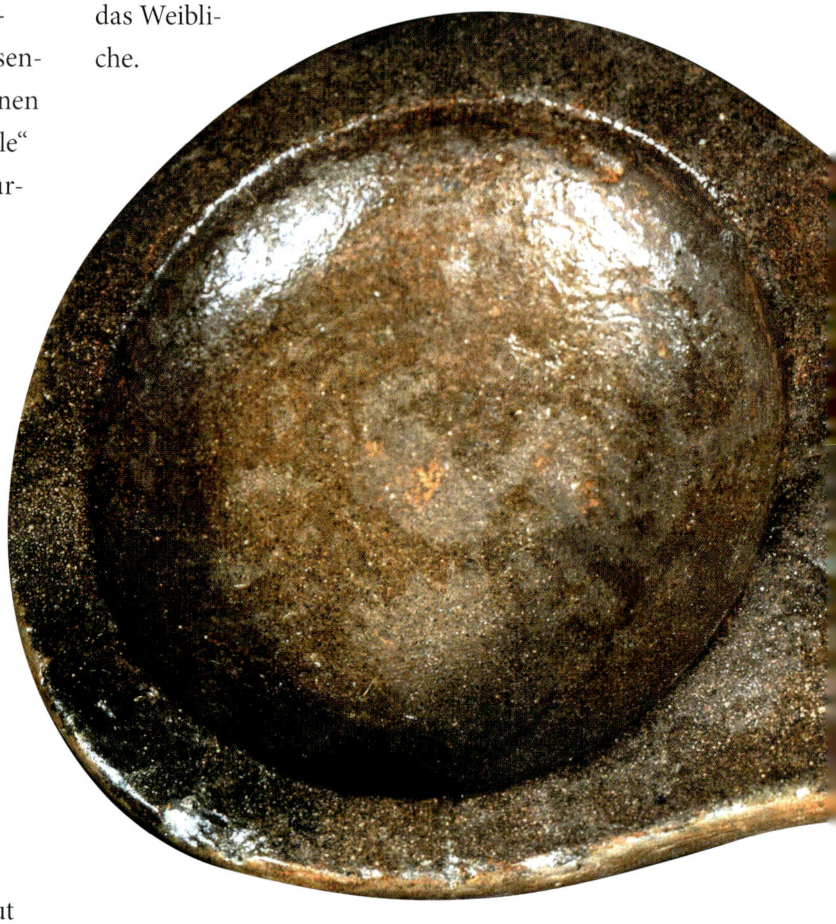

Die im Brunnen von Lascaux gefundene Sandsteinlampe

In seinem Werk über die Religionen der Vorgeschichte (Les religions de la préhistoire, 1964) geht Leroi-Gourhan den archäologischen Spuren nach, die auf eventuell vorhandene Religionen schließen lassen. Diese Spuren können Knochenansammlungen oder dekorierte Knochen sein, Gräber, besondere Gegenstände einschließlich Kleinkunst oder eben Felskunst. In diesem Werk formulierte er zudem seine chronologische Stilabfolge und meinte außerdem feststellen zu können, dass mit fortschreitendem Stil – und damit mit fortschreitender Zeit – beginnend mit den Eingangsbereichen immer tiefere Höhlenbereiche künstlerisch erobert wurden, wie an anderer Stelle schon einmal erwähnt wird.

Aufbauend auf Laming-Emperaires Methodik stellte Leroi-Gourhan ebenso fest, dass die hauptsächlich dargestellten Tierarten Pferd und Bison sind, nebst einer Vielfalt an symbolischen Zeichen. Er nannte die Kombination dieser beiden Tierarten „Bison-Pferd-Zeichen“ und wertete es als ein mythologisches Hauptthema im künstlerischen Leben der Jungpaläolithiker. Dadurch wird deutlich, dass Leroi-Gourhan die gesamte Bilderwelt der Höhle dem mythologisch-spirituellen Lebensbereich der Cro-Magnons zuordnete und die Darstellungen eben nicht als Abbildungen des täglichen Lebens betrachtete. Für Leroi-Gourhan handelte es sich um religiöse Kunst. Viele der symbolischen Zeichen teilte er zudem in die Kategorien „vulvaähnlich“ oder „phallisch“ ein, wobei er einräumte, dass die „Anatomie“ der Zeichen zuweilen etwas unscharf sei. Er schlussfolgerte jedoch, dass die Bilder und Zeichen füreinander einstehen können, also sozusagen austauschbar sind. Wie auch die Bilder symbolisieren die Zeichen einen sexuellen Dualismus.

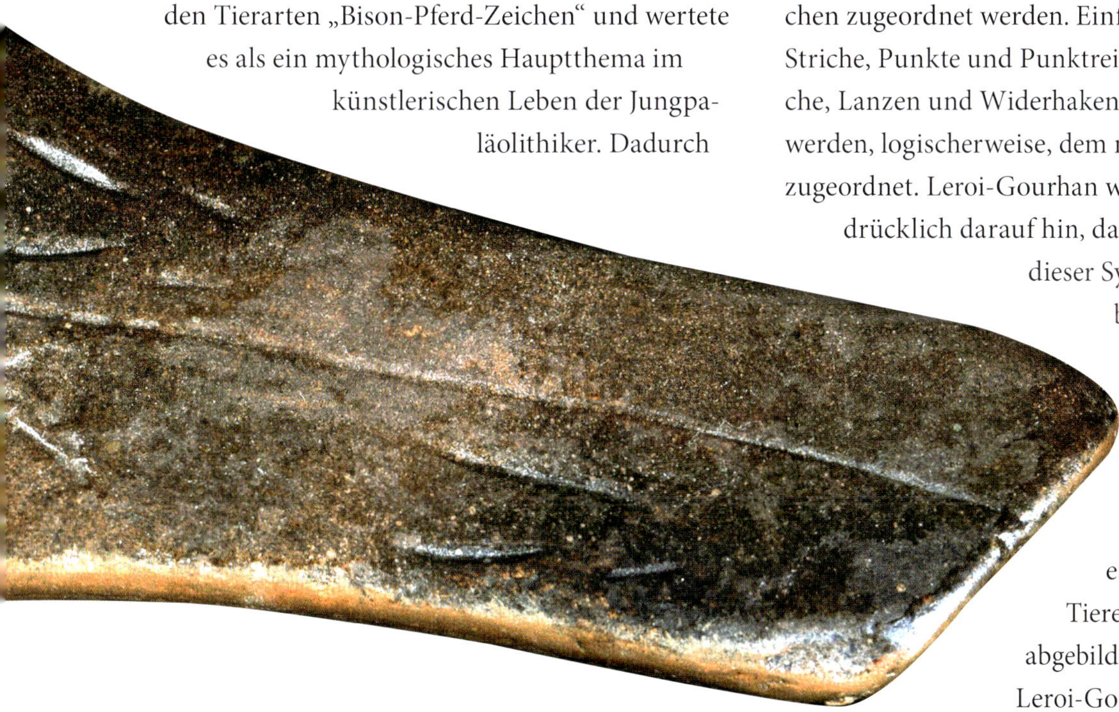

Die testbildartigen, verschiedenfarbigen Quadrate in Lascaux entsprechen nach Leroi-Gourhan weiblichen Zeichen. Auch die ineinandergreifenden Markierungen – ähnlich dem Größer-als-Zeichen aus der Mathematik („>“) –, die z. B. auf der Sandsteinlampe aus dem Brunnen zu sehen sind, seien dem weiblichen Bereich zuzuordnen. Noch weniger eindeutig erscheint die Logik bei pfeilförmigen Zeichen, die ebenfalls dem Weiblichen zugeordnet werden. Einfache und gefiederte Striche, Punkte und Punktreihen, parallele Striche, Lanzen und Widerhaken ähnliche Gebilde werden, logischerweise, dem männlichen Bereich zugeordnet. Leroi-Gourhan wies jedoch nachdrücklich darauf hin, dass die Interpretation dieser Symbole als Fruchtbarkeitsmagie zu banal wäre, denn sowohl Zeichen als auch Tiere würden zwar in Paaren auftreten, es wären aber keine Tiere bei der Paarung abgebildet.

Leroi-Gourhan schien davon auszugehen, dass die am häufigsten dargestellten Tierarten für die damaligen Menschen auch die wichtigsten waren, nicht in Hinblick auf die Jagd, sondern im übertragenen, spirituellen Sinne. Er nahm eine auf ihrem zahlenmäßigen Vorkommen basierende Klassifikation der Tiere vor: Gruppe A: Pferd; Gruppe B: Bison und Auerochse; Gruppe C: Hirsch, Mammut, Steinbock und Rentier; Gruppe D: Bär, Wildkatze und Nashorn. Weiterhin unterschied er innerhalb der Höhle zwischen verschiedenen Bereichen, die teilweise noch untergliedert wurden: Die großen Wandflächen bestehen demnach aus Zentralbereich und Umfeld, Positionen innerhalb der Kammern gliedern sich nach Eingang, Inneres oder Kavernen (Nischen). Daneben gibt es noch die Bereiche, die die einzelnen Kammern voneinander trennen: Sie werden unterteilt in Beginn der Dekoration, Verengungen und Biegungen sowie Ende der Dekoration.

Damit folgte Leroi-Gourhan im Wesentlichen Laming-Emperaires Forderung nach der genauen Verortung der Bilder sowie einer Verknüpfung von Ort und Bildinhalt: Was genau wird wo dargestellt? So zog er den Schluss, dass die Bisons und die Auerochsen die zentralen Rollen einnehmen und dass die Pferde den Rindern eng verbunden sind. Weiblich interpretierte Zeichen gesellen sich zu Pferd und Bison und sind auch in Nischen oft zu finden. Steinböcke und Hirsche dominieren wiederum das Umfeld. Gefährliche Tiere – und der allgemeinen Theorie nach auch Menschen – sind nur in den abgelegensten, innersten Winkeln der Höhle anzutreffen. Dieses Schema scheint durchaus auf Lascaux zuzutreffen, wo die Stiere die zentrale Position der großen Wandflächen einnehmen, die Raubkatzen abgelegen im hintersten Winkel der Höhle anzutreffen sind und Nashorn und Mann in einen Schacht verbannt wurden. Ausnahmen bilden die wenigen verwundeten Tiere, wie beispielsweise im Schiff das Pferd mit den sieben Pfeilen, die mit verschiedenen männlichen Zeichen gepaart sind, womit er wieder bei der Darstellung einer dualistischen Sexualsymbolik angekommen ist. Leroi-Gourhan schreibt Wunden darüber hinaus generell dem Weiblichen zu. Männliche Zeichen finden sich oft an Kammereingängen und Verengungen, wo sie die Höhle selbst, die als Ganzes für das Weibliche steht, zu vervollständigen scheinen.

Die paarigen Kombinationen beziehen sich auf Zeichen – männliches Zeichen plus weibliches Zeichen oder Wunde –, aber auch auf Tiere: Ein Rind (B) ist fast immer mit einem Pferd (A) kombiniert bzw. stehen Paare oder mehrere Tiere einer Gruppe Paaren oder mehreren Tieren der anderen Gruppe gegenüber, wie am Beispiel des Saals der Stiere zu sehen ist. Dort sind mehrere Kühe von Pferden umgeben, während sich ein einzelnes Pferd einer Reihe von Stieren gegenüberstehen sieht. Am Ausgang findet sich eine Kombination aus Kuh, kleinem Pferd und weiblichem Zeichen und auf der Gegenseite der Wand eine Kombination aus großem Stier, Pferd und männlichem Zeichen. Die Grundidee einer Kombination aus Pferd und Rind sowie aus männlichen und weiblichen Zeichen wiederholt sich in Lascaux in fast jedem Höhlenabschnitt, wobei die Anwesenheit der Tiergruppen C und D variiert oder je nach Raum sogar dominiert, wie beispielsweise die Raubkatzen im Seitengang der Raubkatzen. Verbunden werden diese wiederum mit Tieren der Gruppe C – in Lascaux meist Hirsche oder Steinböcke – an den Ein- und Ausgängen der einzelnen Kammern.

Obwohl die strukturierte und schematische Herangehensweise, die dieser Ansatz verlangt, einen Fortschritt für die Erforschung der Höhlenkunst darstellte, hat sich jedoch die Reduzierung auf das Männlich/Weiblich-Schema und die damit verbundene Sexualsymbolik als hinderlich herausgestellt. Das Schema ist zu einengend, die Sexualsymbolik ein sehr spezifischer Interpretationsansatz, der sich nur auf einen Aspekt der menschlichen Erfahrung bezieht. Die Zuweisung der Zeichen erscheint willkürlich und ergibt nicht für jeden Betrachter Sinn. Die Theorie erhob außerdem den Anspruch, auf alle Bilderhöhlen anwendbar zu sein. Leroi-Gourhan behaupte sogar, dass er nach nur einem kurzen Einblick in eine ihm unbekannte Höhle voraussagen könne, wie der Rest der Bilder angelegt sei – was sich als falsch herausstellte. Annette Laming-Emperaire

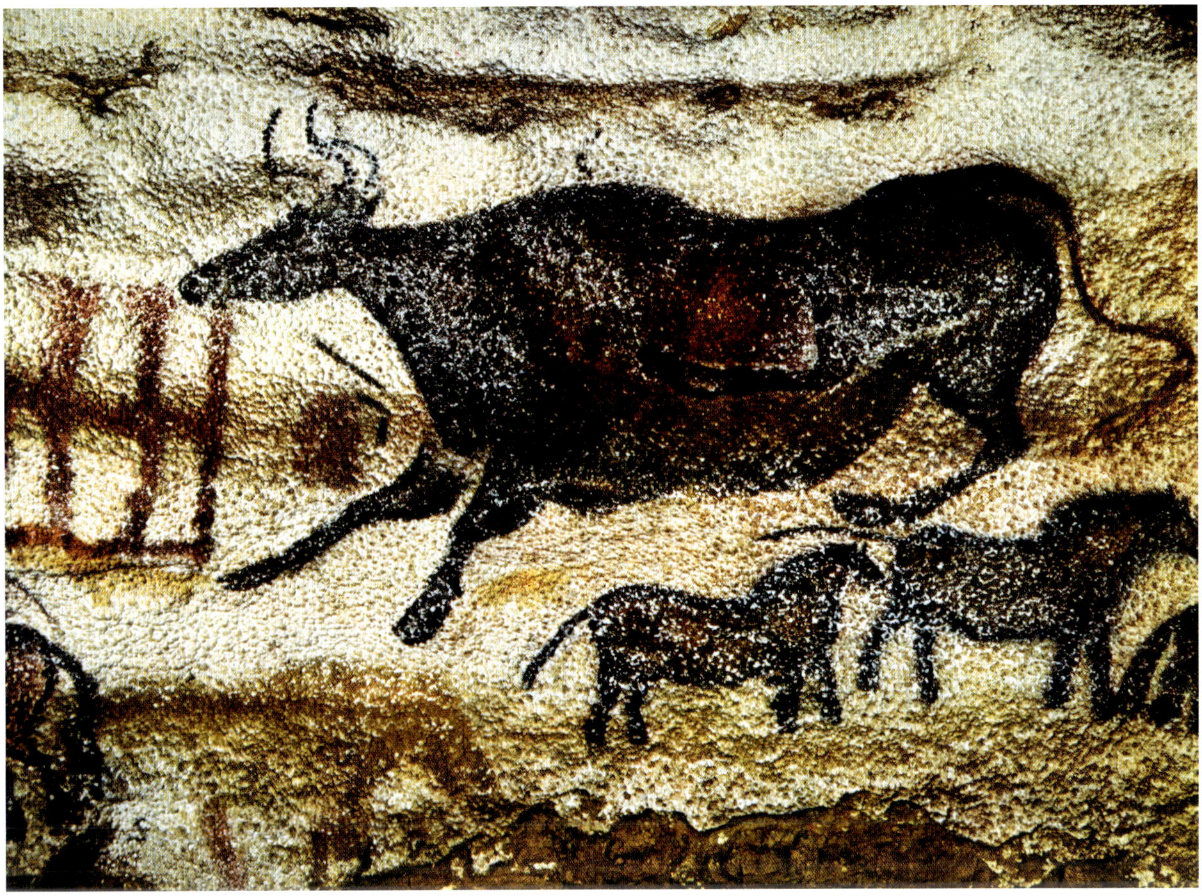

Rinder und Pferde begegnen sich häufig in Lascaux, so auch hier, auf der rechten Wand im axialen Seitengang.

wandte sich später entschieden gegen diesen Ansatz, den sie selbst mit erschaffen hatte, und auch André Leroi-Gourhan nahm in seinen späteren Schriften Abstand davon.

Eine weitere großer Schwachstelle dieses Ansatzes wird jedoch oftmals vergessen. Die Höhle von Lascaux wird hiernach zum religiösen Heiligtum, dessen Anlage in gewisser Weise geplant wurde und in relativ kurzer Zeit vonstattenging und dessen Bilder einem feststehenden Bildprogramm unterlagen. Es gilt nun aber als gesichert, dass die Cro-Magnons der Dordogne über Jahrtausende hinweg die Höhle wieder und wieder aufsuchten, den Bildern etwas hinzufügten, sie veränderten – eben Gebrauch von diesem Ort machten. Ansätze hinsichtlich der Relevanz des künstlerischen Aktes und einer Kommunikation durch Bilder haben aber durchaus Eingang in spätere Theorien gefunden und sie maßgeblich beeinflusst.

Besonders eine werkimmanente Analyse wurde zum festen Bestandteil der Forschungsmethodik. Dabei kommt es darauf an, zunächst von den Werken selbst auszugehen und alle Informationen zu sammeln, die die Höhlenbilder selbst geben können. Dazu gehören, wie schon von Annette Laming-Emperaire gefordert, die Frage nach Inhalt, Form und Örtlichkeit der Bilder sowie nach der Wandoberfläche, aber auch naturwissenschaftliche Analysen und statistische Auswertungen. Im weiteren Sinne wird das kulturelle Umfeld der Bilder miteinbezogen, also die archäologischen Hinterlassenschaften, das natürliche Umfeld, die geografische Lage der Höhle und die Form der Höhle selbst. Auch lehnte man nicht

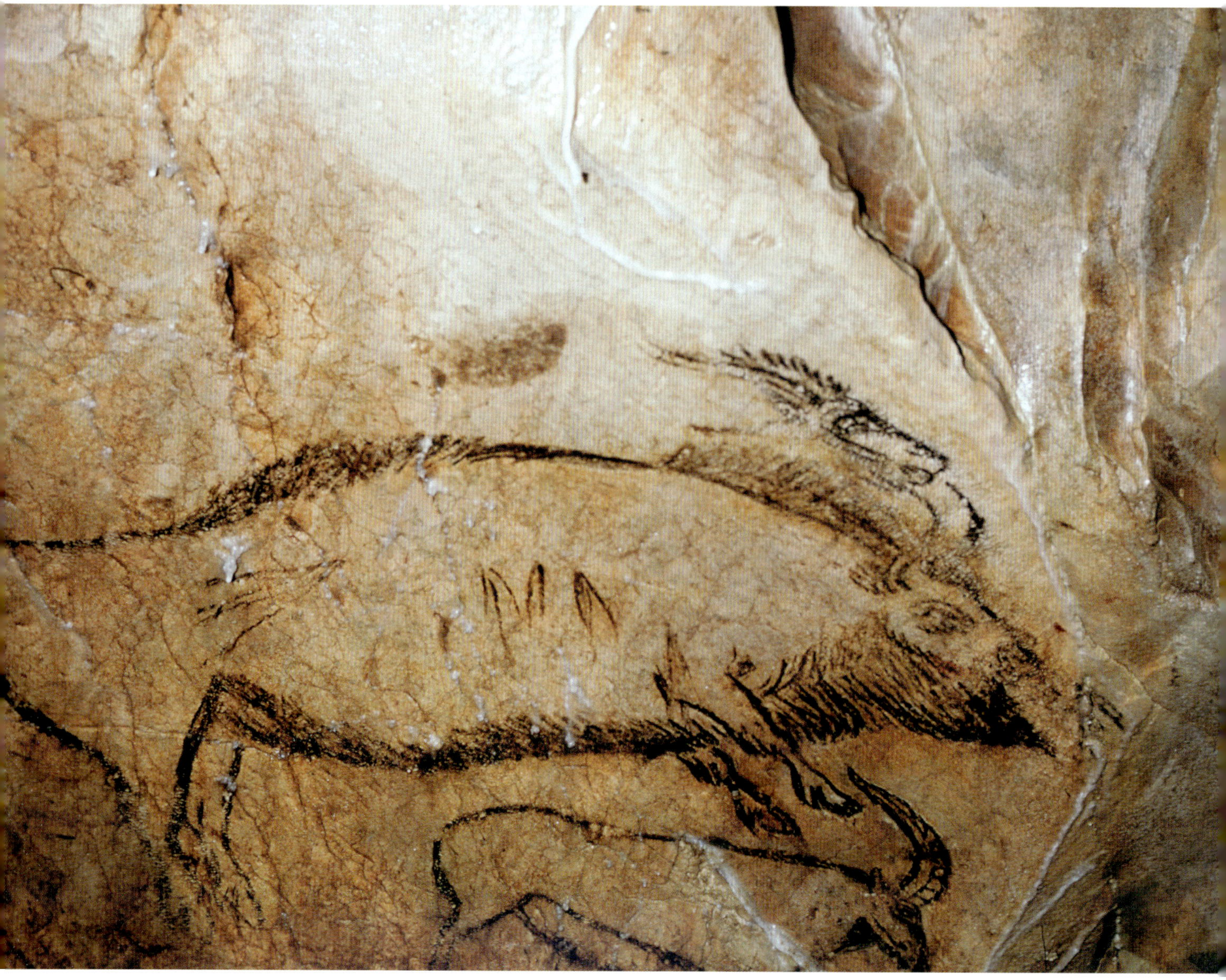

Felszeichnung eines Bisons und eines Steinbocks in der Höhle von Niaux. Welche Tiere besonders häufig in den Bilderhöhlen dargestellt wurden, hing von der jeweiligen Gemeinschaft ab.

mehr so rigoros ethnografische Vergleiche ab, wie es Laming-Emperaire und Leroi-Gourhan getan hatten. Man erkannte, dass es wohl nie eine absolute Theorie zur Höhlenmalerei geben würde.

Daraus ergeben sich verschiedene Ansätze, die sich jeweils auf einen bestimmten Aspekt konzentrieren. Einerseits sind die Interpretationen sehr viel ortsgebundener geworden: Sie beschäftigen sich mit der konkreten Lage der Höhle in Relation zu Landschaft, Lichteinfall und Ähnlichem. Andererseits haben sich Analysen und Interpretationen sehr viel mehr auf einzelne, konkrete Fragen, z. B. zur Farbzusammensetzung und Chronologie der Ausführungen, sowie auf die Dokumentation der archäologischen Befundsituation und des Bildinventars konzentriert. Schließlich werden die Höhlenbilder als Teil einer komplexen, kulturellen Lebensweise betrachtet. Wie auch alle anderen

Überreste prähistorischer Kulturen, die von den Archäologen freigelegt werden, wird nun auch die Wandkunst als eines unter vielen Puzzleteilen verstanden, mit deren Hilfe sich verschiedene Aspekte des täglichen Lebens prähistorischer Menschen rekonstruieren lassen. Einige der Analysen und Interpretationen der letzten Jahrzehnte sollen im Folgenden vorgestellt werden.

Kunst als Identitätsstifter

In jedem Fall ist die paläolithische Wandkunst an einen sozialen oder kulturellen Raum gebunden: Im franko-kantabrischen Raum gibt es beispielsweise etwa 150 Höhlen mit Felsmalereien – und obwohl auch in anderen Teilen Europas geeignete Höhlen existieren, sind Höhlenmalereien andernorts äußerst selten, wenn nicht sogar völlig unbekannt. Sie waren dort einfach nicht Teil der jeweiligen Kultur.

Schon André Leroi-Gourhan stellte fest, dass es einen örtlich begrenzten Stil der Darstellungen gab, der über bemerkenswert lange Zeiträume erhalten blieb – er ging jedoch noch von mehreren Jahrhunderten, nicht von mehreren Jahrtausenden aus – und sich von den Nachbargebieten deutlich unterschied. So besaßen auch die Höhlen der Dordogne und damit Lascaux ihren eigenen Lokalstil. Auch der Inhalt oder die Thematik der Höhlenbilder ist unterschiedlich. In Lascaux dominieren Pferde zahlenmäßig die Höhlenwände – zum Vergleich: In Chauvet sind es Nashörner, in Niaux Bisons usw. Außerdem ist die Kombination von Pferden und Rindern nur charakteristisch für Lascaux. Wenn es Kontakte zwischen den in verschiedenen geografischen Zonen ansässigen Gruppen gab, so hatten sie keinen augenscheinlichen Einfluss auf den Stil der Wandkunst.

So sehen viele Wissenschaftler in der Höhlenkunst ein Mittel der Identitätsstiftung. Das Dargestellte oder die Art der Darstellung dient der Erschaffung und Erhaltung der Identität als Individuum bzw. als Gruppe. Dabei geht es darum, dass die Identität durch eine bestimmte Art und Weise des Tuns ausgedrückt wird: „Wir machen das so“ im Gegensatz zu „Die machen das anders“. Das Zugehörigkeitsgefühl zu einer Gruppe kann sich in der Verwendung derselben Pigmentzusammenstellungen oder Farbrezepte ausdrücken, in der Verwendung bestimmter Pinseltypen oder in der Darstellung bestimmter Tierarten. Dabei ist nicht immer klar, ob die Identität, die zum Ausdruck kommt, jenes „wir“, selbstbestimmt und bewusst gewählt oder aber fremdbestimmt und eher ein Zufallsprodukt der Umstände ist, das heute von den Archäologen genutzt wird, um verschiedene Identitäten auseinanderzuhalten.

Zur Erhaltung einer Gruppenidentität gehört auch die Einführung junger Menschen in die Gruppe bzw. in den Kreis der Erwachsenen. In diesem Zusammenhang werden die jungpaläolithischen Bilderhöhlen von einigen Wissenschaftlern auch als Orte der Initiation betrachtet. Viele Bilderhöhlen besitzen eine große Kammer im Eintrittsbereich. In Lascaux entspricht der Saal der Stiere einer solchen Kammer. Es wird angenommen, dass hier eventuell Riten praktiziert wurden und eine große Gruppe von Menschen daran teilnahm. Die hinteren Bereiche tief im Inneren von Lascaux sind dagegen so eng, dass sich dort stellenweise nur eine einzige Person aufhalten konnte. Aus ethnografischen Vergleichen ist bekannt, dass Initiationsriten oft mit einer Periode der Isolation für die jugendlichen Anwärter verbunden sind – zu diesem Zweck wurden

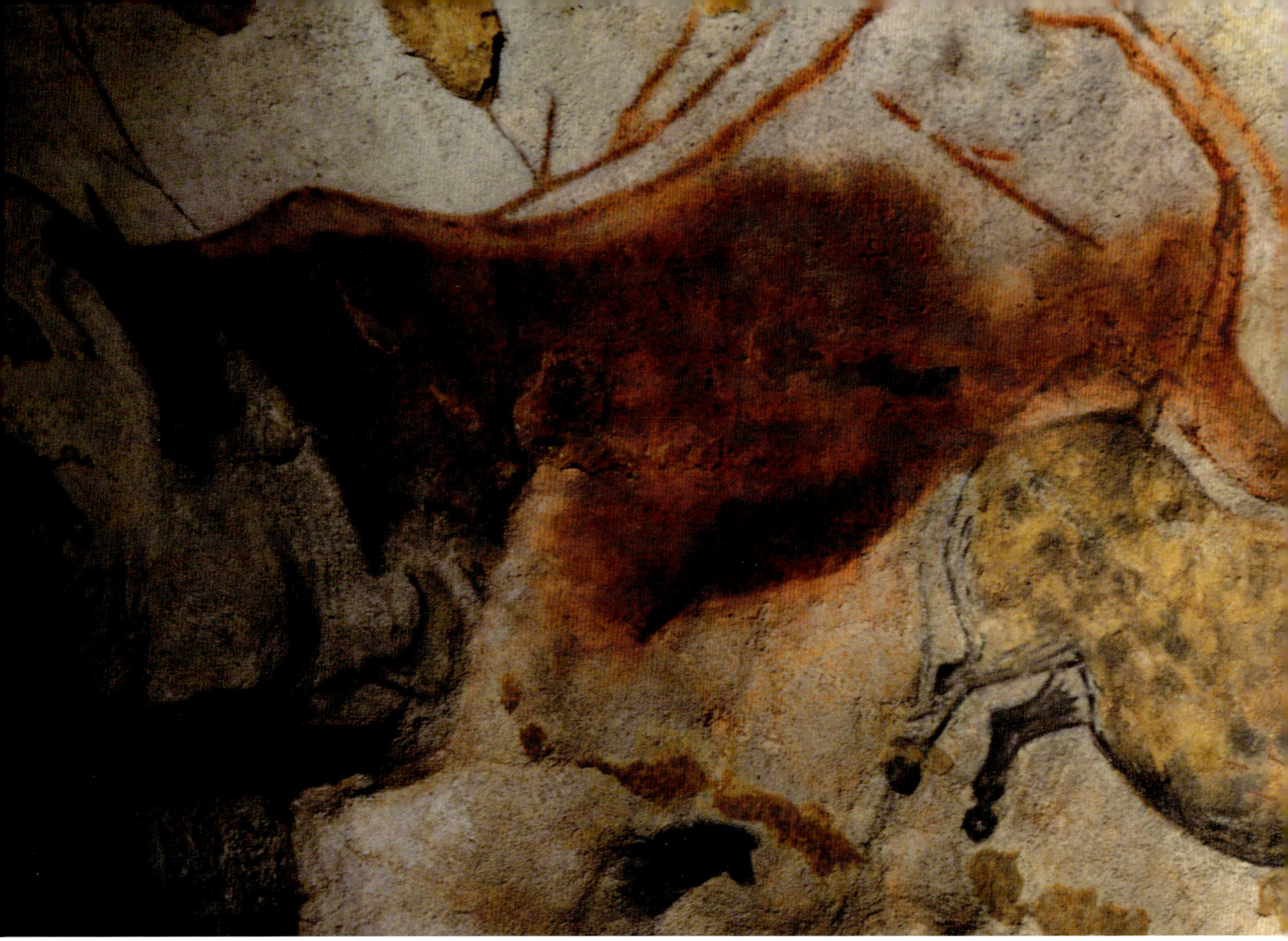

Durch eine bestimmte Darstellungsweise der Tiere und Anordnung der Symbole folgen die Höhlenmalereien in Lascaux einem speziellen Code. Bei diesem Motiv aus dem axialen Seitengang handelt es sich um eine Nachbildung, die in Lascaux II zu sehen ist.

vielleicht auch die hinteren Passagen in Lascaux genutzt. Nach dieser Isolationszeit werden die Initianden als Höhepunkt der Zeremonie wieder – nun als Erwachsene – in die Gruppe integriert.

Die Interpretation der jungpaläolithischen Bilderhöhlen als Orte für Initiationsriten wird gestützt durch die in einigen Höhlen aufgefundenen Fußabdrücke, die, so scheint es, vor allem von Kindern und Jugendlichen in dem einstmals lehmig-weichen, später ausgetrockneten Höhlenboden hinterlassen wurden. So blieben in der französischen Höhle von Pech Merle, deren Felsbilder etwa 20 000 Jahre alt sind, die Fußspuren eines möglicherweise jungen Menschen über Jahrtausende hinweg für die Nachwelt erhalten. In der Höhle von Tuc d'Audoubert wurden Fußabdrücke gefunden, von denen man sogar annahm, dass sie dem rituellen Tanz einer Gruppe Jugendlicher entstammen. Ein gerade erst im Abschluss begriffenes Forschungsprojekt machte sich die Entschlüsselung der Fußabdrücke zur Aufgabe und lud Fährtenleser aus dem afrikanischen Volk der San dazu ein, die Spuren zu begutachten. Die Fährtenleser konnten einige der bisherigen Interpretationen revidieren. In Tuc d'Audoubert etwa kamen die Spuren nicht von einem Tanzritual, es handelt sich vielmehr um die Abdrücke eines Erwachsenen und eines Kindes, die gemeinsam zweimal denselben Weg zurücklegten, um in der Höhle Lehm zu sammeln und

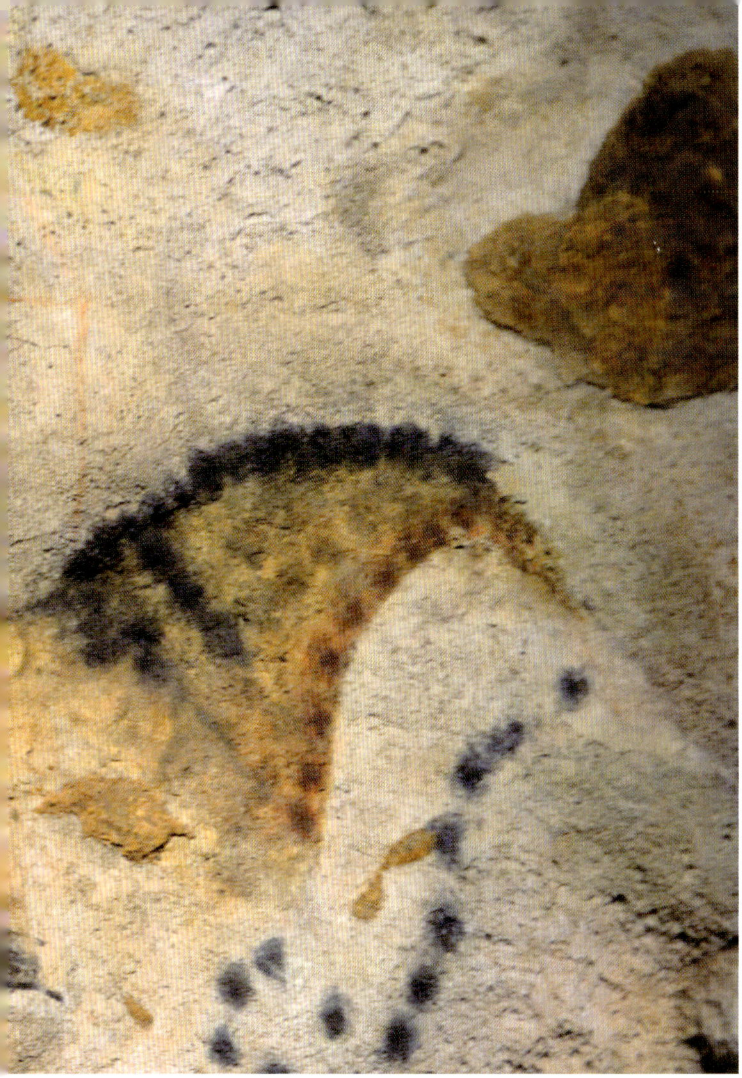

ihn hinauszutragen. In Pech Merle war es eine altersgemischte Gruppe aus fünf Personen, die die Spuren hinterließ, nicht ein einzelnes Kind. Natürlich widerlegen diese neueren Untersuchungen die Hypothese der Höhlen als Initiationsorte nicht grundsätzlich, wenn sie auch im Einzelfall andere, profanere Erklärungen für die Fußabdrücke liefern.

Eng mit der Idee der Gruppenidentität ist auch die Idee der geografischen Markierung verbunden. Anders als mobile Kunst können Höhlenmalereien und Felszeichnungen nicht aus ihrem Kontext gerissen und transportiert werden. Sie sind an ihrem ursprünglichen Ort fixiert.

Das Gebiet der Landschaftsarchäologie verbindet den prähistorischen Menschen mit seiner Landschaft, die sowohl die Landschaft des täglichen Lebens als auch ebenso die Landschaft der Ahnen und der spirituellen Welt ist. Felskunst bindet nicht nur Zeichen an einen Ort, Felskunst stellt auch die Verbindung zwischen den Menschen und ihrer Landschaft mittels eines solchen Zeichens her: „Ich war hier" oder vielleicht auch „Ich gehöre hierher".

Die Felskunst als von Menschen gemachtes Artefakt ist ein Zeugnis dafür, wie die Cro-Magnons der Dordogne einen kulturellen, symbolischen Raum innerhalb ihrer natürlichen Umwelt erschufen. Die physische Landschaft wird so als mentale Landschaft wiedererschaffen. Gleichzeitig dient die Kunst als physische Markierung eines bestimmten Territoriums.

Kunst als Kommunikation

Der Ansatz, die jungpaläolithische Höhlenkunst als Kommunikationsmittel zu verstehen, ist einerseits von der Linguistik, andererseits von der Bildwissenschaft beeinflusst. In der Bildwissenschaft werden Bilder als eine Art von Sprache verstanden: Bilder sind ein Medium der Kommunikation. Sie werden zu einem bestimmten Zweck hergestellt, der darin besteht, an den Betrachter bestimmte Informationen zu übermitteln und damit eine bestimmte Reaktion auszulösen. Um das zu erreichen, müssen Erzeuger und Betrachter des Bildes über denselben Code verfügen, dessen Verständnis nötig ist, um das Bild und die darin enthaltenen Informationen „lesen" zu können.

Die von der Linguistik beeinflussten Theorien gehen noch einen Schritt weiter: Werden die Höhlenbilder als linguistische Kommunikations- und Informationssysteme aufgefasst, erweisen sich reine Beschreibungen der einzelnen Bilder als unzulänglich. Man bedient sich in der Felskunstforschung daher reichlich der Terminologie der Sprachwissenschaften. Nach dem italienischen Prähistoriker Dario Seglie sieht das beispielsweise folgendermaßen aus: Die Semiotik entspricht der Analyse der Zeichensysteme. Der Ort, an welchem sich eine beliebige Höhlenmalerei befindet, wird zum essenziellen Bestandteil des Zeichensystems. Das System und die darin enthaltenen Informationen sind an die Örtlichkeit gebunden. Indem ein Zeichen an einer Felswand angebracht wurde, wird die Landschaft verändert und strukturiert. Der Mensch, der ausführende Künstler, bringt gleichsam Ordnung in das Chaos. Die Semantik wiederum ist die Analyse der einzelnen Zeichen in ihrer Verbindung zu verschiedenen Zeichensystemen, während die Syntax die Kombination der einzelnen Zeichen beschreibt.

Der spanische Philosoph Fernández Quintano interpretiert die jungpaläolithische Felskunst an den Wänden der franko-kantabrischen Höhlen als erste Form eines schriftlichen Ausdrucks, allerdings nicht in Form von Buchstaben, die in der richtigen Kombination ein Wort ergeben, sondern eher in der Art einer Kurzschrift für Ideen oder Konzepte. Eine Bildkomposition, die für uns als fertiges Ganzes an der Wand erscheint, muss nicht unbedingt als solches entworfen und ausgeführt worden sein, einige Teile sind eher älter, andere wurden erst in jüngerer Zeit hinzugefügt. So sieht Fernández Quintano in einer Bildkomposition eine Art paläolithische Bibliothek, zu der im Laufe der Zeit immer mehr Informationen oder auch Neuinterpretationen hinzukamen. Am Ende, so argumentiert er, enthält eine Felsbildkomposition die Geschichte eines Klans, angefangen bei seinem Schöpfungsmythos. Dafür sei die Szene im Brunnen von Lascaux ein offensichtliches Beispiel.

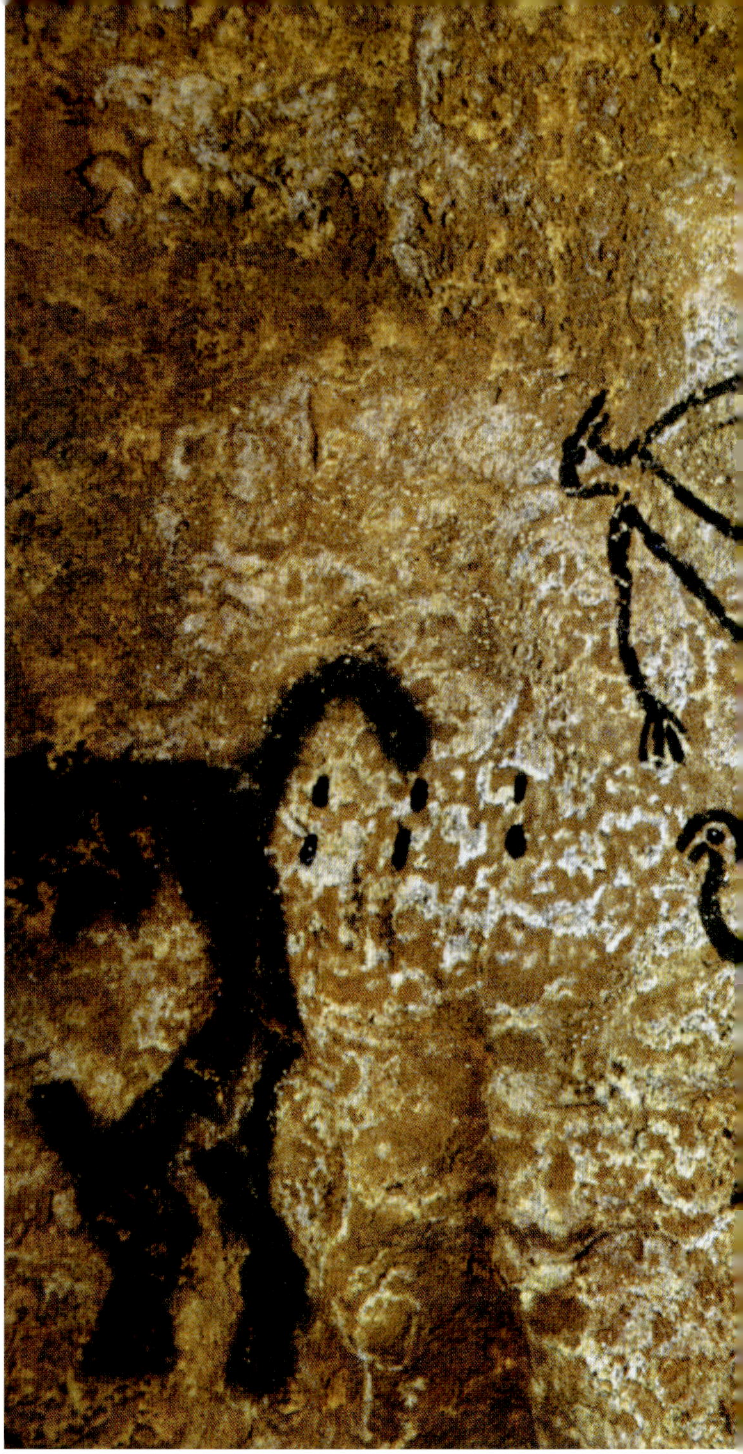

Die wohl rätselhafteste Darstellung aus der Höhle von Lascaux: der Mann und der Bison im Brunnen

Die Bilder der Höhle unterliegen also einer fixen Syntax und sind eine Form der visuellen Kommunikation und des Informationsaustausches. Der Inhalt dieser Informationen bleibt allerdings schleierhaft, denn der Code ist verloren gegangen.

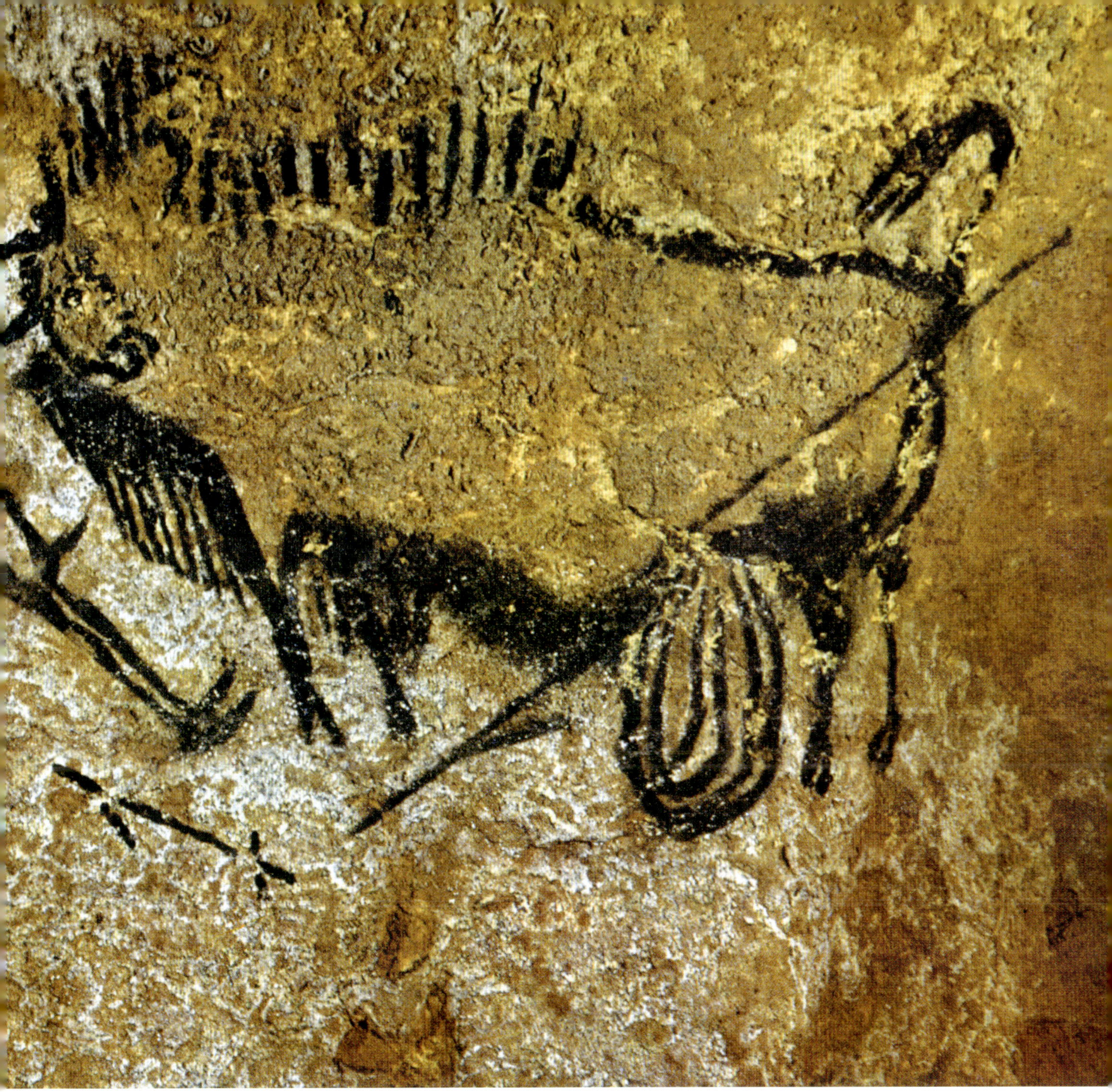

Interpretationen der Szene im Brunnen

Die Szene im Brunnen soll hier kurz noch einmal beschrieben werden: In einem Schacht, einige Meter unterhalb des eigentlichen Höhlenniveaus, befinden sich eine Handvoll Zeichnungen, die ausschließlich in schwarzen Umrisslinien ausgeführt wurden. Die zentrale Figur ist die anthropomorphe Gestalt eines Mannes mit dem Kopf eines Vogels. Seine Haltung ist stocksteif, sein Körper bildet eine gerade Linie vom Kopf bis zu den Füßen. Er hält die Arme seitlich von sich gestreckt – an jeder Hand hat er vier Finger – und scheint nach hinten zu fallen. Ihm gegenüber steht

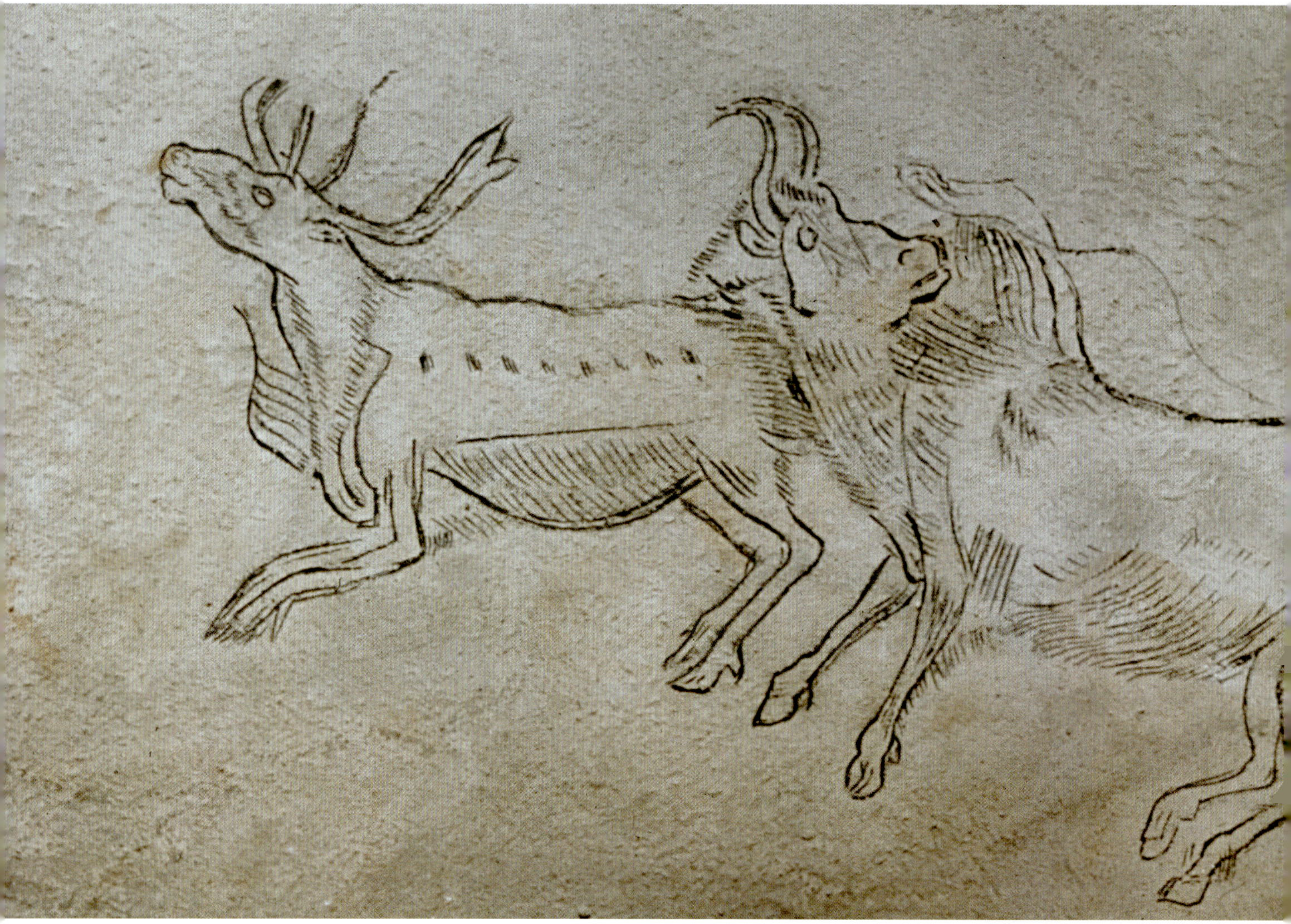

Rinder und ein Schamane in Gestalt eines Ziegenbocks. Diese aus dem Magdalénien stammende Felsmalerei befindet sich in der „Drei-Brüder-Höhle" („Grotte des Trois-Frères") in Südfrankreich.

ein Steppenbison in Angriffshaltung. Der Kopf samt Hörnern ist gesenkt, sein Nackenhaar ist gesträubt, und sein Schwanz steht hoch. Es ist verletzt: Aus seinem Bauch quellen die Eingeweide hervor. Nach links hin entfernt sich ein Nashorn. Weiterhin befinden sich mehrere symbolische Zeichen in dem Bild: Quer über der Flanke des Bisons liegt ein langes lanzen- oder harpunenähnliches Gebilde. Unter Mann und Bison liegt waagerecht ein etwas kürzerer Stab mit einem Widerhaken an dem einen und einem Kreuz an dem anderen Ende. Unterhalb des Mannes steht zudem ein senkrechter Stab, auf dem eine Vogelfigur sitzt. Zwischen Mann und Nashorn, auf Höhe des Nashornschwanzes, befindet sich eine Reihe aus drei Doppelpunkten.

Die Abbildung im Brunnen ist nicht nur wegen ihrer einzelnen Bestandteile so ungewöhnlich. Allein die Tatsache, dass es sich um eine szenische Darstellung handelt, ist eine Seltenheit in der franko-kantabrischen Höhlenkunst. Diese Seltenheit erregt die Aufmerksamkeit der Wissenschaftler, erschwert aber auch ihre Deutung so enorm. Diese Szene enthält außerdem die einzige

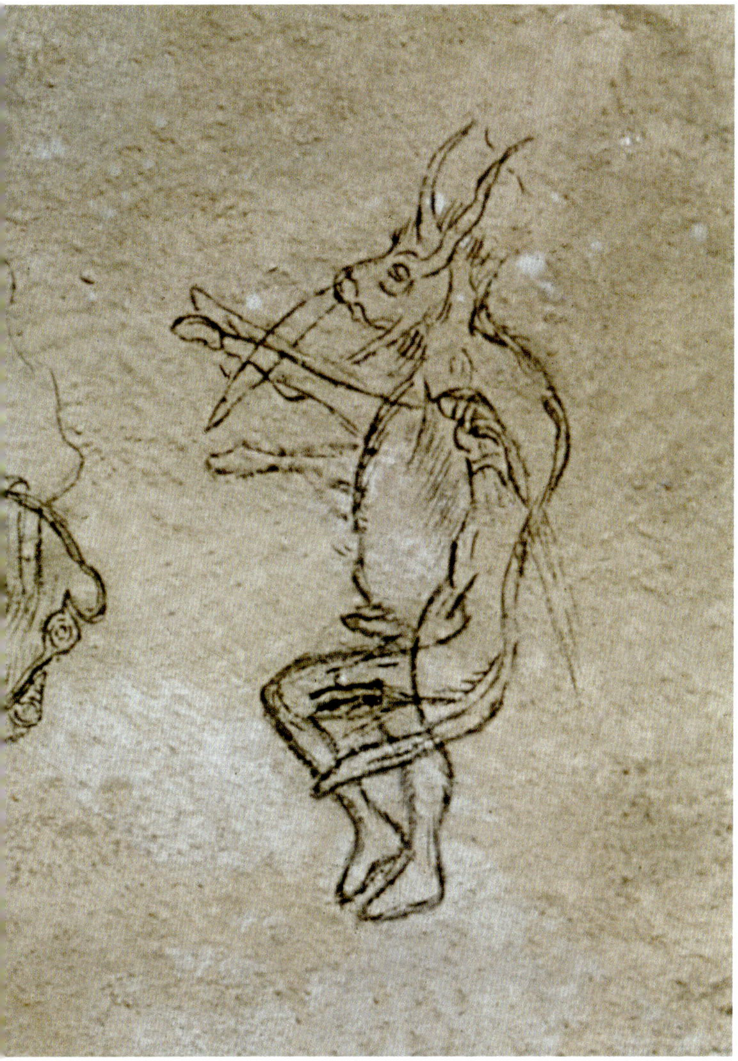

menschliche Darstellung in Lascaux. Abseits aller Darstellungen von Tieren oder Tiergruppen in verschiedenen Positionen handelt es sich bei dem Bild im Schacht um die Darstellung eines Geschehens: Vogelmensch und Steppenbison werden deutlich in Beziehung zueinander gesetzt, sie scheinen verbunden durch ein gemeinsames Ereignis. Eine ähnliche Darstellung ist nur aus der Höhle von Villars bekannt, die ebenfalls in der Dordogne liegt und dem Magdalénien zugeordnet wird. Auch in Villars befindet sich die dargestellte Szene tief im Inneren der Höhle.

Durch die Anordnung eines mystischen Bildes tief im Inneren der Höhle, umgeben von weiteren Kammern und Tierdarstellungen, sehen einige Wissenschaftler in Lascaux – wie auch in Villars – ein Heiligtum, das einen in der gesamten Region herrschenden gemeinsamen Spiritualismus vertrat. Die prähistorischen Bilderhöhlen zeigen somit den Beginn einer Religion auf.

Einer Deutung zufolge handelt es sich bei dem in der Höhle von Lascaux abgebildeten Mann um einen Schamanen. Aus ethnografischen Beobachtungen, vor allem in Sibirien, ist bekannt, dass Schamanen oft Tiermasken tragen. Das vogelähnliche Gesicht des Mannes könnte also auf eine solche Tiermaske verweisen. Das Erreichen eines Trancezustandes, worauf die Körperhaltung des Mannes hindeutet, ist ebenfalls Teil der schamanistischen Zeremonie. In diesem Zustand ist es möglich, dass die Muskeln sich so sehr anspannen, dass der Körper – inklusive des Geschlechts – stocksteif wird. Hierbei spielt auch die erhöhte Kohlendioxidkonzentration im Brunnen eine Rolle. Dieses Gas soll zur Erreichung eines Trancezustandes hilfreich sein. Das Nashorn ist im schamanistischen Zusammenhang dagegen schwieriger zu erklären. Es könnte den Steppenbison aufgeschlitzt und den Schamanen umgeworfen haben. Wie genau die Tiere mit der Trance des Schamanen zusammenhängen, lässt diese Deutung allerdings offen.

Da es sich um eine szenische Darstellung handelt, gehen einige Theorien davon aus, dass diese Szene eine ganz bestimmte Bedeutung hatte, dass das Bild eine Geschichte erzählt. Es könnte sich um einen Mythos, vielleicht sogar eine Art Ursprungsmythos handeln. Einzelne Elemente deuten auf typische Bestandteile eines Mythos hin: Sexualität, Kampf, Tod. Der Franzose Jacques Picard ging der Möglichkeit des Ursprungsmythos in einer detaillierten Untersuchung nach. Unter anderem kam er zu dem Ergebnis, dass der Bison ein weibliches Tier ist und sich in der Brunst befindet, also zur Paarung bereit ist. Der Vogelmensch wiederum hat einen deutlich erigierten Penis. Diese zwei Erkenntnisse verweisen auf den Bereich der Sexualität. Die Bisonkuh nimmt dem Vogelmenschen gegenüber eine bedrohende Angriffshaltung ein, denn der Mann ist ein Jäger, angedeutet durch die in der Szene dargestellten Waffen. Das Nashorn dagegen entfernt sich, nachdem es seine Übermacht bereits demonstriert hat. Elemente von Kampf und Bedrohung finden sich bei beiden Tieren. Die Bisonkuh ist tödlich verwundet, und auch der Vogelmensch befindet sich im Fallen. Hier ist das Element des Todes zu sehen. Der Vogelmensch ist wiederum mit dem Vogel auf dem Stab durch das gemeinsame Element des Vogelkopfes verbunden.

Picard sieht in dieser Darstellung vier große Themen: der Platz des Menschen bzw. des Jägers in der Natur, die Beziehung zwischen Mann und Frau, die damit zusammenhängende Struktur der Familie sowie die Gegenüberstellung von Leben und Tod. Er sieht in der Darstellung die Wiedergabe eines Mythos, der sich mit diesen vier Themen beschäftigt. Ausgestattet mit den großen Themen des Lebens, habe der Brunnen einen Ort für Initiationsriten gebildet. Aber auch Picard befindet, dass mit den Cro-Magnons jeglicher Bezugsrahmen verschwunden ist und daher der Gesamtzusammenhang und genaue Inhalt des Mythos schleierhaft bleiben.

Andere Wissenschaftler gehen an die Szene im Brunnen mit konkreten, in der Realität verankerten Fragen heran. Der amerikanische Wissenschaftler Arthur Irwin interessiert sich für die Rekonstruktion paläolithischer Jagdpraktiken. Abseits von diffusen Theorien der Jagdmagie konzentriert er sich auf konkrete Hinweise auf das praktische Jagdgeschehen, welche die Höhlenbilder verraten, und verglich sie mit den Jagdpraktiken der nordamerikanischen Ureinwohner.

Im Brunnen von Lascaux kann man bei der szenischen Darstellung im Schacht aus Mann, Steppenbison und Nashorn auch zwei waffenähnliche Symbole erkennen: die lange Lanze oder Harpune – mit einem Widerhaken im vorderen Drittel –, welche die Flanke des Bisons durchbohrt, und darunter ein weiterer Stab mit einem ähnlichen Widerhaken, aber sehr viel kürzer und mit einer weiteren Markierung am anderen Ende, die eventuell eine Art Griff darstellt. Irwin interpretiert diese Waffe als Kurzharpune. Er sieht den Mann und den Steppenbison in einer offensichtlichen Jäger-Beute-Beziehung. Der Gebrauch einer kurzen Harpune setzt voraus, dass der Jäger sehr nahe an seine Beute herankommt, bevor er angreift. Irwin zieht hier einen Vergleich zu den Oglala Sioux, die zum Ende des 19. Jahrhunderts in Nordamerika eine solche Jagdpraktik betrieben. Sie krochen entgegen der Windrichtung und verborgen im Gras der Prärie fast bis auf Armeslänge an das als Beute auserwählte Tier heran, um es dann in einem

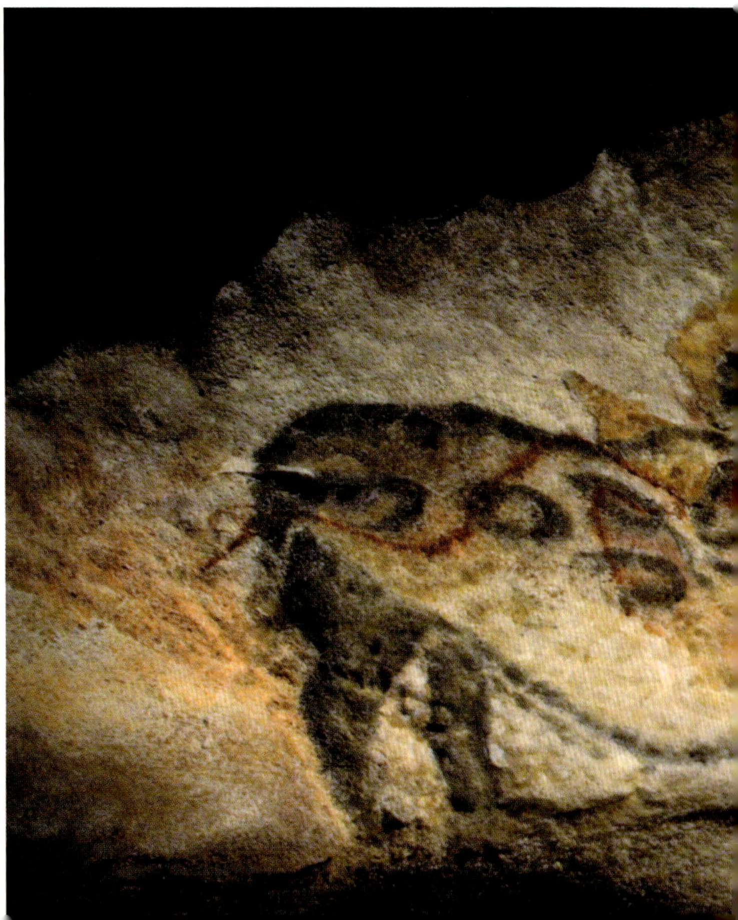

In Lascaux II vorzufindende Nachbildung des sogenannten Einhorns aus dem Saal der Stiere

Überraschungsangriff zu harpunieren. Der Widerhaken der Harpune sollte dabei die Waffe fest im Fleisch des Beutetieres verankern und gleichzeitig, wenn man sie drehte, einen größtmöglichen Blutverlust herbeiführen. Ethnografische Parallelen greifen oft zu kurz, allerdings sieht Irwin diesen Vergleich als berechtigt an, da ein in Laugerie-Basse, einer Fundstätte in der Dordogne, gefundenes jungpaläolithisches Rentiergeweihstück mit einer gravierten Szene geschmückt ist, in der ein Mann oder Jäger sich in kriechender Haltung einem Bison von hinten nähert.

Es handelt sich bei der Darstellung im Brunnen laut Irwins Interpretation also konkret um eine Jagdszene: Der Jäger jagt und verletzt den Steppenbison schwer, seine lange Harpune ist unter dem Gewicht des Bisons zerbrochen, aber mit der kurzen Harpune hat er ihm eine tiefe Wunde zugefügt, aus der nun die Eingeweide quellen. Unausgesprochen allerdings ist es wohl eine erfolglose Jagd gewesen. Zwar wird der Steppenbison dem Anschein nach seinen Verletzungen erliegen, doch hat er vorher in verletztem Zustand noch den Jäger umgeworfen.

Deutungen der Monster

In der französischen Forschungstradition werden die undefinierten Tierdarstellungen als „Monster“ bezeichnet. Man könnte auch von Fabelwesen sprechen. Dabei handelt es sich um Tierdarstellungen, die, im Gegensatz zum größten Teil der abgebildeten Tiere, keine Entsprechung im realen Leben finden. Sie lassen sich keiner fossilen oder lebenden Spezies zuordnen. Im hinteren Teil des axialen Seitengangs befindet sich z. B. die Zeichnung eines Tieres, das manchmal wegen seines langen Halses als Giraffe bezeichnet wird. In Kombination mit dem pferdeartigen Körper sieht es tatsächlich so aus, als habe man ein Pferd mit einer Giraffe gekreuzt.

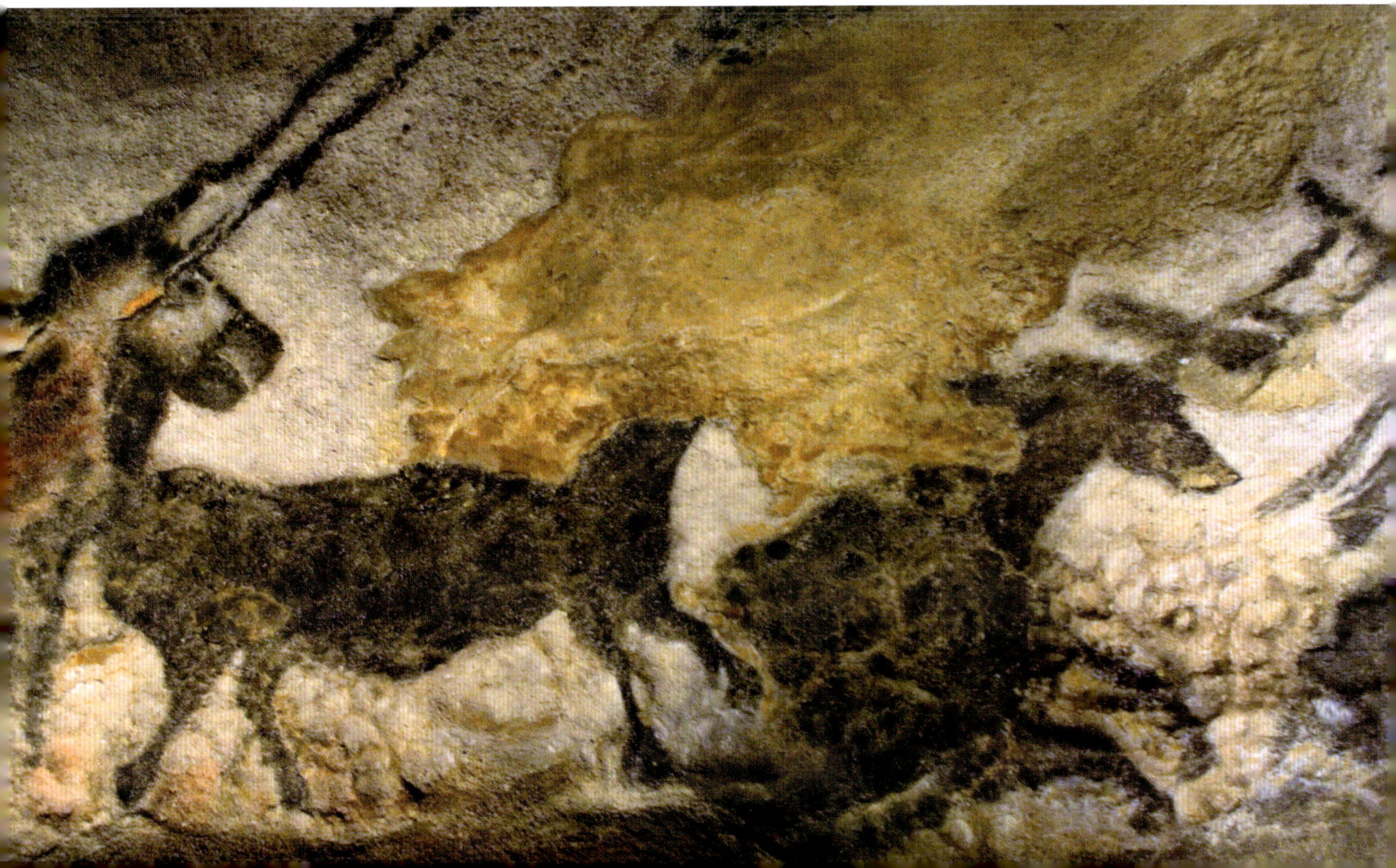

Das „Einhorn", ebenfalls ein rätselhaftes Fantasietier, erscheint gleich am Eingang des Saals der Stiere. Es ist mit einer dicken schwarzen Umrisslinie gezeichnet, die Hinterbeine sind schwarz ausgemalt. Seine Fellzeichnung besteht aus kleinen schwarzen Kreisen, ähnlich einem Leoparden. Sein dicker Bauch ähnelt dem eines Nashorns, der Widerrist, also die vordere, erhöhte Rückenpartie, dem eines Rentiers. Das Einhorn hat einen Augenfleck sowie den rechteckigen Kopf einer Wildkatze, den kurzen Schwanz eines Hirsches und Beine wie Geflügelkeulen. Außerdem stehen von seiner Stirn schnurgerade zwei Striche ab, die wohl Hörner bzw. ein Horn darstellen sollen.

Die Interpretation der „Monster" gestaltet sich schwierig, meist werden sie dem Bereich der Trancezustände und Halluzinationen zugeordnet, wie bereits in einem früheren Punkt in Bezug auf das Einhorn angedeutet wurde. Seine Position gleich am Anfang des Saals der Stiere spricht allerdings dagegen, dass es sich um das Ergebnis einer Halluzination während eines Trancezustandes handeln könnte. Eine solche durch eine Trance-zeremonie zustande gekommene Darstellung würde man vielmehr in tiefer gelegenen Bereichen der Höhle erwarten, besonders in Anbetracht der Tatsache, dass dieser Bereich der Höhle im Magdalénien – wenigstens zeitweise während des Sonnenuntergangs – noch vom Tageslicht ausgeleuchtet wurde. Durch die Veränderung der Eingangssituation liegt selbst dieser vordere Teil der Höhle nun permanent im Dunkeln.

Akustische Analysen

Wie alle geschlossenen Räume haben auch Höhlen eine besondere Akustik, die sich von den im Freien herrschenden akustischen Verhältnissen unterscheidet. Verschiedene Wissenschaftler beschäftigen sich mit den Reflexionen von Schallwellen an solchen im Inneren gelegenen oder überdachten archäologischen Fundstellen. Es scheint, dass jene Stätten mit Wandkunst, seien es nun Höhlen oder Abris, bestimmte Klangqualitäten besitzen. So ist das Echo in Lascaux wie an anderen Orten mit Felsmalereien auffällig laut und klar. Aber auch innerhalb einer Stätte gibt es Unterschiede.

Ein amerikanischer Wissenschaftler führte an verschiedenen Orten in der Höhle von Lascaux Messungen durch und fand heraus, dass die Akustik an Stellen mit Pferden, Auerochsen, Bisons und Hirschen durchweg besser ist als an den von Wildkatzen dominierten Orten. Dies ist kein Zufall, sondern wurde auch in anderen Höhlen, beispielsweise in Font-de-Gaume, festgestellt. Welches Motiv sich wo findet, hängt also offenbar von der Klangqualität des Ortes ab, den die jungpaläolithischen Maler für ein bestimmtes Motiv ausgewählt haben.

Die Wahl des Motivs sowie des Ortes für eine bestimmte Abbildung scheint eng mit der Idee der Jagdmagie verbunden zu sein. Durch einfaches Klopfen auf Kalkablagerungen oder andere Gesteinsvorsprünge könne man, so die Theorie, mithilfe des Echos an manchen Stellen akustisch den Eindruck einer galoppierenden Rinderherde erzeugen. Die Nachahmung eines solchen Geräusches diente also möglicherweise dazu, die Anwesenheit von Rinderherden und damit das Jagdglück heraufzubeschwören.

Dieser Ansatz muss jedoch auf Höhlenabschnitte beschränkt bleiben, die seit dem Jungpaläolithikum unverändert sind. Jede Veränderung in der Oberflächenstruktur, sei es durch zusätzliche Kalkablagerungen, eine Erhöhung des Bodens oder einen Einsturz der Decke, wirkt sich auf die akustischen Verhältnisse im Raum aus. Das

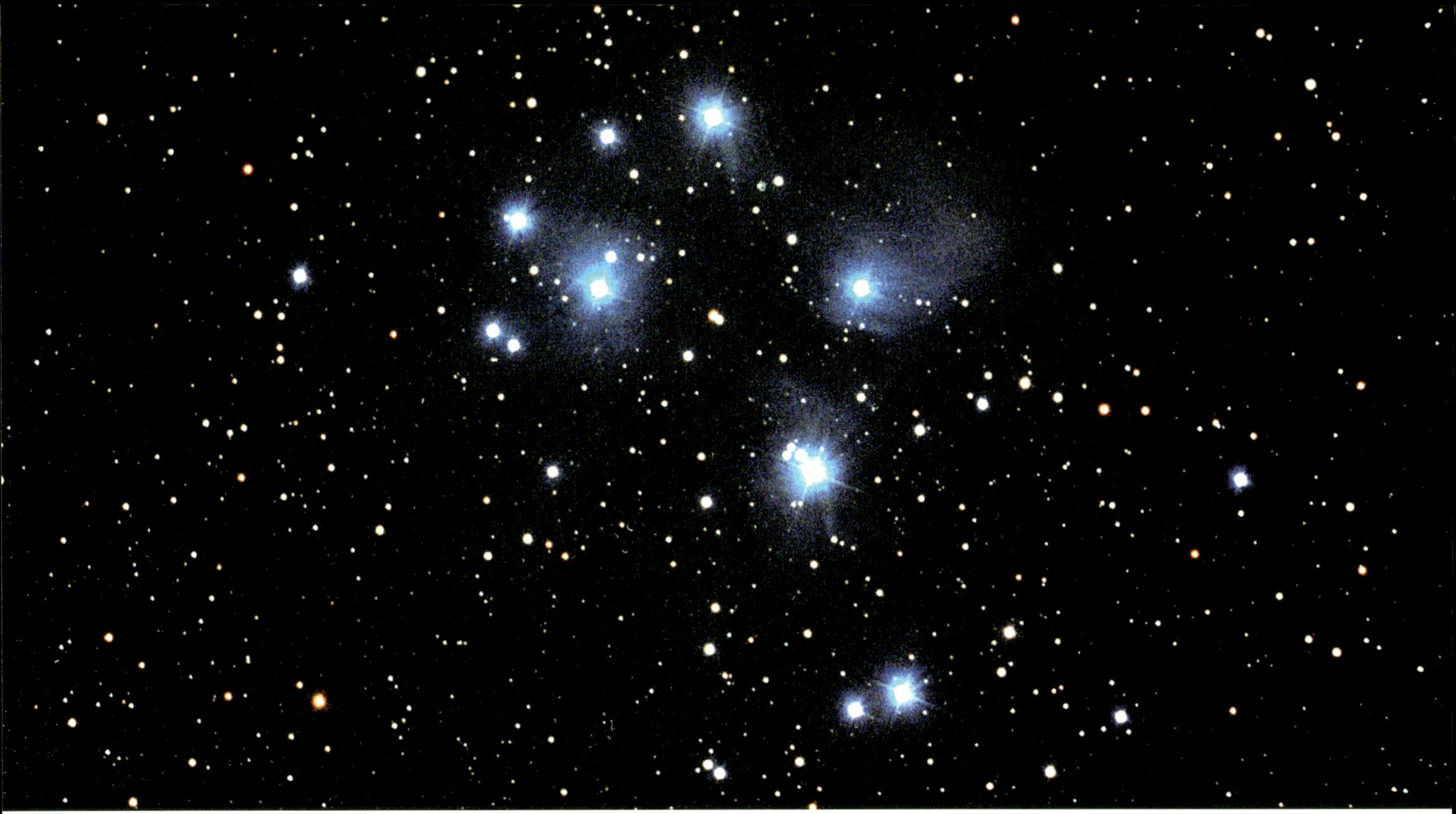

Plejaden im Sternbild Stier. Der Stier gilt als eines der ältesten Sternbilder, ob allerdings schon die Cro-Magnons dieses Tier in den Sternen gesehen haben, ist fraglich.

Schöne an dieser Methode ist, dass man sie testen kann: Bei einer Blindbegehung der Höhle kommen tatsächlich an Stellen mit besonderer Akustik auch entsprechende Bilder zum Vorschein, sobald man die Augen öffnet. Das klappt zwar nicht immer, jedoch sind an Stellen ohne besondere Akustik auch niemals Rinder oder Pferde dargestellt. Mit anderen Worten: Sollte die Theorie korrekt sein, so brachten die jungpaläolithischen Maler zwar nicht an allen Stellen mit guter Akustik Herdentiere an, wo sie es aber taten, war die Akustik immer gut.

Beobachtungen des Nachthimmels

Die Aufmerksamkeit der Wissenschaftler richtet sich schon seit längerer Zeit auf die Möglichkeit, dass auch schon unsere ältesten europäischen Vorfahren den Nachthimmel nicht nur betrachtet, sondern ihre Beobachtungen auch konkret festgehalten haben könnten. Schon seit den frühen 1960er-Jahren kursieren solche Theorien auch in Bezug auf Lascaux. Seit den frühen 1990er-Jahren haben sie allerdings einen Aufschwung erfahren.

In der El-Castillo-Höhle in Nordspanien befindet sich die Darstellung eines Mondes während einer partiellen Mondfinsternis oder während des Beginns einer Mondfinsternis mit punktförmigen Zeichen, also Sternen, darum herum. Solche als Sterne gedeuteten Zeichen identifizierten verschiedene Wissenschaftler auch in Lascaux: Beispielsweise wird ein Stier beschrieben, über dem sechs Punkte abgebildet sind, und eine Kuh, die sich von unten in das Bild drängt. Diese Darstellung wird interpretiert als eine Konstellation aus Taurus (Sternbild des Stieres) und Plejaden, während die eindringende Kuh mit ihren halb-

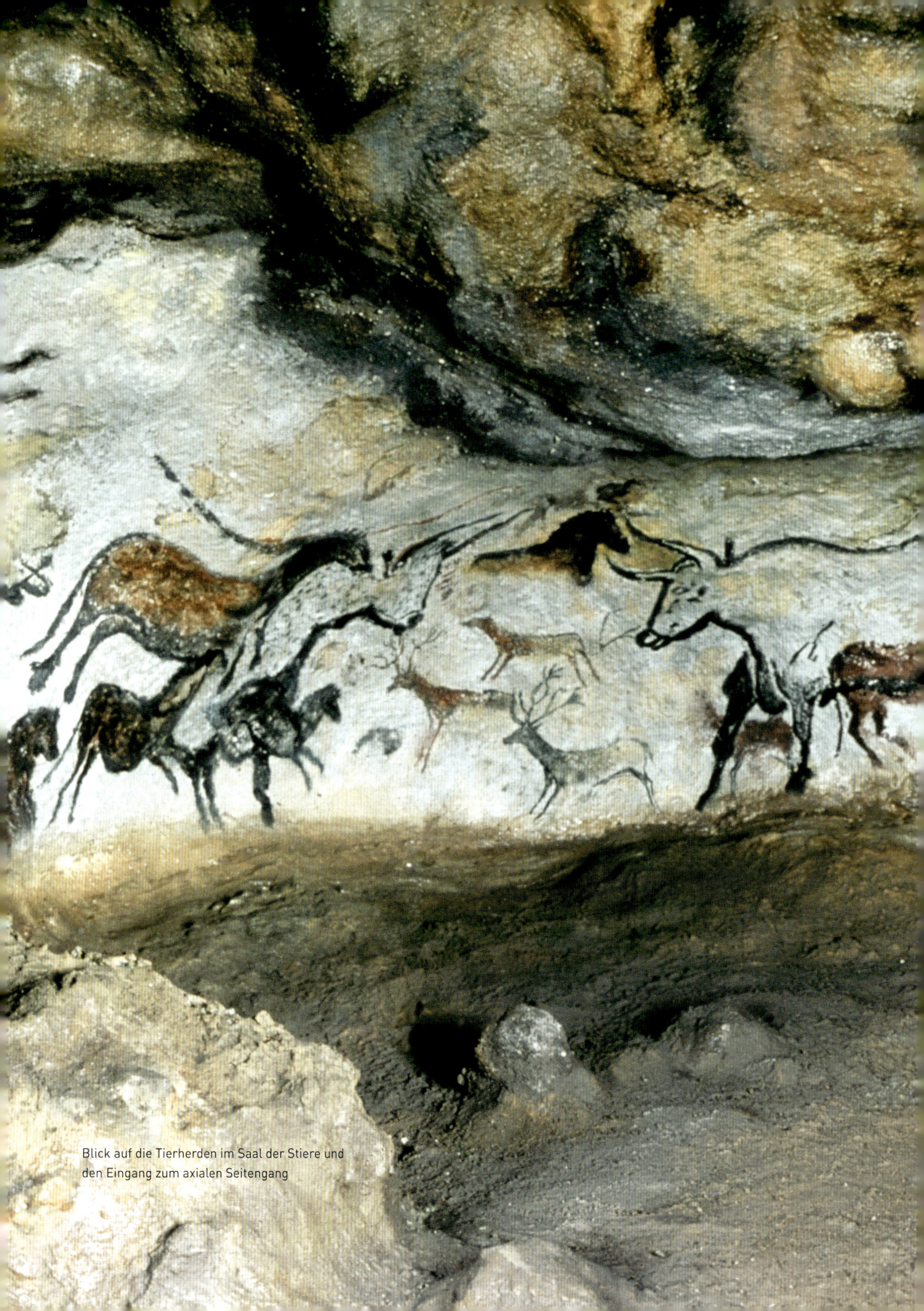

Blick auf die Tierherden im Saal der Stiere und den Eingang zum axialen Seitengang

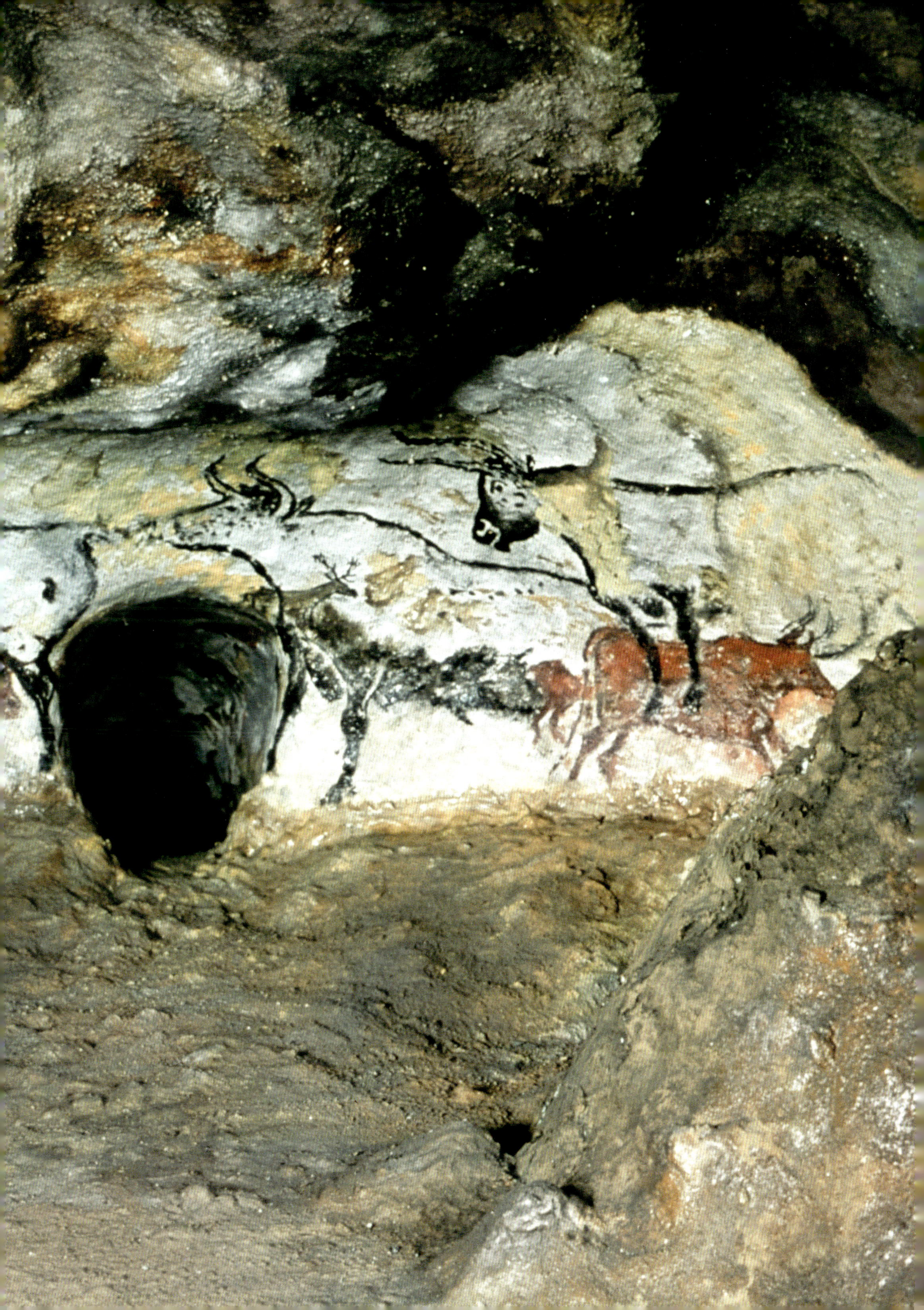

kreisförmig gebogenen Hörnern symbolisch für eine Sonnen- oder Mondfinsternis stehe.

Einer weiteren Theorie zufolge sind in den Malereien bekannte Sternenkonstellationen zu sehen. Demnach gibt es einen primitiven Tierkreis, der sich natürlich nicht vollkommen mit den modernen Tierkreiszeichen deckt. Vielmehr wurden einer Sternenkonstellation diejenigen Tierarten zugeordnet, die den Cro-Magnons damals bekannt waren.

Vielleicht zäumen diese Theorien das Pferd von hinten auf: Genauso fragwürdig wie die Projektion moderner Ästhetik auf das Jungpaläolithikum ist die Projektion heute bekannter Sternenkonstellationen auf die Vergangenheit. Sahen die Cro-Magnons dasselbe im Sternbild Stier wie wir, nämlich die Umrisse eines Stieres? Das ist zu bezweifeln.

Woran man allerdings nicht zweifeln kann, ist die Ausrichtung des Höhleneingangs: Er zeigt in die Richtung des Sonnenuntergangs zur Sommersonnenwende. Zu diesem Zeitpunkt gegen neun Uhr abends wurde der Saal der Stiere von den Strahlen der untergehenden Sonne erleuchtet. Das Licht reichte sogar bis in den axialen Seitengang hinein. Zu dieser Jahreszeit könnte es mehrere Tage lang möglich gewesen sein, innerhalb des Saals der Stiere etwa eine Stunde ohne künstliche Beleuchtung zu arbeiten – und eine weitere Stunde im Licht des Mondes, denn das Mondlicht soll sogar während der tiefsten Winternächte hell genug in den Eingang von Lascaux geschienen haben. Für jeden Menschen, der im Einklang mit der Natur lebt, sind die Sonnenwenden winters wie sommers wichtige Markierungen im Jahresrhythmus. Sie sind unverkennbar und unfehlbar. Die hinsichtlich des jahreszeitlichen Lichteinfalls günstige Lage der Hauptachse der Höhle kann durchaus ein Grund für die Wahl gerade dieser Höhle als Ort der künstlerischen Aktivität gewesen sein. Es scheint sogar, dass auch andere Höhlen nach diesem Kriterium ausgewählt wurden: beispielsweise die Grotte de la Muzardie (Dordogne, Einritzungen, Stil IV), die Grotte de Bernifal (Dordogne, Malereien, Einritzungen, Handnegative und abstrakte Zeichen, Stil IV), die Grotte de la Fôret (Dordogne, Einritzungen, später Stil IV) und die Höhle

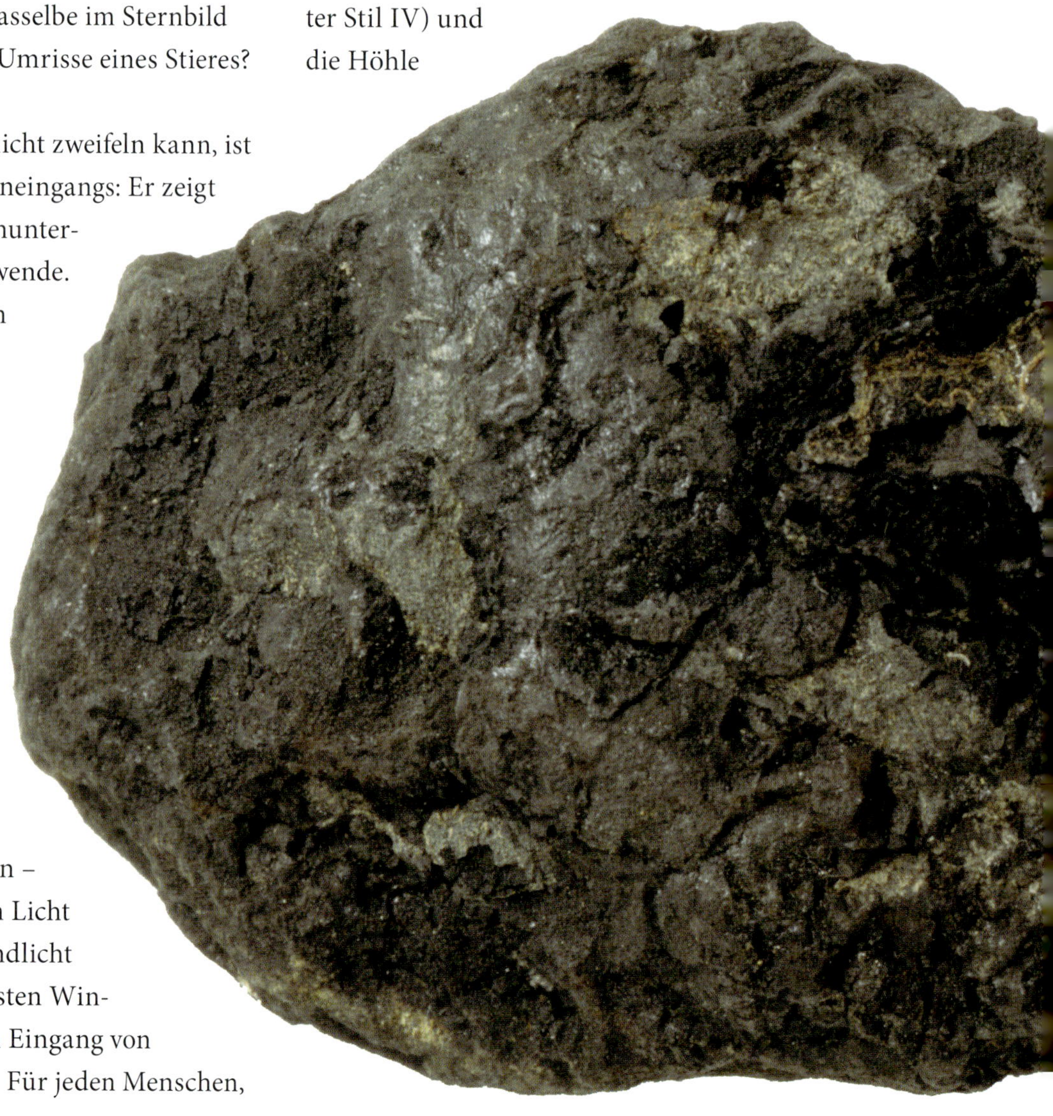

Commarque (Dordogne, Reliefs und Ritzzeichnungen, Stil IV).

Im Saal der Stiere wurden weitere angeblich reale Sternenkonstellationen gefunden. So zum Beispiel richtet sich das Fries der Pferde auf der Nordwand im Saal der Stiere nach der Konstellation des Sternbildes Schütze am Sommerhimmel aus. Zudem wurde entdeckt, dass die hellsten Sterne als rote Punkte markiert wurden und dass die Tiere, die in roter Farbe entlang der linken Wand gezeichnet waren, dem Kurs der Sonne durch den Tierkreis folgten.

Auch die gekreuzten Bisons im Schiff haben nicht nur in Bezug auf die Fellzeichnung eine jahreszeitliche Bedeutung, sondern sind in ihrer Ausrichtung dem jahreszeitlichen Sonnenlauf angepasst. Sie befinden sich auf einem gekrümmten Teil der Wand. Der „Sommerbison" im Fellwechsel ist nach links in Richtung der aufgehenden Sommersonne im Osten ausgerichtet. Der brunftige „Winterbison" blickt nach rechts, in die entgegengesetzte Richtung der aufgehenden Wintersonne.

Auch die Szene im Brunnen stellt das Zusammenspiel der Jahreszeiten dar. Der Vogel auf dem Stab blickt in Richtung Höhleneingang. Seine vertikale Position verweist auf die Weltachse. Die langen Strahlen der Sommersonne durchstechen den Bison in Form einer langen Lanze. Sie kommen aus der Richtung des sommerlichen Sonnenaufgangs. Die kurze Lanze unterhalb des Bisons befindet sich in einem stumpfen Winkel zur längeren und entspricht den kurzen Strahlen der Wintersonne.

Ein großer Kritikpunkt an archäoastronomischen Interpretationen ist jedoch die Frage nach der Relevanz. Ganze Höhlen wie Lascaux mit Bildern zum Himmelsgeschehen zu versehen impliziert, dass die Regulierung von Zeit für die Cro-Magnons äußerst wichtig war. Dies könnte man bei Ackerbaugesellschaften voraussetzen, war vielleicht aber für Jäger- und Sammlergesellschaften weniger von Bedeutung.

Lascaux – Heiligtum oder Museum?

Viele der Interpretationen, die sich nicht nur mit einzelnen Aspekten befassen, sondern das große Ganze unter die Lupe nehmen, setzen voraus, dass die Bilderwelt von Lascaux eine homogene Einheit bildet. Für Henri Breuil und André Glory waren die Bilder dagegen eine Anhäufung von nacheinander ausgeführten, voneinander relativ unabhängigen Einzeldarstellungen wie bei einer Sammlung im Museum, ohne Teil einer im Vorhinein angelegten Gesamtkomposition zu sein. Breuil ging von einer relativ kurzen Zeitspanne aus, in der die Bilder entstanden sind, Glory dagegen war der Meinung, dass die Arbeiten in Lascaux über viereinhalb Jahrtausende hinweg stattfanden, zwischen 20 000 und 15 000 Jahren vor heute. Auch wenn ihre Interpretation der Jagdmagie nicht mehr dem aktuellen Stand der Forschung entspricht, so stellt sich

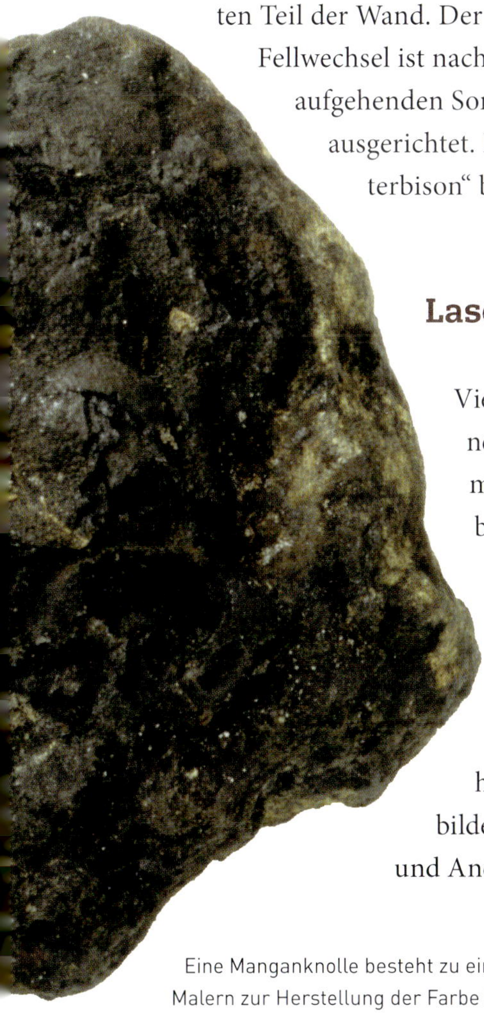

Eine Manganknolle besteht zu einem großen Teil aus den Metallen Mangan und Eisen. Mangan diente den prähistorischen Malern zur Herstellung der Farbe Schwarz.

Mysteriöse Symbole auf den Felswänden wie Gleichheitszeichen oder eine Reihe von Punkten geben den Forschern bis heute Rätsel auf. Diese Abbildung stammt aus dem Saal der Stiere von Lascaux II.

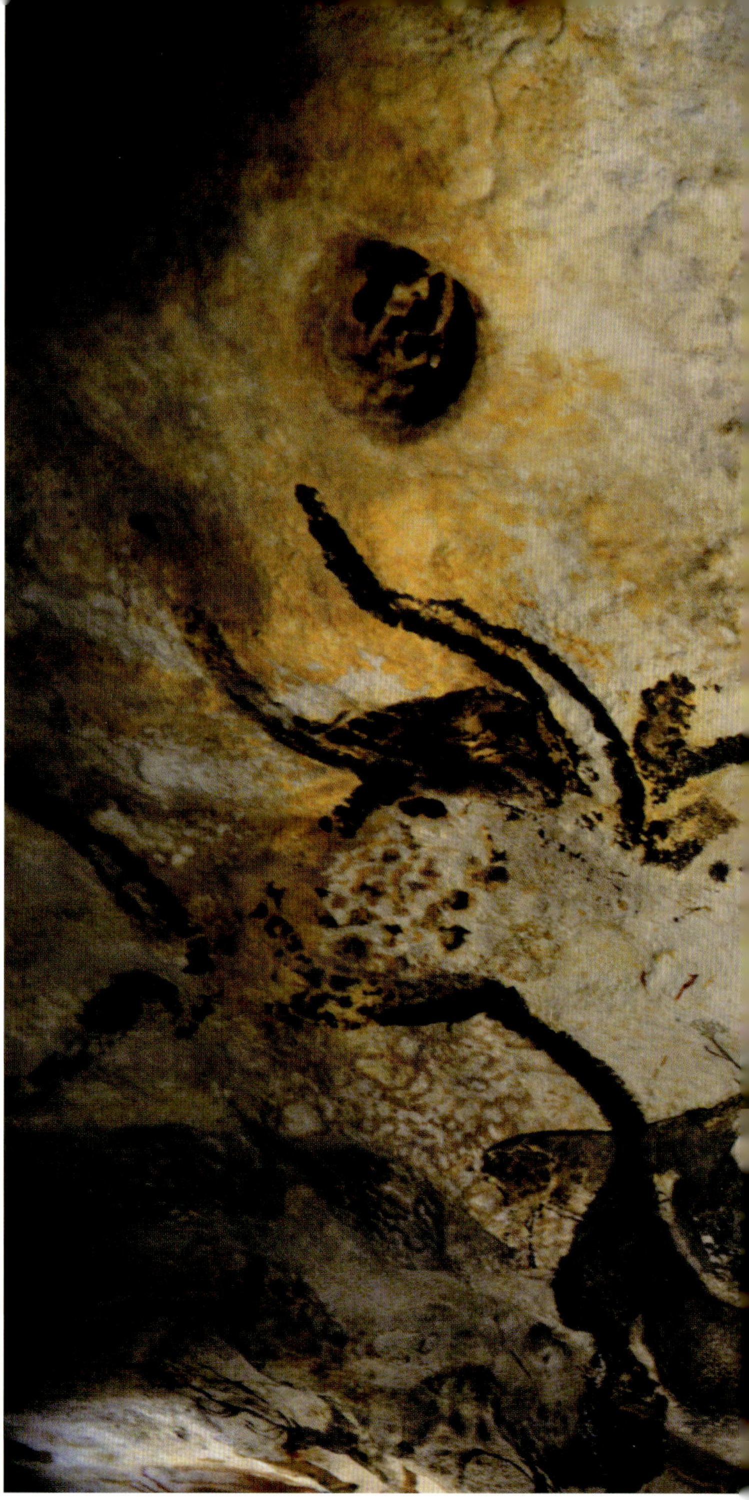

doch mehr und mehr heraus, dass ihre unausgesprochene Grundprämisse durchaus korrekt war. Lascaux wurde nicht wie ein griechischer Tempelbezirk als Ganzes geplant, auch wenn die Szene von Mann, Bison und Nashorn tief im Brunnen wie das Allerheiligste wirkt – wie ein nur Eingeweihten zugänglicher innerer Teil eines Tempels, während alle Kammern um dieses Allerheiligste herum mit „Nebengöttern" ausgemalt wurden.

Bis heute ist es nur in wenigen Höhlen gelungen, genaue Datierungen der Wandkunst vorzunehmen, aber was an Daten dabei herauskam, weist deutlich auf einen großen Entstehungszeitraum hin. Die Datierungen der Bilder streuen über Jahrtausende, nicht über eine Handvoll Jahrhunderte, wie zwischenzeitlich angenommen. Damit geben die neueren Datierungen der Felskunstforschung Glorys instinktiver Annahme recht und widerlegen die Auffassung einer geplanten Komposition, deren Ausführung über einen kurzen Zeitraum hinweg geschah.

Diese Meinung war unter anderem von André Leroi-Gourhan vertreten worden, der annahm, dass die Bilder in Lascaux über einen Zeitraum von etwa 100 bis höchstens 500 Jahren angefertigt wurden. 500 Jahre entsprechen ungefähr der Zeitspanne des kollektiven Gedächtnisses einer Gemeinschaft, sodass angenommen wurde, dass die Bilder, ohne Bruch in der Autorschaft, von derselben Gruppe angefertigt wurden. Leroi-Gourhans Arbeit war so einflussreich, dass jener Eindruck bis heute fortdauert und sich erst langsam mit den Fortschritten der Datierungsmethoden Widerstand regt.

Es könnte sogar sein, und damit wäre der Vergleich zwischen Lascaux und einer Tempelanlage endgültig dahin, dass der Brunnen tatsächlich das Ende einer zweiten, tiefer gelegenen Höhle darstellt, die einen separaten, heute verschütteten Eingang besaß. Dies würde auch erklären, warum die Szenerie im Brunnen sich stilistisch so deutlich von den anderen Malereien unterscheidet. Die Darstellungen im

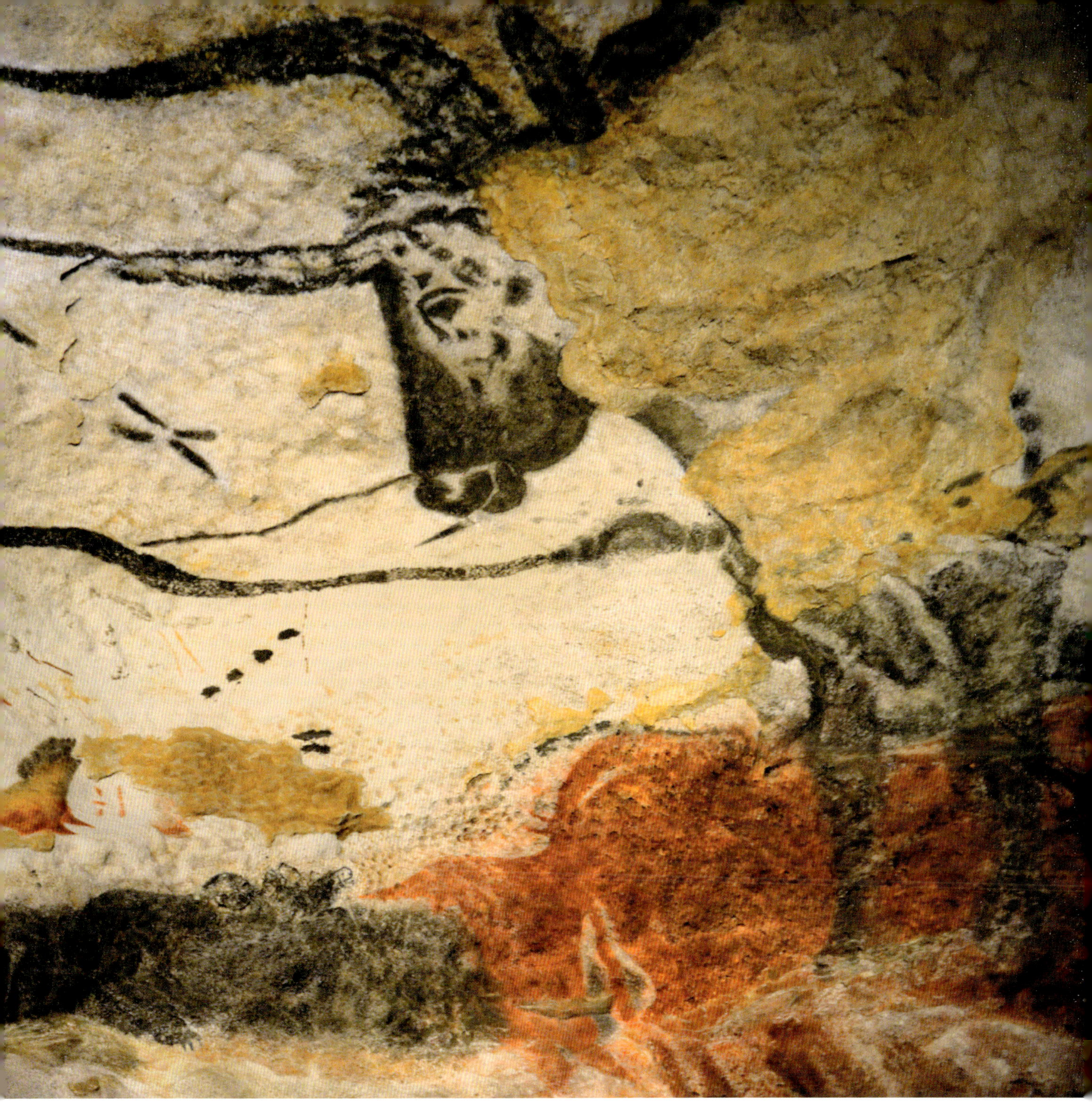

Brunnen sind monochrom in schwarzen Umrisszeichnungen ausgeführt und muten recht steif an – und das betrifft nicht nur den Vogelmenschen. Zwischen Mann und Nashorn sind drei Doppelpunktzeichen gemalt. Eine ähnliche Gruppe aus sechs Zeichen befindet sich im hintersten Bereich des Seitengangs der Raubkatzen, dem Ende der oberen Höhle. Könnte es sich bei diesen Symbolen um die Bezeichnung des Endes eines Raums handeln? Damit würden sie das Ende der oberen und das Ende der unteren Höhle markieren.

Ein weiterer Faktor, der dafür spricht, dass der Brunnen zu einer zweiten, tieferen Höhle ge-

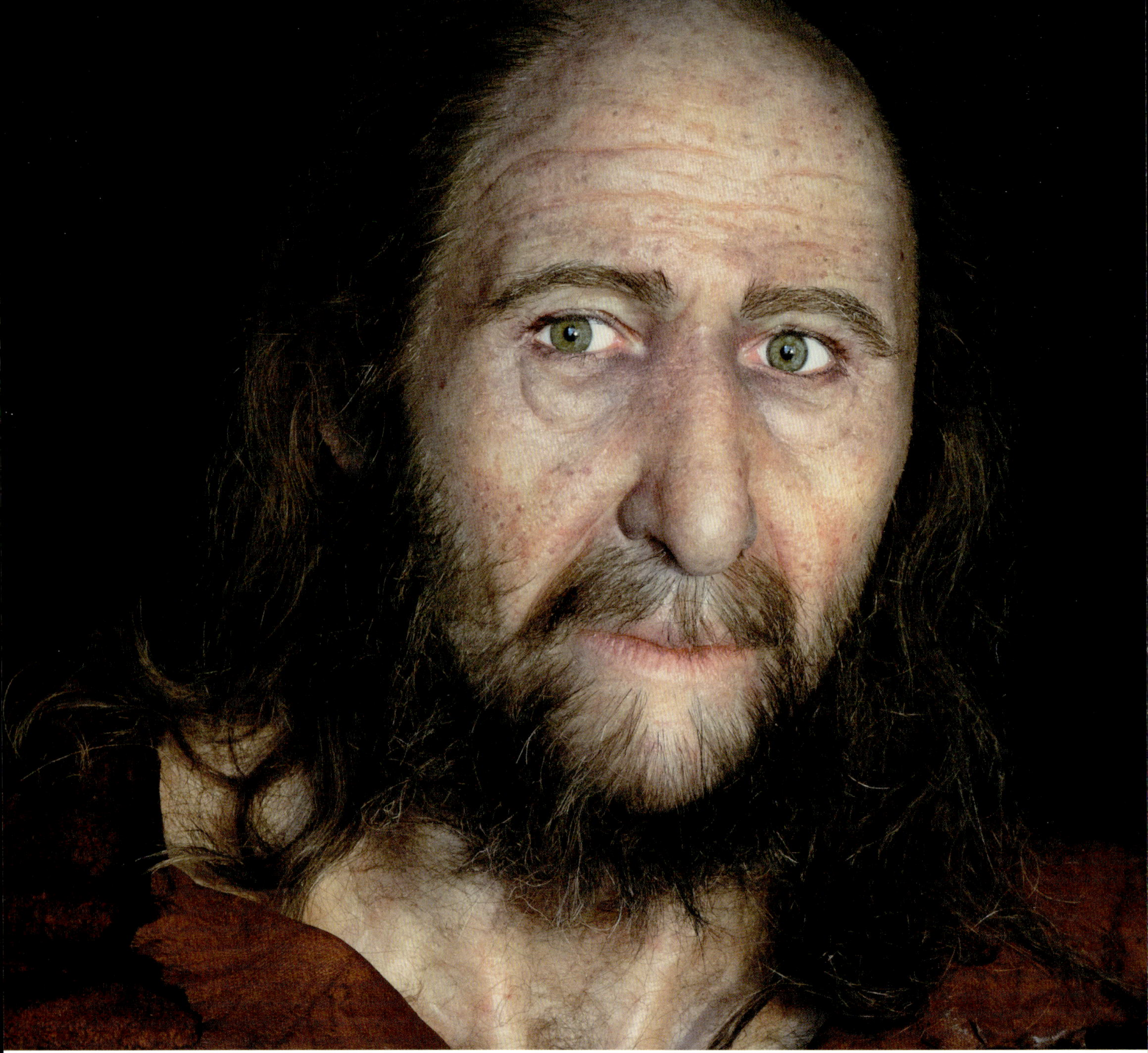

Diese Rekonstruktion eines Cro-Magnon-Jägers basiert auf einem Fossilienfund im Südwesten Frankreichs bei Chancelade.

hört, ist die Schwierigkeit, von der oberen Höhle aus die szenische Darstellung im Brunnen zu erreichen: Man musste zwei Meter unter einer nur 50 Zentimeter hohen Decke aus festgebackenem Lehm hindurchkriechen, bevor man zur Schachtöffnung gelangte, um sich dann bis in fünf Meter Tiefe abzuseilen. Selbst wenn der Abdruck einer Kordel gefunden wurde: Seilten sich die Künstler gerade hier wirklich ab? Handelte es sich hingegen tatsächlich ursprünglich um zwei Höhlen, hätte ein weiterer Zugang die Malarbeiten im Schacht erheblich erleichtert, auch weil im Falle eines zweiten Zugangs die Kohlenstoffdioxidkonzentration im unteren Teil der Höhle nicht so hoch gewesen wäre, sodass man sich dort durchaus hätte aufhalten können.

Das Geheimnis von Lascaux

Was bedeutete die jungpaläolithische Kunst den Cro-Magnons? Warum wurden die Höhlenwände in Lascaux mit Malereien, Zeichnungen und Einritzungen von Tieren und Symbolen übersät? Auf diese Fragen gibt es noch immer keine klare Antwort. Die Methoden zur Klärung dieser Fragen haben sich geändert. Sie sind teilweise, wenn auch nicht immer, rigoroser und wissenschaftlicher und weniger intuitiv geworden. Sie orientieren sich mehr und mehr an den zur Verfügung stehenden technischen Errungenschaften und vereinigen Teams von Spezialisten unterschiedlicher Disziplinen. Zwar liefern Tests zur Prüfung einer Hypothese meist keine konkreten Antworten im Sinne eines Ja oder Nein, sie liefern jedoch Anhaltspunkte darüber, ob eine Theorie stimmig sein könnte. Die einzelnen Hypothesen sind mit der Zeit individueller geworden, die Interpretationen und Analysen konzentrieren sich auf bestimmte Aspekte und auf spezifische Fragen. Das bedeutet nicht, dass das große Ganze aus dem Blick verloren wird. Es ist vielmehr der Erkenntnis geschuldet, dass sich auch das große Ganze aus Einzelteilen zusammensetzt. Jedes einzelne Puzzleteil ist wichtig und muss verstanden werden – was es ist und wo es hingehört –, bevor man die Teile zusammenfügen kann. So wird versucht, Stück für Stück dem Geheimnis von Lascaux ein wenig näher zu kommen.

Die chemisch-physikalische Analyse der Farben und der Lampen, die mikroskopische Analyse der Arbeitsabläufe und der Bildfolgen, die Methoden zur Datierung der Felswandmalereien und der Begleitfunde, die Rekonstruktion von Klima und Umwelt haben in den letzten fünfzig Jahren rasante Fortschritte gemacht. Mit welcher Intention die Cro-Magnons ihre Höhlen mit fast lebendig wirkenden Bildern der Tierwelt füllten, ist eine Frage, zu der man zwar viele Hypothesen aufstellen kann, die man aber ultimativ niemals wird beantworten können. Wir sind den Antworten zu den Fragen nach dem Wann und dem Wie sehr viel näher gekommen. Die Klärung des Warum wird uns wohl trotz aller Fortschritte nicht gelingen. Die Cro-Magnons von Lascaux haben uns keine Erklärungen hinterlassen – jedenfalls keine, die wir zu verstehen imstande sind.

Und was bedeutet uns die jungpaläolithische Kunst? Wir wissen zwar nicht, wozu die Wandbilder in Lascaux geschaffen wurden, dennoch verrät uns ihre Existenz, dass die Menschen, die sie erschufen, sich im Grunde kaum von uns unterschieden. Sie waren vollkommen moderne Menschen. Sie produzierten Farben, Schmuck, Kunstgegenstände und Wandkunst. Sie waren innovativ. Sie benutzten Symbole zur Kommunikation. Sie bauten Netzwerke auf und unterhielten sie durch den Austausch von Informationen und Gegenständen. Sie führten ein komplexes Sozialleben und besaßen eine gemeinsame Wertebasis, wodurch all das zuvor Genannte erst ermöglicht wurde. Die Geschwindigkeit, in der diese Errungenschaften entstanden, hatte seit der Einwanderung der ersten anatomisch modernen Menschen nach Europa vor etwa 40 000 Jahren immer weiter zugenommen: Es fand eine wahrhafte „kreative Explosion" statt. Die Höhle von Lascaux und ihre Bilderwelt stehen somit für so viel mehr als nur die Geburt der Kunst.

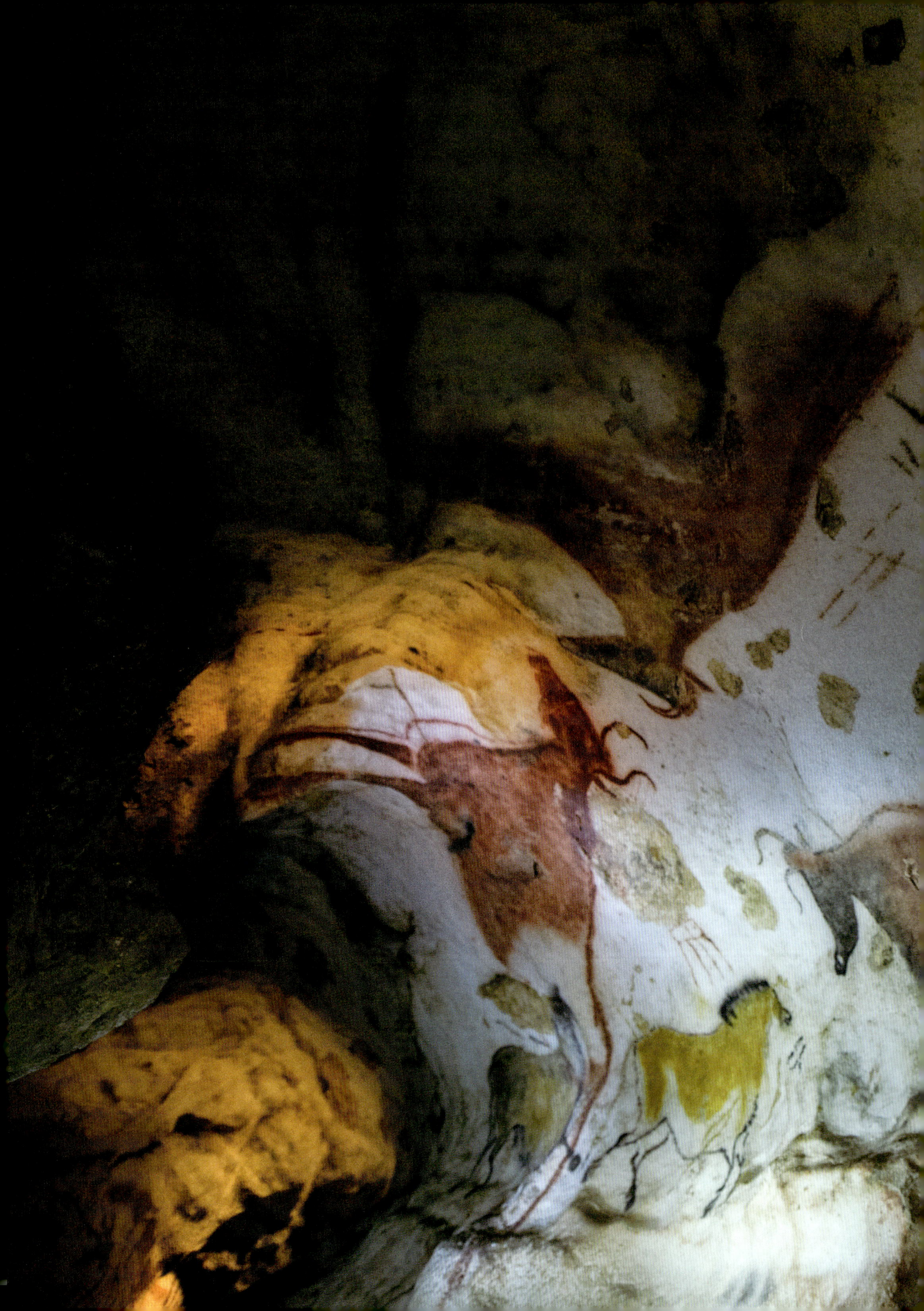

SCHIMMEL UND CHANCEN

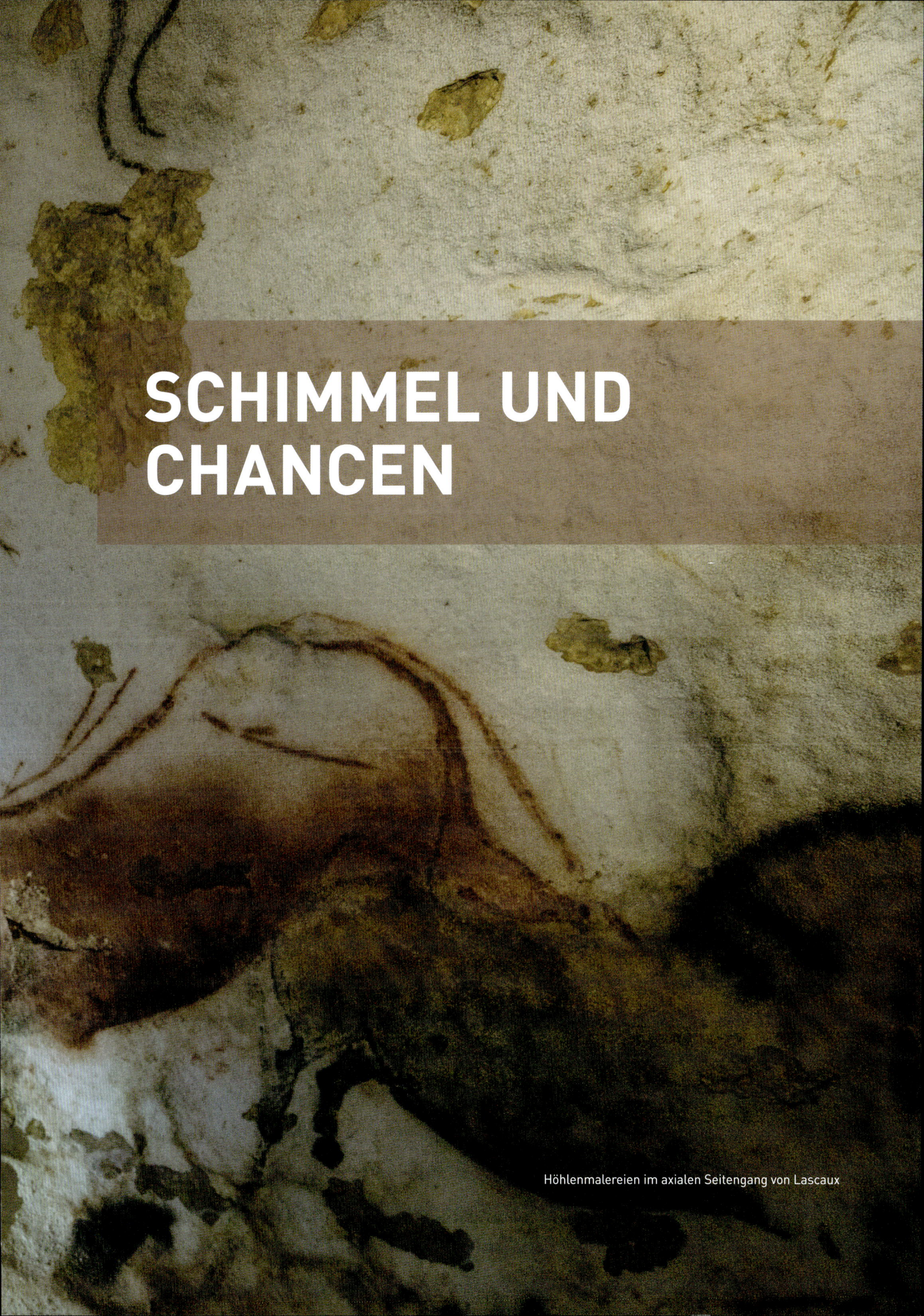

Höhlenmalereien im axialen Seitengang von Lascaux

Lascaux bis heute

Schon als Henri Breuil zum ersten Mal einen Fuß in die Höhle von Lascaux setzte, war ihm klar, dass diese einzigartige unterirdische Welt um jeden Preis geschützt werden musste. Seine Bestrebungen zur Konservierung der Malereien fingen bescheiden an: Er verlangte von den jungen Entdeckern, dass sie den Eingang zur Höhle Tag und Nacht bewachten, um zu verhindern, dass Unbefugte eindringen. So schlugen die jungen Leute ihr Lager vor der Höhle auf und wechselten sich gegenseitig mit dem Wachdienst ab. Sie bauten sich eine kleine Holzhütte, und nachdem diese durch einen Brand zerstört worden war, schliefen sie in Zelten. Für zwei Francs gewährten sie Besuchern vereinzelt den Zutritt, die teilweise an den farbigen Wänden kratzten und ihre Initialen hinterließen. Durch den persönlichen Einsatz der jungen Leute konnte die Höhle jedoch vor größeren Schäden bewahrt werden, während konkrete staatliche Maßnahmen zum Schutz des Kulturgutes noch etwas auf sich warten ließen. Die Höhle wurde allerdings noch im Jahr ihrer Entdeckung unter Denkmalschutz gestellt.

Das Land, auf dem sich der Eingang zur Höhle befand, gehörte der Familie de La Rochefoucauld. Sie nahm es dann auch auf sich, eine schwere Bronzetür am Eingang anzubringen, um ihn so abzusperren und die Höhle vor äußeren Wettereinflüssen und klimatischen Veränderungen zu schützen. 1947 beauftragte die Familie im Vorfeld der Öffnung der Höhle für Besucher umfangreiche Arbeiten: So wurde eine Treppe installiert, die den höher gelegenen Eingangsbereich mit dem unteren Bodenniveau des Saals der Stiere verbinden sollte. Darüber hinaus wurde der Boden der Höhle ausgeschachtet, um Fundstücke zu sichern. Am 14. Juli 1948 öffnete die Höhle dann offiziell für Besucher.

Die spektakuläre Bilderwelt von Lascaux wurde nach ihrer Öffnung schnell zu einem Touristenmagneten. Während der sommerlichen Hochsaison kamen täglich bis zu 1800 Menschen, um die Malereien zu bestaunen. Doch der Besucheransturm hatte verheerende Folgen für den Zustand der Bilder an den Höhlenwänden. Unter anderem bildete sich Schimmel an der Wandoberfläche. Schon 15 Jahre waren lange genug, um die Bilder stark zu schädigen. Im Jahr 1963 fasste der Minister für kulturelle Angelegenheiten, der berühmte Schriftsteller André Malraux, den Entschluss, die Höhle für Besucher gänzlich zu sperren – an Ostern desselben Jahres bestand die letzte Gelegenheit, sie zu betreten. Man versuchte anschließend, die Schimmelbildung rückgängig zu machen, indem ein neues Klimatisierungssystem eingerichtet wurde. Das Höhlenklima wurde nun durchgängig auf Veränderungen hin überwacht. Den Schimmel behandelte man mit Fungiziden, also mit chemischen Mitteln zur Abtötung von Pilzen, und die durch Schimmel und Kondenswasser beschädigten Bilder wurden restauriert. Trotz aller Rettungsversuche konnte die Schimmelbildung jedoch lediglich aufgehalten, aber nicht rückgängig gemacht werden.

Zeitweise durften nur fünf Wissenschaftler die Höhle pro Tag betreten, und das nur an fünf Tagen in der Woche. Trotz dieser vorsorglichen Maßnahmen wurde im Jahr 2000 erneut ein Befall mit Pilzen und Bakterien entdeckt. Seither dürfen sich bloß Wissenschaftler mit einer besonderen Genehmigung für wenige Stunden in der Höhlenwelt von Lascaux aufhalten, um den Zustand der Wände zu überprüfen. Die Höhle ist heute ansonsten verschlossen. Wo sich einst dichte Besucherströme durch die Tunnel drängten, herrschen nun wieder Dunkelheit und Leere.

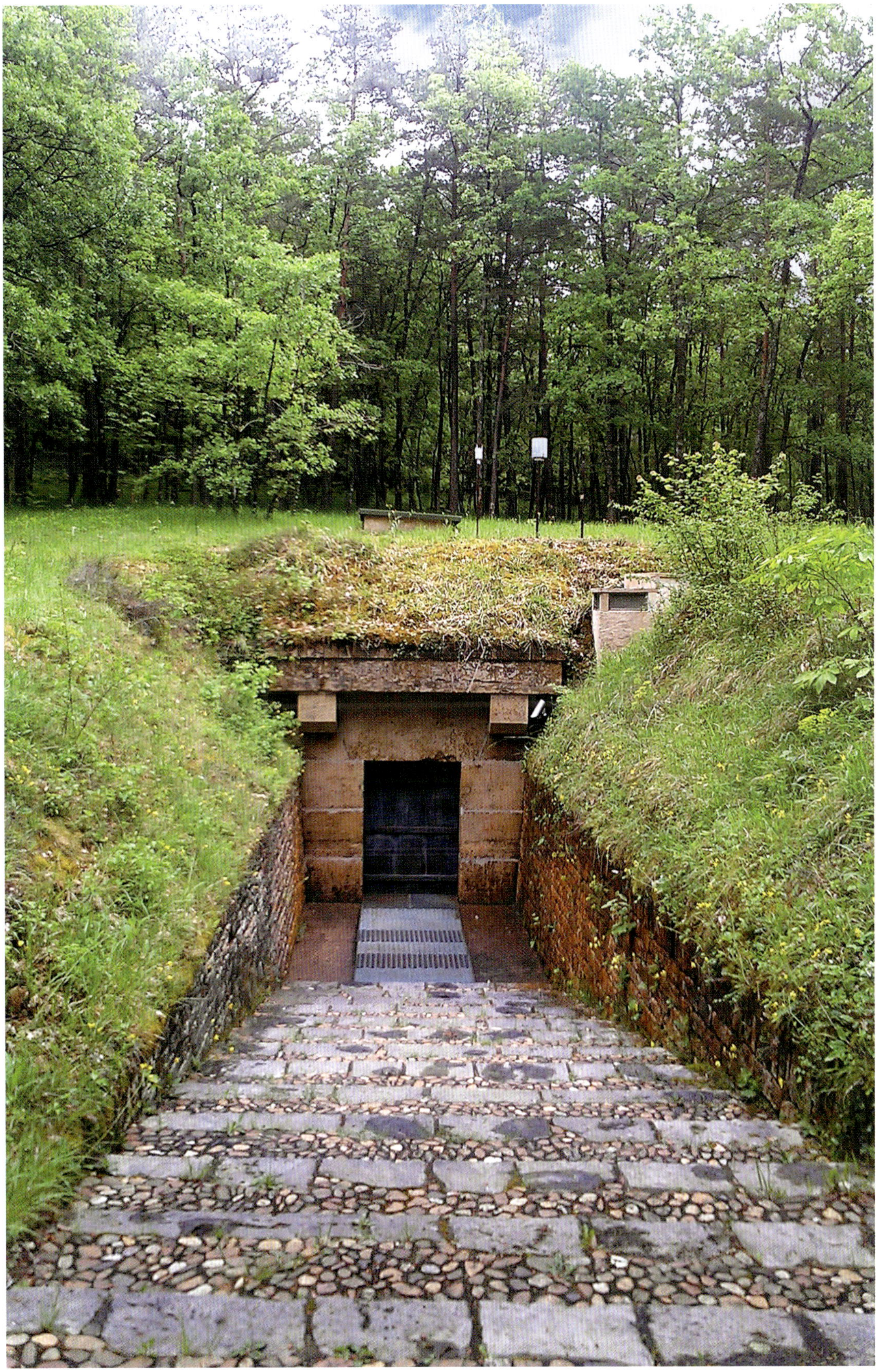

Der Eingang zur inzwischen für Besucher geschlossenen Höhle von Lascaux

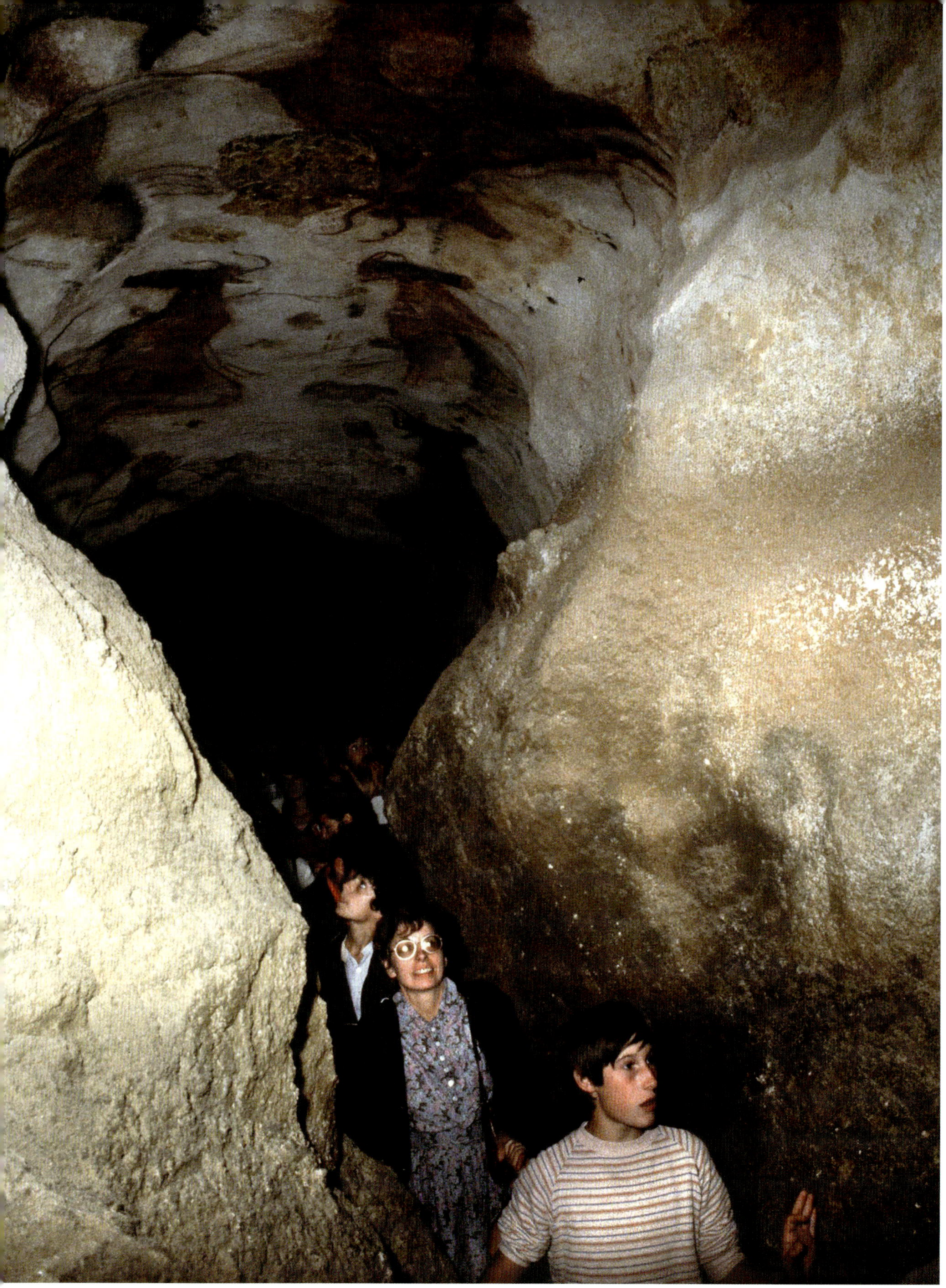

Die großen Besucherströme brachten das Höhlenklima von Lascaux aus dem Gleichgewicht. Seit 1983 können Touristen eine Nachbildung der Originalhöhle durchstreifen. Diese Aufnahme zeigt Besucher von Lascaux II.

Im Folgenden werden die durch die Besuchermassen entstandenen Probleme und mögliche Lösungsansätze dafür aufgezeigt. So wie Lascaux zu einem Fallbeispiel für verschiedene Theorien der Felsbildforschung wurde, erforschte man hier auch unterschiedlichste Konservierungsmethoden.

Das Höhlenklima

Die klimatischen Bedingungen innerhalb einer Höhle unterscheiden sich deutlich von denen, die außerhalb herrschen. Ein Höhlensystem ist durch einen oder mehrere Zugänge zwar nicht vollkommen von der Außenwelt isoliert, jedoch abgeschlossen genug, um ganz eigene Charakteristika aufzuweisen und diese fast unabhängig von den klimatischen Veränderungen draußen an der Luft aufrechtzuerhalten. Die Auswirkungen einer allgemeinen Veränderung des Klimas außerhalb einer Höhle haben erst nach geraumer Zeit einen Einfluss auf das Klima im Inneren der Höhle.

Das Höhlenklima von Lascaux zeichnet sich unter anderem durch eine einigermaßen stabile Temperatur aus: Die jahreszeitlichen Schwankungen betragen meist nur Zehntelgrade. Allerdings ist in den letzten 75 Jahren, seit der Entdeckung von Lascaux, das Höhlenklima um etwa zwei Grad von elf auf 13 Grad Celsius angestiegen. Weiterhin besitzt die Höhle eine nahezu gleichbleibende Luftfeuchtigkeit von über 98 Prozent sowie eine bestimmte chemische Zusammensetzung der Luft. Normalerweise beträgt der Kohlenstoffdioxidgehalt der Luft innerhalb einer Höhle etwa das Dreifache des Wertes der Luft außerhalb, wo er durchschnittlich bei ca. 0,03 Prozent liegt. In Lascaux ist allerdings der Kohlenstoffdioxidgehalt schon auf natürliche Weise, also ohne den zusätzlichen Einfluss der Besucherströme, deutlich erhöht. Im Brunnen beläuft er sich sogar auf ungefähr sechs Prozent – zum Vergleich: Unter 0,5 Prozent sind auf Dauer noch unschädlich für den Menschen. Selbst im vorne gelegenen Saal der Stiere ist der Wert mit 0,3 Prozent zehnmal so hoch wie außerhalb der Höhle – und auch sehr viel höher als in Höhlensystemen generell.

Ein Höhlenklima wird als „dynamisches Equilibrium“ bezeichnet. Dies bedeutet, dass zwar nicht konstant und jederzeit unverändert dieselben Bedingungen herrschen, dass aber leichte Abweichungen durch selbst regulierende Prozesse innerhalb der Höhle ausgeglichen werden können. Ein langsamer und natürlicher Temperaturanstieg etwa muss nicht unbedingt zu einer Veränderung der Wandoberfläche führen, wenn es nur langsam genug geschieht, sodass sich andere Parameter ebenfalls ändern und daran anpassen können. Wenn jedoch das natürliche, sich über Jahrtausende eingependelte Gleichgewicht zwischen Temperatur, Feuchtigkeit und Luftzusammensetzung plötzlich von außen gestört wird, wie es am Beispiel von Lascaux infolge der Besuchermassen geschehen ist, können die dann auftretenden Schäden irreparabel sein. Daher sind die Lehren, die aus den in Lascaux begangenen Fehlern gezogen werden können, unendlich wertvoll für das Besuchermanagement und die Konservierungsbestrebungen bei anderen Bilderhöhlen. Lascaux ist allerdings bei Weitem nicht die einzige prähistorische Höhle mit Wandkunst, die unter einem Zuviel an Aufmerksamkeit zu leiden hatte. So war auch die Höhle von Altamira in Mitleidenschaft gezogen worden und musste 1979 geschlossen werden, um die noch verbleibenden Bilder zu schützen.

Steigende Besucherzahlen treiben die Lufttemperatur im Inneren einer Höhle nach oben. Die

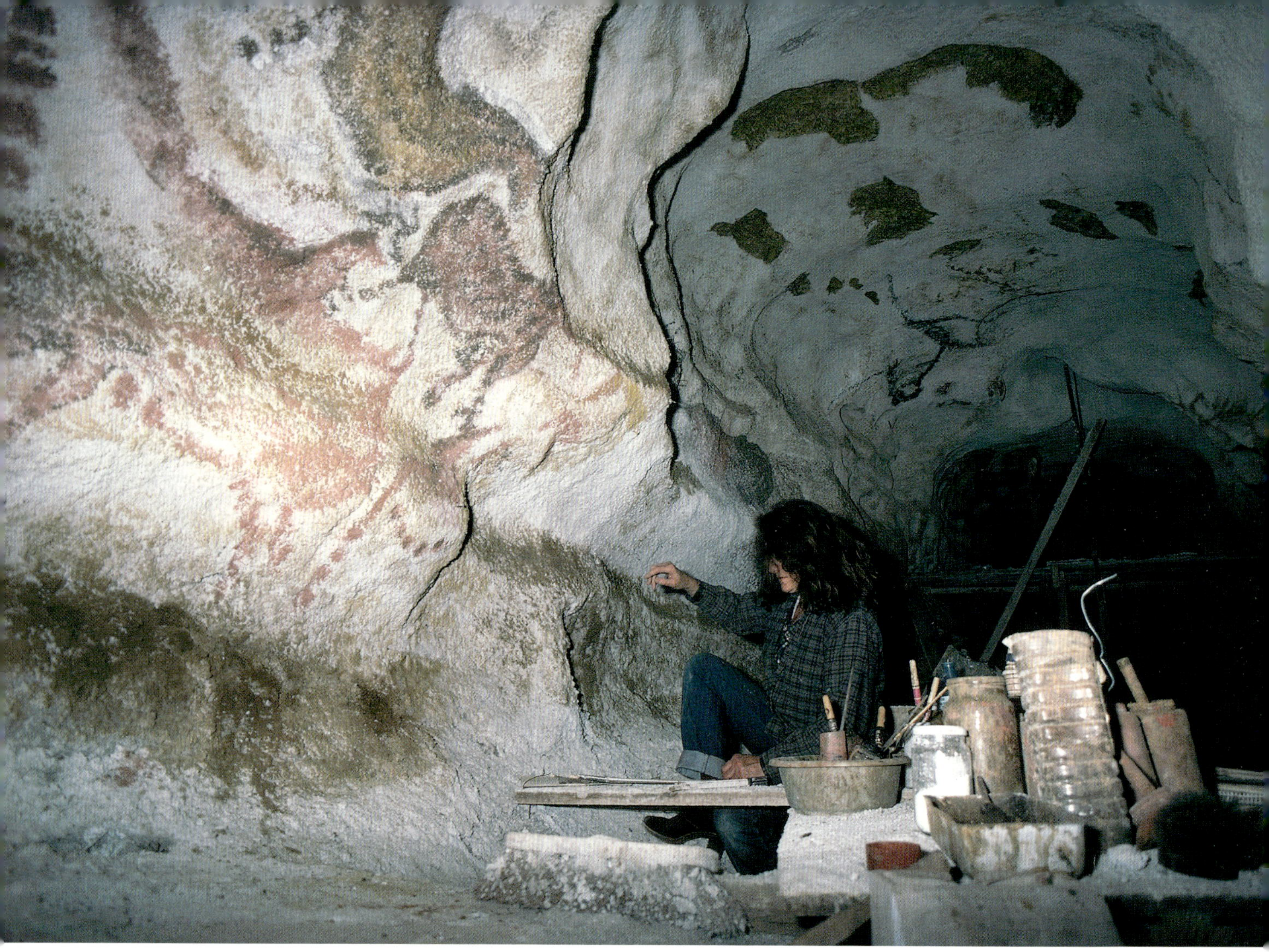

Ein Restaurator bei seiner Arbeit im axialen Seitengang

Erwärmung der Luft führt wiederum dazu, dass auch die Temperatur der Höhlenwände steigt. In Lascaux wurden diese Auswirkungen spürbar, wissenschaftliche Untersuchungen in anderen Bilderhöhlen haben dann auch ergeben, dass es tatsächlich einen Zusammenhang zwischen Besuchern und Temperaturschwankungen gibt und dies nicht bloß eine rein jahreszeitliche Erscheinung ist. Ohne Besucher bleibt die Temperatur in einer Höhle relativ konstant und unterliegt nur minimalen saisonalen Schwankungen.

Doch Wärme war nicht das einzige Resultat der Besucherströme und keinesfalls allein verantwortlich für die Destabilisierung des Höhlenklimas und damit für die Zerstörung der Bilder in Lascaux, wenngleich sie einen großen Anteil daran hatte. Ein weiterer nicht zu unterschätzender Faktor war die Luftfeuchtigkeit. In einer Höhle reguliert sich die Luftfeuchtigkeit prinzipiell von selbst durch einen langsamen Austausch mit der Luft von außerhalb. Die Luftfeuchtigkeit bleibt wie die Temperatur relativ stabil. Doch Menschen atmen, und wie man an kühlen Herbst- und Wintertagen eindrücklich am eigenen Leibe erfahren kann, ist die menschliche Atemluft feucht und warm. Jeder Besucher brachte mit seiner Atemluft durchschnittlich 40 Gramm Wasser in die Höhle – und das pro Stunde seines Aufenthaltes. Die feuchtwarme, kohlenstoffdioxidreiche Atemluft aus bis zu 1800 Kehlen täglich brachte das Höhlenklima aus dem Gleichgewicht. Sie ließ sich als Kondenswasser an den kühlen Höhlenwänden nieder und begünstigte das Entstehen und Wachstum von Algen und Schimmel. Die schon von Natur aus hohe Konzentration von Kohlenstoffdioxid in Lascaux wurde durch die Atemluft der vielen Besucher nur noch mehr in die Höhe getrieben. Kohlenstoffdioxid entwickelt sich in Verbindung mit Wasser zu einer aggressiven Säure, welche die Kalksteinwände der Höhle angreift, indem sie den Kalk auflöst und so die Oberflache porös und bröckelig werden lässt.

Schon 1949, nur ein Jahr nachdem die Höhle für die Allgemeinheit zugänglich geworden war, wurde schwarzer Schimmel auf den Wänden entdeckt. Als Reaktion darauf wurden 1950 im Eingangsbereich zwei Luftschleusen installiert. Leichte Korrosionserscheinungen an den Felswänden infolge des sauren Kondenswassers traten seit Mitte der 1950er-Jahre auf – trotz der Luftschleusen. Sogar die Besucher bemerkten die erhöhte Kohlenstoffdioxidkonzentration an der sauerstoffarmen Luft, die sie einatmeten, die unangenehme Wärme und das Wasser an den Wänden.

Die grüne Krankheit

Die ersten Algen bemerkte der Entdecker der Höhle, Marcel Ravidat, der nach ihrer Öffnung für Besucher dort als Führer arbeitete. Ihm fiel im Jahr 1957 auf, dass neben dem „Einhorn" im Saal der Stiere auf der Wandoberfläche Algen zu wachsen begonnen hatten. Neben dem erhöhten Kohlenstoffdioxidgehalt in der Luft und der wegen der abgesonderten Wärme angestiegenen Temperatur begünstigte die für die Besucher eingerichtete künstliche Beleuchtung ihre Ausbreitung – Licht, Wärme und Kohlenstoffdioxid sind alles, was eine grüne Alge zum Leben benötigt. Sie verbündeten sich mit Schimmelpilzen, Bakterien, Infusorien – winzigen Tierchen wie Flagellaten und Amöben, die Anzeichen für eine schlechte Wasserqualität sind – und Würmern und bildeten die „grüne Krankheit" („la maladie verte").

Um das Algenwachstum einzudämmen und die Luftqualität in der Höhle wieder zu verbessern, wurde zwischen 1957 und 1958 ein Ventilationssystem installiert. André Glory beaufsichtigte die umfangreichen Ausschachtungsarbeiten des Höhlenbodens und des über Jahrtausende entstandenen Schutthügels am Eingang und nutzte sie so gut er konnte, um archäologische Ausgrabungen durchzuführen. Trotz seiner Bemühungen konnten in der Kürze der Zeit die steinzeitlichen Schichten nicht ausreichend untersucht werden, bevor diese für immer verschwanden. Infolge der Ausschachtungsarbeiten wurde die ungeheure Menge von 440 Kubikmetern Erde bewegt sowie ein Maschinenraum im Eingangsbereich installiert, dessen Apparatur für den Luftaustausch in dem gesamten zugänglichen Teil der Höhle sorgte.

Natürlich war schon zur Eröffnung der Höhle im Jahr 1948 für die Besucher eine künstliche Beleuchtung installiert worden, im Zuge der Errichtung des Luftzirkulationssystems unter Glory wurde aber auch die elektrische Beleuchtung modernisiert: Projektoren erleuchteten nun von unten die Bildkompositionen an den Wänden. Diese Art der Beleuchtung förderte jedoch das Algenwachstum: Die „grüne Krankheit" wurde im Jahr 1960 erneut festgestellt.

Die Algen konnten Mitte der 1960er-Jahre durch die intensive Behandlung mit einer Formaldehydlösung innerhalb weniger Monate vernichtet werden. Seither wird diese Lösung auch vorsorglich zur Verhütung eines eventuellen erneuten

Algenwachstums verwendet. Seit dieser Zeit wurde auch die Beleuchtung auf ein Minimum beschränkt, sodass die Lichtverhältnisse sich denen annäherten, die zur Zeit der Maler von Lascaux geherrscht hatten.

Die weiße Krankheit

Um 1960 wurde die sogenannte „weiße Krankheit" („la maladie blanche") festgestellt. Die weiße Krankheit beschreibt eine weitere, jedoch im Vergleich zur grünen Krankheit ganz anders geartete Auswirkung der erhöhten Kohlenstoffdioxidwerte und der zunehmenden Kondensation von Feuchtigkeit an den Höhlenwänden: Eine dünne Schicht aus Kalzit (Kalkspat) zog sich wie ein weißer Schleier über die Wände und bildete hier und da Gruppen von buckeligen Knospen. Gut zu sehen ist ein gelblich-weißer Fleck dieses Kalkspatüberzugs an Kopf und Hals eines der großen Auerochsen im Saal der Stiere.

Der übermäßige Niederschlag von kondensiertem Wasser an den Höhlenwänden war eines der größten Probleme, mit denen sich die Archäologen und Konservatoren auseinandersetzen mussten. Es stellte sich heraus, dass der Schutthügel, der im Eingangsbereich der Höhle entfernt worden war, einen äußerst wichtigen Beitrag zur Gewährleistung eines konstanten Höhlenklimas geleistet hatte: Er trennte auf natürliche Weise die Außenwelt von der Höhle ab, indem er den Eingang gleichsam versiegelte und vor einsickerndem Wasser schützte. Gleichzeitig bot er einen natürlichen „kalten Punkt", an dem sich überschüssige Luftfeuchtigkeit sammeln konnte. Mit dem Verschwinden dieses Schutthügels suchte sich das Kondenswasser die nächstbesten kühlen Stellen zum Ablaufen: die Wände.

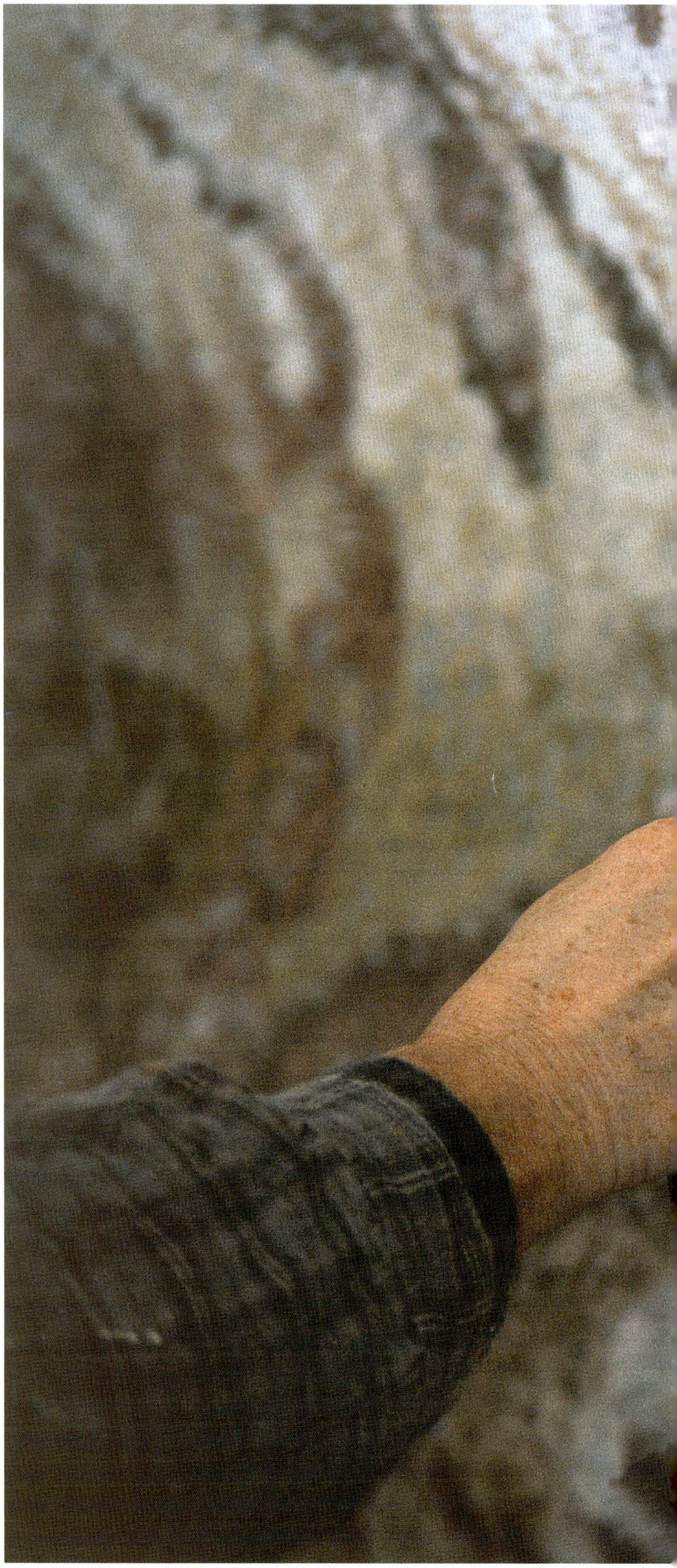

Restaurierungsarbeiten im axialen Seitengang von Lascaux

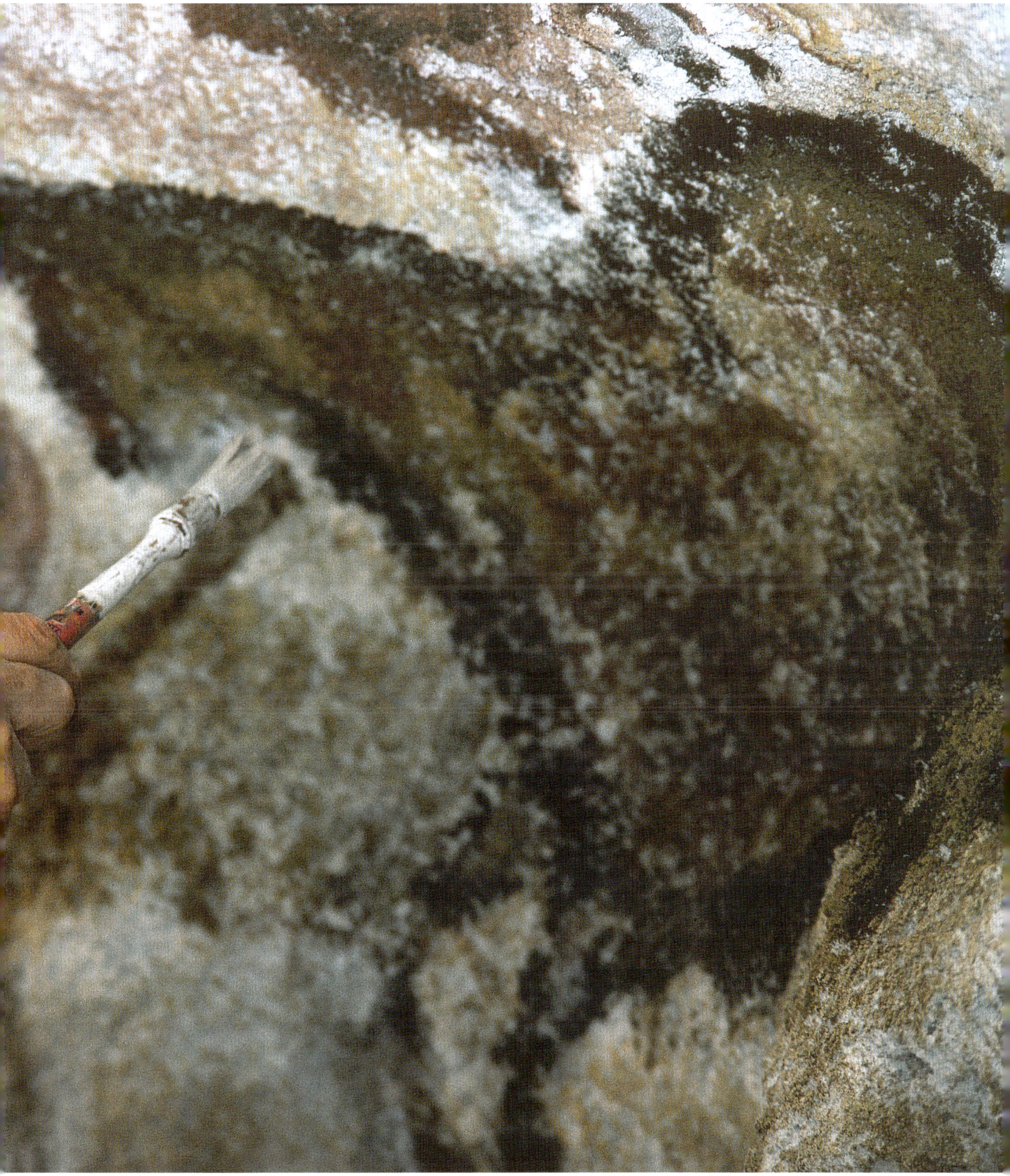

In den Jahren 1965 bis 1967 wurde daher ein Klimatisierungssystem installiert, das die alte Luftaustauschanlage ersetzte. Das System schuf einen künstlichen Kältepunkt im Maschinenraum, wo sich die überschüssige Luftfeuchtigkeit niederschlagen konnte. Damit wurde auch die Temperatur in der Höhle gesenkt, das im Eingangsbereich eindringende Sickerwasser wurde aufgefangen und abgeleitet. Außerdem ließ sich der Kohlenstoffdioxidgehalt verringern, indem man das im Brunnen hochkonzentrierte Gas ableitete, bevor es sich in der Höhle verbreiten konnte. Auf diese Weise war es möglich, der weißen Krankheit Einhalt zu gebieten: Mit dem Verschwinden von Kohlenstoffdoxid und Wasser wurde ihr schlicht die Basis entzogen.

Schimmelpilze und Bakterien

Die Höhle von Lascaux ist nicht nur von einer einzigen Schimmelart befallen – es sind Dutzende. Seit der Entdeckung der ersten schwarzen Schimmelspuren im Jahr 1949 wird Lascaux von Schimmelbefall heimgesucht. Die meisten Schimmelpilzarten vermehren sich durch Sporen, die sich auf dem Luftweg verbreiten. Schimmelsporen gibt es fast überall, sie brauchen aber Feuchtigkeit und Nahrung, um zu gedeihen. Ihre Nahrung besteht aus organischen Substanzen.

Durch die relative Abschottung der Höhle von der Außenwelt und das über Jahrtausende eingependelte Gleichgewicht des Höhlenklimas schien Schimmelbefall früher wohl kein Problem gewesen zu sein – trotz der verhältnismäßig hohen Luftfeuchtigkeit in der Höhle handelt es sich also nicht um ein zwangsläufiges, von Natur aus auftretendes Phänomen. Erst mit der Öffnung der Höhle nach außen, dem vermehrten „Eindringen" der Besucher und der dadurch herbeigeführten Verschlechterung der Luftqualität wurde Schimmel zu einem Problem.

Auf der rauen Oberfläche der Felswände fasste der Schimmel in mikroskopisch kleinen Ritzen Fuß und befiel damit auch die Farbschichten der Malereien. Aus diesem Grund ist eine aggressive Schimmeltherapie nicht möglich, denn sie würde unweigerlich zusammen mit dem Schimmel auch die Bilder zerstören. Es ist ähnlich wie bei einer verschimmelten Tapete: Man kann den Schimmel zwar bis zu einem gewissen Grad abschrubben, aber vom Blümchenmuster ist danach kaum noch etwas übrig. Daher gestalten sich die Schimmeltherapien in Lascaux so schwierig. In den 1980er-Jahren war der Schimmelbefall allerdings durch eine Kombination aus Fungiziden und Antibiotika einigermaßen unter Kontrolle gebracht worden.

Zwischen 1999 und 2001 wurden erneut umfangreiche Arbeiten in Lascaux durchgeführt. Der Eingang wurde vergrößert, ein Teil des Daches entfernt, und eine neue, dritte Klimaanlage sollte das veraltete System ersetzen. Starke Regenfälle während der Installationsarbeiten erlaubten jedoch das Eindringen von Regenwasser in die Höhle, wodurch das inzwischen wieder mühsam erreichte klimatische Gleichgewicht erneut zerstört wurde. Die Konservatoren stellten abermals eine Schimmelpilzinfektion durch den Pilz Fusarium solani fest. Anders als bei anderen Schimmelarten breiten sich die Sporen von diesem Pilz nicht auf dem Luftweg aus. Man nimmt daher an, dass sie bereits im Erdreich der Höhle vorhanden waren und durch die Bodenarbeiten freigesetzt wurden. Die Sporen könnten auch mit dem Regenwasser hineingeschwemmt worden sein.

Der Pilz breitete sich als weiße, klebrige Schicht über den Höhlenboden aus. Gegen diese und

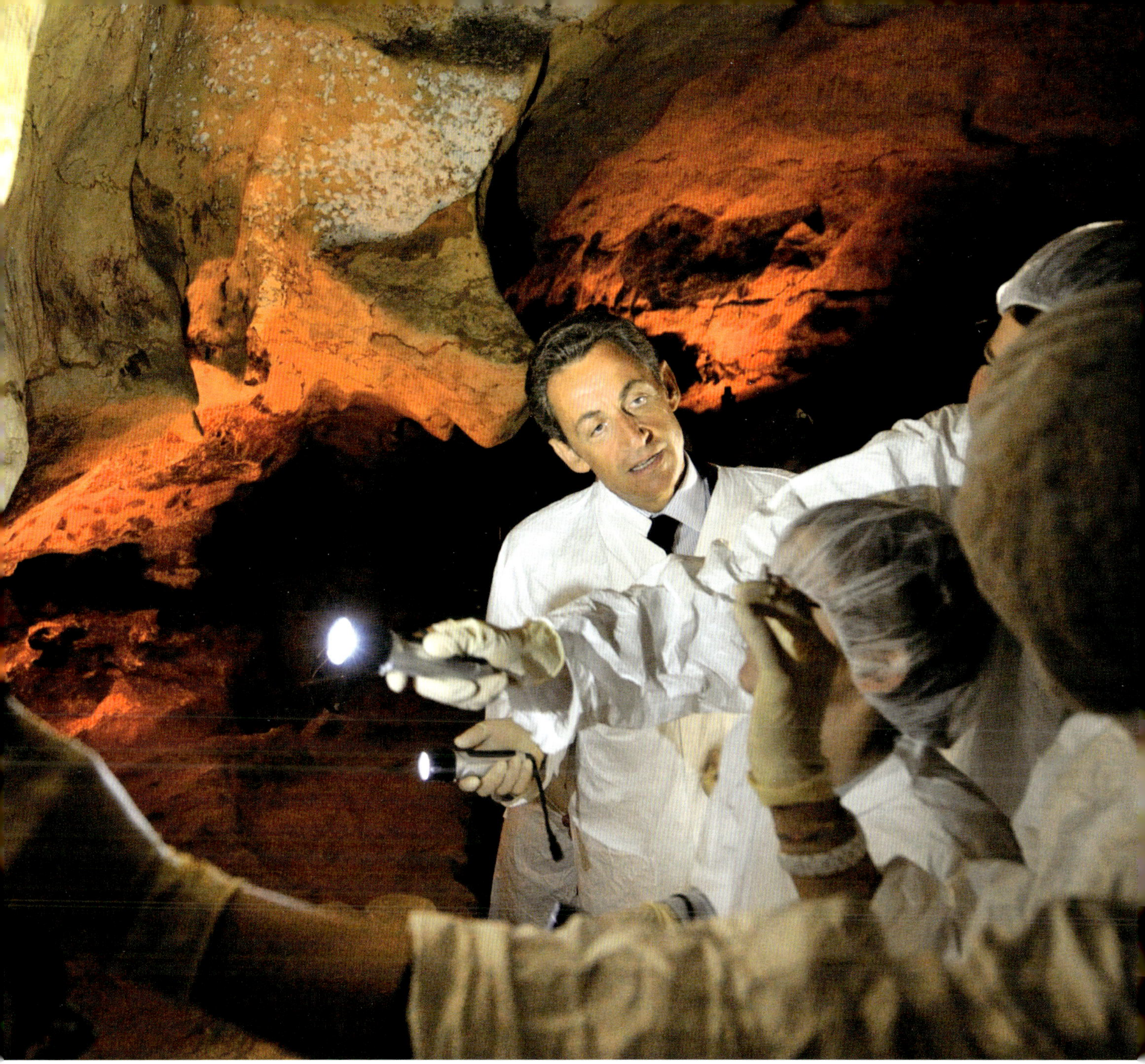

Die Malereien von Lascaux zu schützen, liegt auch im Interesse der Politik. Der damalige französische Präsident Nicolas Sarkozy besuchte die Höhle 2010 anlässlich des 70-jährigen Jubiläums ihrer Entdeckung.

andere Schimmelarten wurden Fungizide eingesetzt. Unglücklicherweise führte eine Daueranwendung von Fungiziden allerdings dazu, dass die Schimmelpilze immun gegen das Gift wurden und sich immer stärker vermehrten. Schlimmer noch: Der Pilz Fusarium solani wurde von einem Bakterienstamm, Pseudomonas fluorescens, begleitet. Pilz und Bakterienstamm leben in einer symbiotischen Verbindung miteinander. Der Bakterienstamm ist dazu imstande, das gegen den Schimmel eingesetzte Fungizid zu neutralisieren.

Der erste Befall der Wände durch verschiedenen Bakterienstämme war bereits nach den umfänglichen Arbeiten in der Höhle während der 1950er-Jahre aufgetreten. Mehrere Behandlungs-

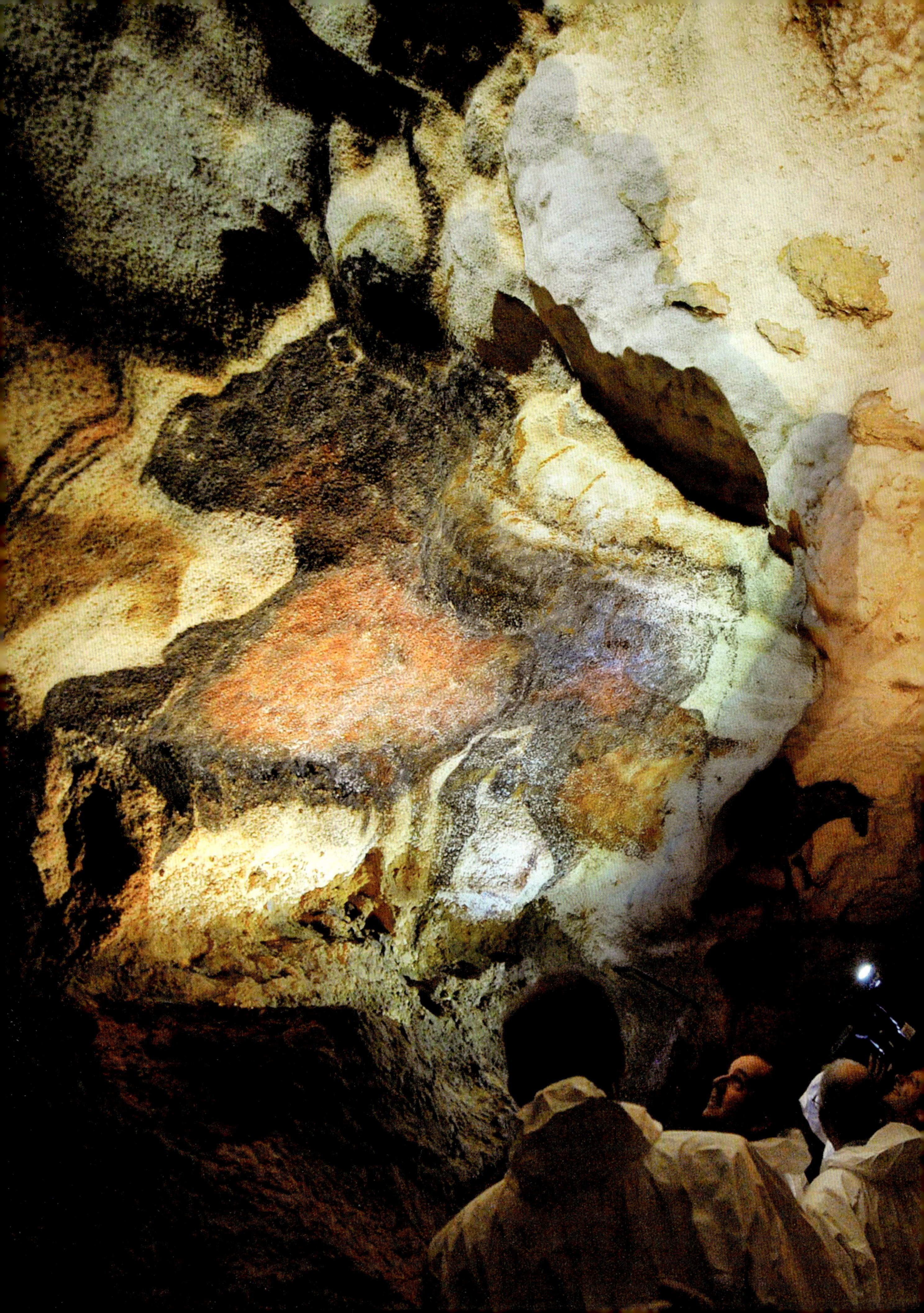

versuche, die mit Fungiziden und Antibiotika unternommen wurden, führten jedoch nicht zu einer gänzlichen Ausrottung des Befalls. Nachdem sich der kurzzeitig unter Kontrolle gebrachte Schimmel also im Zuge der Arbeiten um 2000 wieder ausgebreitet hatte, versuchte man schließlich, ihm mit gebranntem Kalk auf den Leib zu rücken, der als Trocknungsmittel dienen sollte und für ein paar Jahre auf dem Höhlenboden verblieb. Die Ausbreitung des Schimmels an den Wänden wurde wieder chemisch behandelt und durch Fungizide und Antibiotika bekämpft.

Im Jahr 2002 nahm eine internationale Kommission ihre Arbeit auf und führte damit die Bemühungen der vom Kultusminister André Malraux 1963 einberufenen wissenschaftlichen Kommission zum Schutz von Lascaux („Commisssion d'études scientifique pour la sauvegarde de Lascaux") fort. Sie bestand aus Restauratoren, Archäologen und Konservatoren, aber auch aus vielen Regierungsbeamten, die auf die Einhaltung einer wie auch immer gearteten offiziellen Linie achteten. In der Öffentlichkeit wurde Kritik an dieser Kommission laut, da die dort vertretenen Regierungsbeamten von den eigentlichen Aufgaben des Schutzes und Managements eines Kulturerbes nicht viel verstanden, so der Vorwurf.

Die chemische Behandlung der Höhlenbilder wurde auf Wunsch der Kommission wenige Jahre später wieder eingestellt und der Kalk vom Höhlenboden entfernt. Die Schimmelarten, die sich inzwischen vom Boden auf die Wände ausgebreitet hatten, sollten zum Schutz der Bilder nur noch manuell entfernt werden. Die Höhle wurde anschließend für kurze Zeit komplett geschlossen, und man hoffte auf eine natürliche Rückkehr des Gleichgewichts im Inneren. Im Jahr 2007 traten dann wieder schwarze Schimmel auf. Die hinzugezogenen Mikrobiologen stellten fest, dass es sich um etwa 40 verschiedene Arten handelte, die nicht nur in den offensichtlich betroffenen Bereichen, sondern bereits auch in anderen Teilen der Höhle, selbst in der Luft, zu finden waren. Die globale Klimaerwärmung tat ihr Weiteres: Die Temperaturanstiege äußerten sich mit etwas Verzögerung auch im Inneren der Bilderhöhle von Lascaux, da es sich nicht um ein komplett von der Außenwelt abgeschottetes System handelt. Im Jahr 2008 wurde ein weiterer Versuch unternommen, die Schimmel und Bakterien mit Antibiotika unter Kontrolle zu bringen, wonach die Höhle für drei Monate abermals komplett geschlossen wurde. Lascaux schien dem Verfall preisgegeben. Den Konservatoren gingen die Ideen aus.

Die UNESCO drohte nach den vergeblichen Versuchen, den schwarzen Schimmel einzudämmen, und angesichts der ungeheuren Gefahr für die Stätte im Jahr 2008 damit, Lascaux auf die Rote Liste des gefährdeten Weltkulturerbes zu setzen, was in aller Deutlichkeit den desolaten Zustand der Höhlenbilder widerspiegelte. Zum Schutz der Höhle verlangte die UN-Organisation, dass den Wissenschaftlern in der Kommission größere Freiheiten eingeräumt werden und sie unabhängig von der offiziellen Regierungslinie Strategien zum Schutz der Höhle ausarbeiten. Der großen Kommission wurde zu diesem Zweck eine kleinere zur Seite gestellt, die ausschließlich aus Wissenschaftlern besteht. Diese sind nun dabei, die Fehler, die in Zusammenhang mit den Konservierungsbemühungen gemacht wurden, zu analysieren und konkrete Maßnahmen für die Bewahrung der einzigartigen Malereien von Lascaux zu entwickeln. Eines der dringlichsten Probleme ist noch immer der schwarze Schimmel, da das Melanin, also der schwarze Farbstoff, den er absondert, auch nach seiner Beseitigung in Form von schwarzen Flecken an den Wänden zurückbleibt.

Begutachtung einer Felsmalerei im axialen Seitengang von Lascaux

Neue Konservierungsmethoden

Fortschritte in der Technologie ermöglichten den Restauratoren und Konservatoren, die mit der Bewahrung dieses außergewöhnlichen Ortes prähistorischen Schaffens betraut waren, neue Herangehensweisen. Zur Rettung der Höhle entwarf die interdisziplinär aufgestellte Kommission gemeinsam mit Spezialisten weiterer Bereiche wie der Mikrobiologie einen Aktionsplan aus mehreren Schritten, der auf präzisen Messungen und neuesten wissenschaftlichen Erkenntnissen zum Zustand der Höhle beruhen sollte. Hierzu wurden vor allem auch Experten mit Kenntnissen des technisch Machbaren herangezogen. Als Basis für alle weiteren Entscheidungen sollte ein dreidimensionales Computermodell der Höhle angefertigt werden. Ein Team aus Spezialisten in der 3-D-Simulation vermaß die Höhle mithilfe eines 3-D-Lasers und erstellte daraus ein akkurates, dreidimensionales Computermodell der Höhle. Anhand dessen können verschiedene Szenarien samt möglichen Konsequenzen durchgespielt werden, noch bevor Veränderungen eintreten, die das Klima weiter verschlechtern und den Bildern schaden.

Die Temperatur, die Höhenlage und das Gewicht verschiedener Gase bestimmen die Art und Weise, wie die Luft in einem geschlossenen Raum zirkuliert. Kohlenstoffdioxid beispielsweise ist schwerer als Sauerstoff und sammelt sich daher immer in Bodennähe. Daher ist auch die Kohlenstoffdioxidkonzentration in den niedriger gelegenen Teilen der Höhle höher als in den oberen Bereichen. Darüber hinaus steigt warme Luft immer nach oben, während kalte Luft nach unten sinkt. Wie schon erwähnt haben bereits minimale saisonale Schwankungen in der Temperatur einen Einfluss auf das Höhlenklima und darauf, wie die Luft natürlicherweise innerhalb der Höhle zirkuliert. Dies wurde mit dem Simulator noch deutlicher. Jeder Eingriff in die Luftregulation durch eine künstliche Klimaanlage muss also diese Schwankungen in Betracht ziehen und auf sie eingestellt werden. Eines der größten Probleme des vorher installierten Systems war, dass es statisch arbeitete und die Luft, unabhängig von der Temperatur, durch einen erzeugten Druck immer gleich zirkulieren ließ. Passt man diese Parameter nun im Höhlensimulator an, so kann man sehen, wie sich in einem so komplexen Gefüge mit sich verzweigenden Gängen und unterschiedlich großen Kammern die allgemeinen Verhältnisse ändern, wenn sich nur eine einzige Komponente verändert, wie z. B. der Kohlenstoffdioxidgehalt durch die Besucher. Zu diesem Zweck wurden hochempfindliche Sensoren in der Höhle installiert, die genaue Messwerte zum Höhlenklima lieferten und jede noch so kleine Veränderung registrierten.

Obwohl Lascaux schon 1963 für Besucher gesperrt worden war, kamen immer noch relativ viele Menschen in die Höhle, die mit der Restaurierung, Konservierung und Überwachung der klimatischen Bedingungen sowie des Zustandes der Höhlenwände beauftragt waren. Zusätzlich erhielten Prähistoriker einen streng reglementierten Zugang zur Höhle, um dort ihren wissenschaftlichen Forschungen zur jungpaläolithischen Höhlenmalerei nachgehen zu können. Die dreidimensionale Computersimulation der Höhle verdeutlichte, wie anfällig das sensible Höhlenklima für die Anwesenheit von Menschen war. Der Lascaux-Simulator erwies sich als unschätzbares Werkzeug der Konservatoren, das ihnen dabei hilft, auf kleinste Veränderungen der Bedingungen innerhalb der Höhle mit den richtigen Maßnahmen reagieren zu können.

Die Überwachung der Entwicklungen in der Höhle beschränkt sich jedoch nicht nur auf die

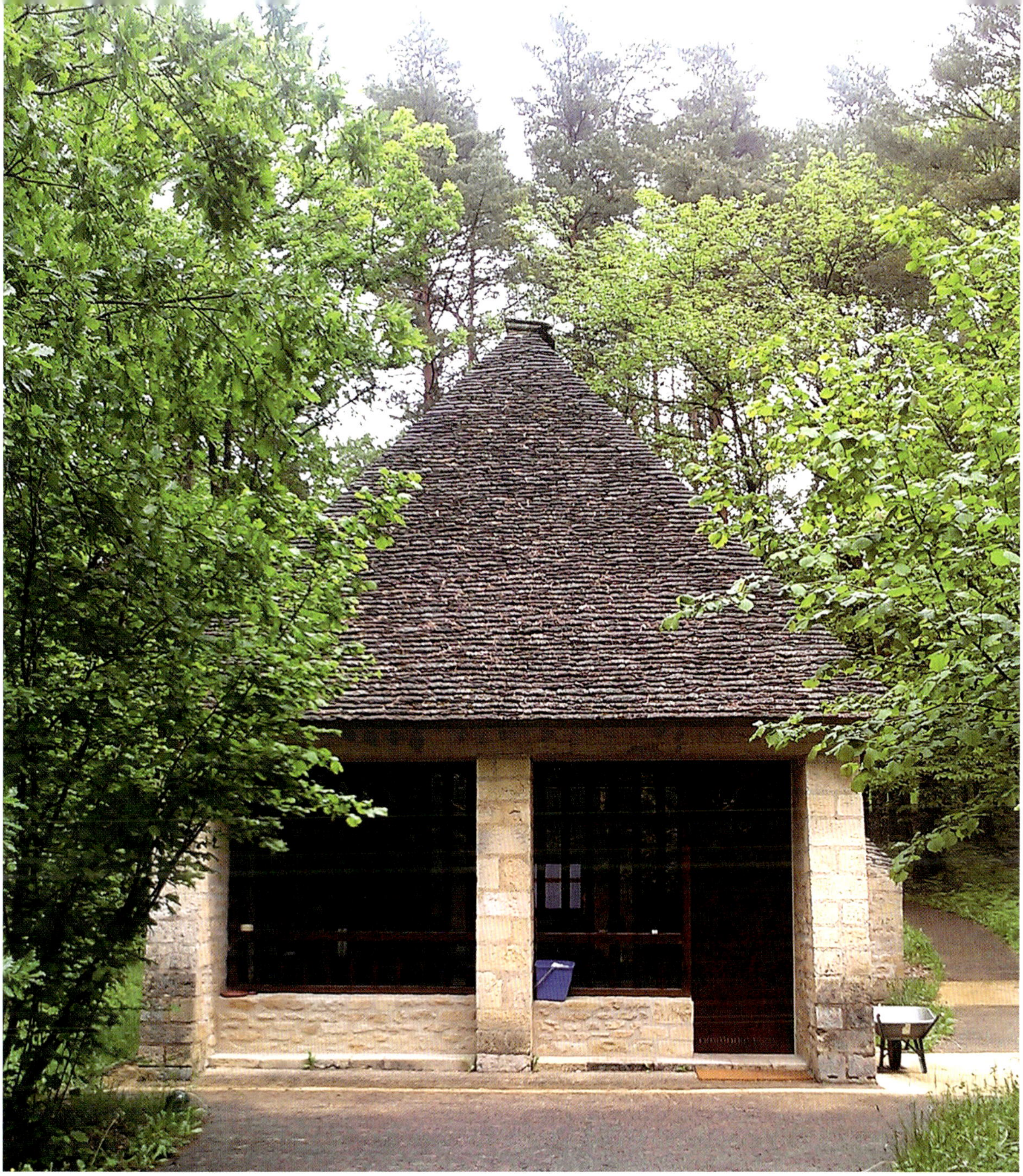

Das ehemalige Besucherzentrum von Lascaux dient heute Wissenschaftlern als Kontrollraum, um den Zustand der prähistorischen Bilder zu überwachen.

Klimadaten und die Luftzirkulation. Auch das Wachstum von Algen und Schimmel sowie die Ausbreitung anderer Mikroorganismen müssen überwacht werden. Dabei halfen ebenfalls neue Entwicklungen in der Wissenschaft weiter. So testete ein spanisch-französisches Team aus Umweltwissenschaftlern und Mikrobiologen in Lascaux erfolgreich die Anwendung eines komplizierten Verfahrens, bei dem die Verbreitung von DNS gemessen wird – in diesem Fall die von Schimmelpilzen. Auf diese Weise kann in Lascaux durch die Auswertung von Proben aus verschiedenen Bereichen der Höhle das Wachstum des schwarzen Schimmels überwacht werden.

Unglücklicherweise ist durch die neueren mikrobiologischen Erkenntnisse auch klar ge-

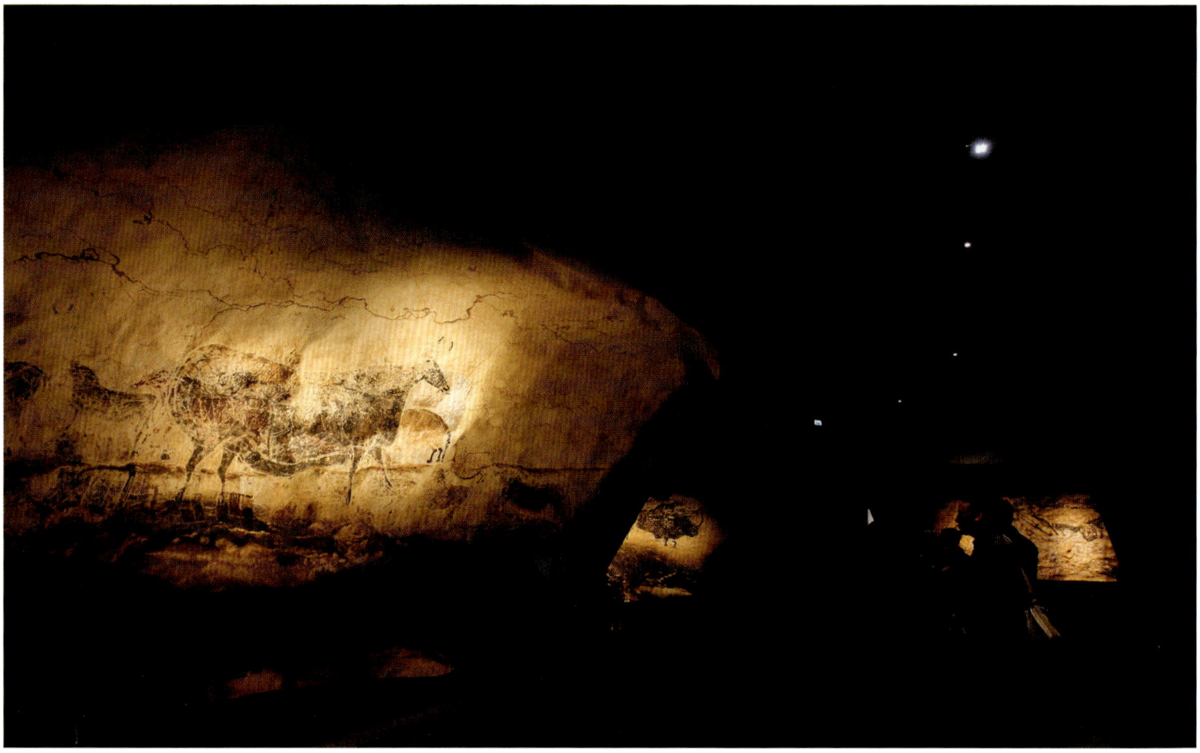

Besucher der mobilen Ausstellung Lascaux III in Bordeaux blicken auf eine Reproduktion der schwarzen Kuh aus dem Schiff.

worden, dass der jahrzehntelange Einsatz von Fungiziden und Bioziden einen hohen Preis gefordert hat. Ähnlich wie Bakterienstämme in Krankenhäusern Resistenzen entwickeln, so ist auch die Höhle von Lascaux zu einem Refugium von resistenten Mikroorganismen geworden, die möglicherweise krankheitserregend sind. Das bedeutet, dass ein Besuch in der Höhle für Menschen unter Umständen inzwischen sogar gesundheitsgefährdend sein kann.

Lascaux II

Mit der Schließung der Höhle von Lascaux in den 1960er-Jahren ging der Region ein Touristenmagnet verloren. Schnell entstand die Idee, eine originalgetreue Kopie von Teilen der Höhle anzufertigen, in denen sich die Besucher der Illusion hingeben konnten, die echte Höhle und ihre Bilderwelt zu besuchen. Diese Illusion sollte an einem alten Steinbruch in nur 350 Metern Entfernung geschaffen werden. Die Arbeiten an Lascaux II wurden 1970 im Auftrag des Grafen de La Rochefoucauld-Montbel begonnen, auf dessen Ländereien sich Lascaux befand. Zwei Jahre später verkaufte die Familie de La Rochefoucauld-Montbel die Originalhöhle an den Staat. Die Firma des Grafen, die sich auch nach dem Verkauf der Höhle noch um den Bau und die Vermarktung von Lascaux II kümmerte, geriet in den folgenden Jahren in finanzielle Schwierigkeiten. Daraufhin wurden die Arbeiten an Lascaux II 1975 eingestellt. Die begonnene Nachbildung der Höhle, die bislang der Firma des Grafen gehörte, wurde 1980 an das Departement Dordogne verkauft, das die Wiederaufnahme der Arbeiten veranlasste. Im Jahr 1983 war Lascaux II fertiggestellt. Seitdem bewundern dort ca. 250 000 Besucher im Jahr eine detailgetreue Nachbildung des Saals der Stiere und des axialen Seitengangs.

Die Nachbildung der Höhlenwände war ein kompliziertes Unterfangen. Die Oberfläche des Originals musste exakt erfasst werden. Dies geschah mithilfe der sogenannten Stereofotogrammetrie, da die 3-D-Lasertechnik zu jener Zeit noch nicht zur Verfügung stand. Dieses Verfahren kombiniert die Abbildung eines beliebigen Punktes mit der Erfassung seiner Lage im Raum. So konnte ein dreidimensionales Abbild der Wandoberfläche geschaffen werden. Die auf diese Weise nachgebildeten Wände wurden mit einer Mischung aus Marmor- und Quarzkristallen überzogen, um die raue Felsoberfläche in der Höhle nachzuahmen. Auf diesen Untergrund wurden schließlich Kopien von fast allen Gemälden aus dem Saal der Stiere und dem axialen Seitengang aufgemalt. Die Maler arbeiteten dabei mit Farben aus natürlichen Pigmenten, die auch schon den prähistorischen Malern von Lascaux zur Verfügung gestanden hatten. Sie trugen die Gemälde mithilfe von exakt positionierten Diaprojektionen der Originalbilder auf die nachgebildete Höhlenwand auf.

Lascaux IV

Allein den Saal der Stiere und den axialen Seitengang für Lascaux II nachzuahmen, war ein ambitioniertes Projekt – und ein äußerst erfolgreiches. Die beeindruckenden Höhlenmalereien sind nun wieder allen Menschen zugänglich. Sie erfreuen und bezaubern die Menschen, doch wichtiger noch: Sie machen den prähistorischen Menschen erlebbar durch seine bildnerische Ausdrucksweise. Das alles ist möglich, ohne das Original weiter durch menschliche Besucher gefährden zu müssen. Mit Lascaux III wurde danach zudem eine mobile Ausstellung aus Nachbildungen von Malereien im Schiff und im Brunnen geschaffen, die seit 2012 bereits in Bordeaux, Chicago, Houston und Montreal Station gemacht hat.

Unter dem Arbeitstitel Lascaux IV wurde in der Dordogne vor einigen Jahren sogar ein weitaus ambitionierteres Projekt gestartet: Das Internationale Zentrum für Wandkunst Montignac-Lascaux („Centre international de l'art pariétal Montignac-Lascaux“) plant, ab Sommer 2016 den Anblick fast aller Malereien der Originalhöhle zu ermöglichen. Anders als das unabhängig davon weiter bestehende Lascaux II ist das neue Zentrum nicht als reine Nachbildung oder Museum konzipiert, wenn auch die Nachbildung der Höhle sein Herzstück ist. Darüber hinaus ist das Zentrum ein Ort der Erfahrung und des Lernens, an dem die Besucher die äußere und innere Lebenswelt der jungpaläolithischen Maler entdecken können. Das hochmoderne Gebäude passt sich der Landschaft nicht nur an, sondern wird ein Teil von ihr: Wie ein erleuchteter Riss im Fels zieht sich der längliche Bau durch den Hügel von Lascaux über dem Vézère-Tal, wenige Hundert Meter von der Originalhöhle und ihrer Nachbildung Lascaux II entfernt.

Wie bei der Erforschung und Erhaltung des Originals ist auch hier ein interdisziplinäres Team von Spezialisten zusammengekommen: Den Löwenanteil trägt dabei sicherlich das auf Nachbildungen spezialisierte „Atelier des Fac-Similés du Périgord“, dessen Mitarbeiterstab aus Malern, Bildhauern, Spritzgießern, Schweißern und Schlossern besteht. Sie alle sind für die Nachbildung des Höhleninneren mitsamt den mineralischen Wänden und ihrer Bilder zuständig. Das Atelier entwickelte für die naturgetreue Nachbildung der Felswände eine spezielle Technik, die inzwischen auch für Kopien anderer Höhlen verwendet wird, wie beispielsweise der Höhle von Ekain im Baskenland. Dabei wird die Oberfläche der Höhlenwände mittels eines Laserscanners vermessen und in einem nächsten Schritt aus Styropor nachgebildet. Davon wird eine Form aus Elastomer, also einem elastischen Kunststoff, abgenommen, die durch Kunstharz verstärkt wird und zur Herstellung des Wandrohlings dient. Der Rohling wird mit einer Mischung aus Mineralien überzogen, die die mineralische Oberfläche der Steinwände nachahmen, und noch einmal mit Kunstharz versiegelt. Dies ergibt eine täuschend echte Nachbildung der Wandoberfläche, auf die schließlich die Abbildungen aufgetragen werden.

Am Beispiel von Lascaux wird das gesamte Spektrum an Möglichkeiten und Gefahren deutlich, die die Bewahrung eines besonderen kulturellen Erbes mit sich bringen kann. An Lascaux zeigt sich außerdem, dass nicht nur Archäologen, sondern Spezialisten aus den unterschiedlichsten Feldern zusammenarbeiten müssen, um archäologische Funde zu entdecken, erforschen, bewahren und zu präsentieren. Der wertvollste Schatz ist verloren, wenn er nicht bewahrt werden, und nutzlos, wenn er den Menschen nicht nähergebracht werden kann.

Die Schlacht gegen die Mikroorganismen, die die Höhle und die Bilderwelt von Lascaux bedrohen, ist noch nicht gewonnen. Doch die Erkenntnisse zum Höhlenklima, zum Kampf gegen Schimmel und Bakterien sowie zu Einflüssen durch die Anwesenheit von Menschen, die in Lascaux gewonnen wurden, sind äußerst wichtig. Sie helfen dabei, neue Ansätze und Technologien zu entwickeln, die auch zum Schutz anderer jungpaläolithischer Bilderhöhlen angewandt werden können.

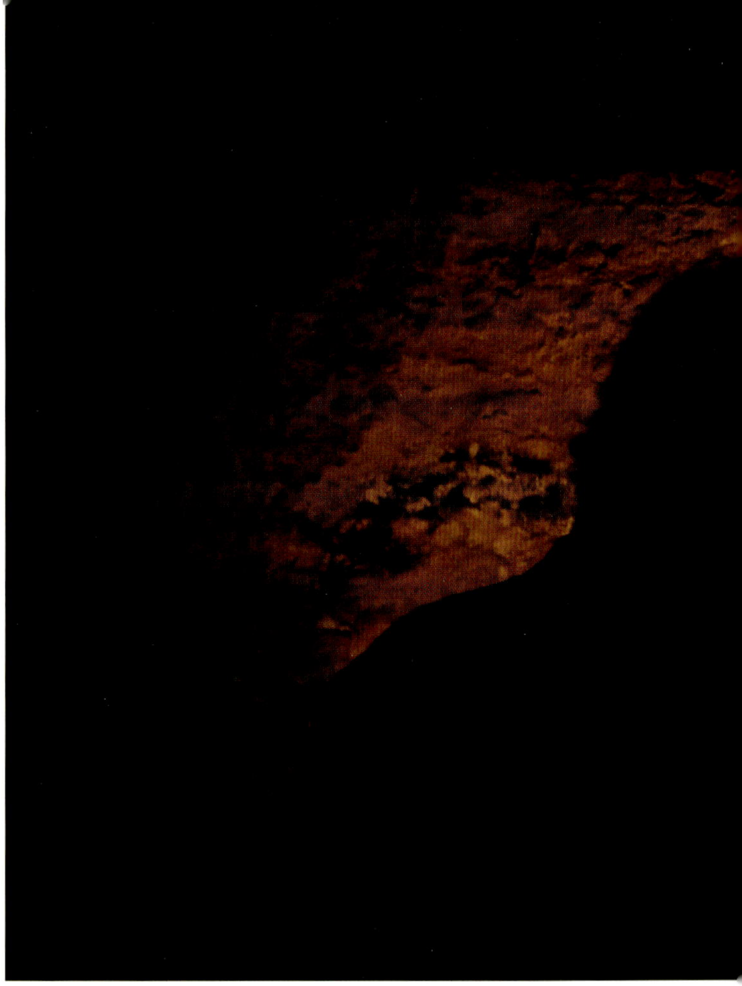

Diese originalgetreue Nachbildung der Szene aus dem Brunnen ist Teil der mobilen Ausstellung Lascaux III.

Die Höhlenbilder von Lascaux sind ein einmaliger kultureller Schatz in Westeuropa – die Farben, die Details, der schiere Reichtum an Darstellungen machen diese Höhle zu einem bemerkenswerten Schaufenster in unsere Vergangenheit. Glücklicherweise wurde ihre Bedeutung sofort erkannt und wurden Schutzmaßnahmen zügig eingeleitet. Die Höhlen hatten aber andererseits auch das Unglück, zu schnell zu berühmt zu werden, sodass sie in Gefahr gebracht wurden und nicht allzu lange als Kulturgut genossen werden konnten.

Lascaux lässt eine heute aus dem mittleren Europa verschwundene Welt wieder auferstehen. Diese

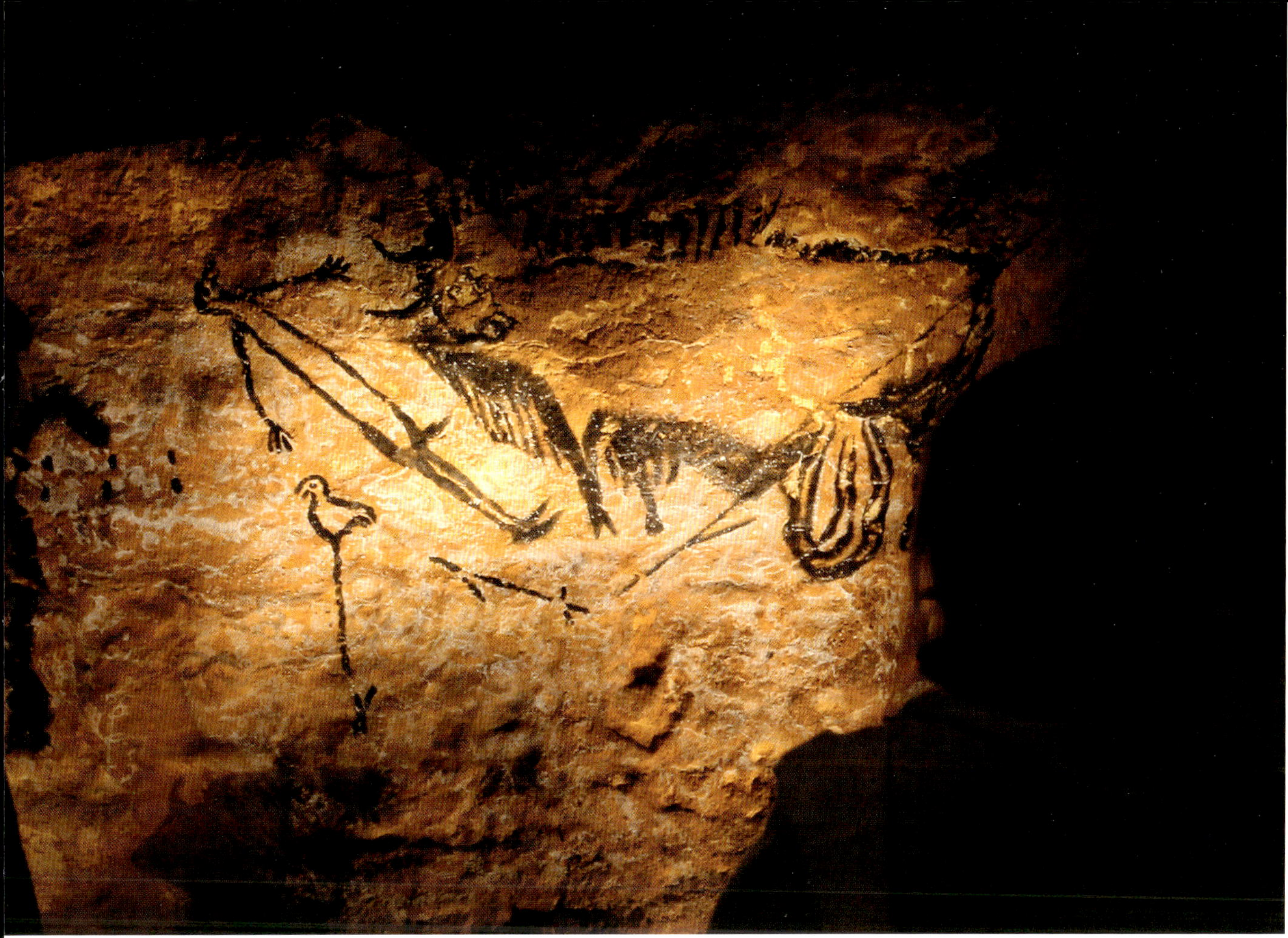

Welt war bevölkert von Tieren, die wir heutzutage mit dem Norden assoziieren, wie Rentiere, deren Knochen überall in der Höhle zu finden waren. In dieser Welt lebten auch exotische, inzwischen ausgestorbene Tiere wie die Höhlenlöwen, denen ein eigener Abschnitt innerhalb der Höhle gewidmet ist. In jener verschwundenen Welt existierten unsere Vorfahren. Damit wirft Lascaux auch ein Licht auf ihr Lebensumfeld. Sie waren auf das Engste mit den Tieren vertraut, die sie mit einem unendlichen Detailreichtum auf den Felswänden festhielten. Sie zu beobachten, ihren Lebenszyklus zu kennen, ihre Wanderrouten im Voraus zu wissen – all das war lebenswichtig für unsere Ahnen.

Gleichzeitig erfahren wir durch die Bilderwelt von Lascaux, dass unsere Vorfahren Meister in den Techniken der Malerei waren: Sie kannten die Mineralien, die ihnen die entsprechenden Pigmente zur Farbherstellung bereitstellten, und wussten, wo sie zu finden waren. Sie kannten verschiedene Rezepte zur Farbherstellung, die ihnen exakt den gewünschten Farbton lieferten. Und sie waren Meister in der Erzeugung von Dynamik und Perspektive, wodurch es ihnen möglich war, den Tieren auf der Felswand Leben einzuhauchen. Wir bekommen auch eine Ahnung davon, dass unsere Vorfahren eine ihnen eigene Vorstellungswelt besaßen. Gerade hierin liegt das größte Geheimnis von Lascaux verborgen. Es wird uns wohl niemals gelingen, diese Vorstellungswelt komplett zu erfassen und die Bilder so zu „lesen", wie es die Maler von Lascaux konnten.

Trotzdem gibt es in Lascaux noch viel zu entdecken, zu erforschen und zu lernen. Wir können nur hoffen, dass mit dem Fortschritt von Technologie und Wissenschaft Mittel und Wege gefunden werden, dieses einzigartige Zeugnis menschlichen Lebens für die Zukunft zu erhalten.

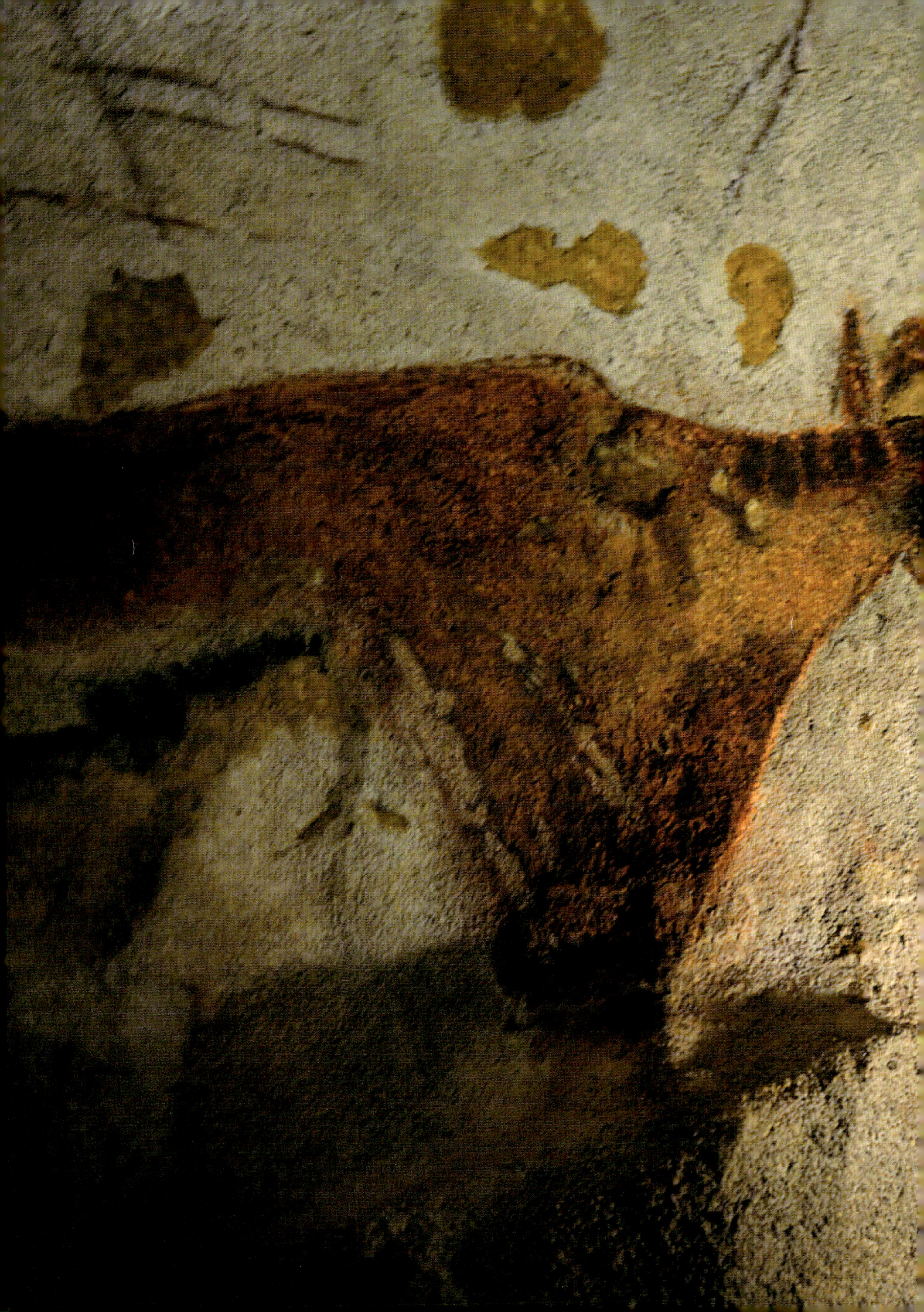

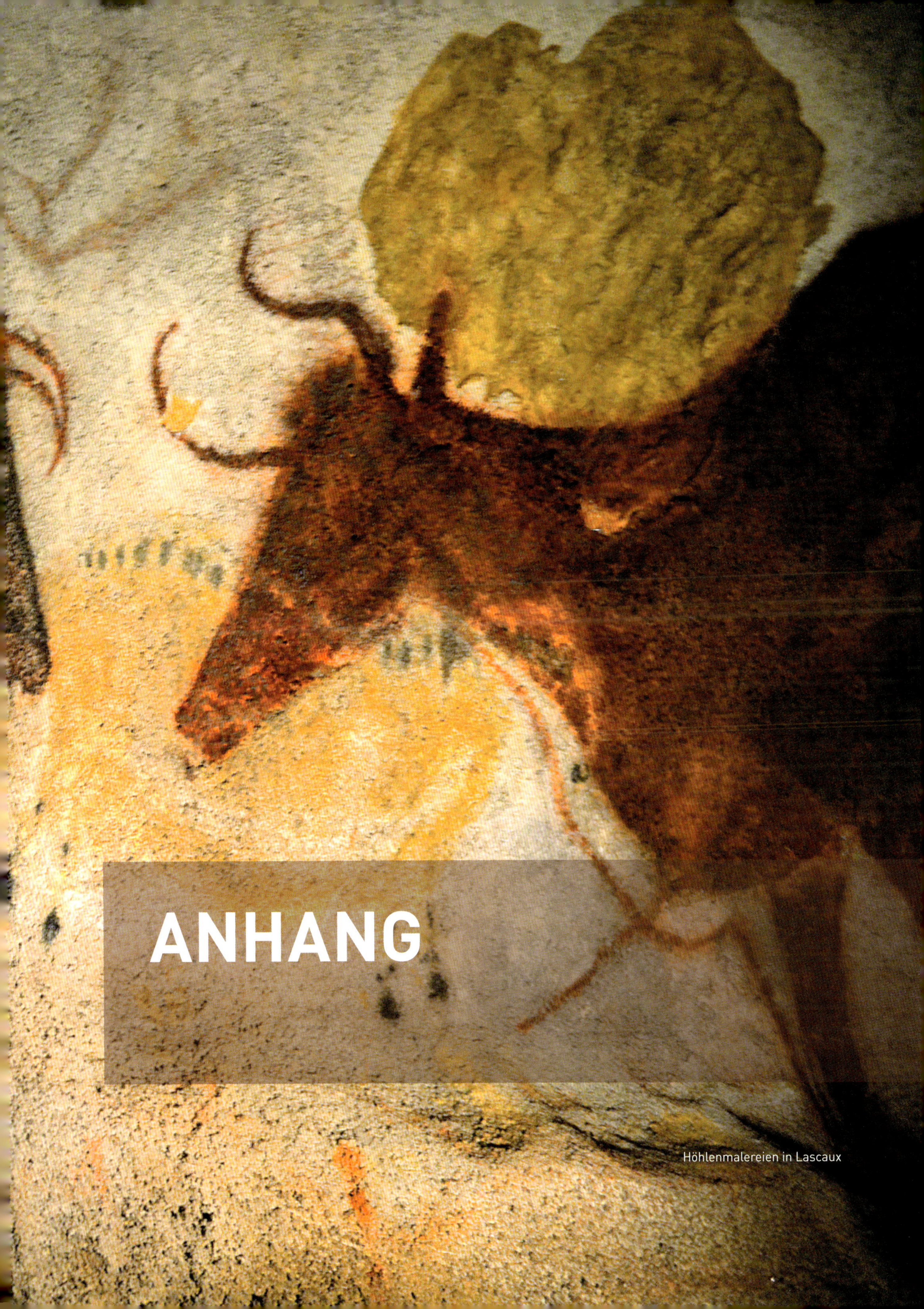

ANHANG

Höhlenmalereien in Lascaux

Zeitliche Einordnung

Erdgeschichtliche Zeiten

seit ca. 2,6 Millionen Jahren	Quartär
vor ca. 2,6–0,012 Millionen Jahren	Pleistozän
seit ca. 12 000 Jahren	Holozän

Kaltzeiten

ca. 400 000–320 000 Jahre vor heute	Elster-Kaltzeit
ca. 300 000–130 000 Jahre vor heute	Saale-Kaltzeit
ca. 115 000–11 000 Jahre vor heute	Würm- bzw. Weichsel-Kaltzeit
vor ca. 22 000 Jahren	Größte Ausdehnung des Gletschereises
ca. 17 000–16 000 Jahre vor heute	Lascaux-Interstadial
ca. 17 000–14 000 Jahre vor heute	Erweitertes Lascaux-Interstadial

Archäologische Zeiten

ca. 40 000–12 000 Jahre vor heute	Jungpaläolithikum
ca. 40 000–31 000 Jahre vor heute	Aurignacien
ca. 40 000–30 000 Jahre vor heute	Châtelperronien
ca. 28 000–22 000 Jahre vor heute	Gravettien
ca. 22 000–17 000 Jahre vor heute	Solutréen
ca. 18 000–12 000 Jahre vor heute	Magdalénien
ca. 17 000–15 000 Jahre vor heute	Entstehung der Höhlenmalereien in Lascaux nach heutigem Forschungsstand
vor ca. 8000 Jahren	Wahrscheinlich letzte prähistorische Besuche in Lascaux

Gegenwart

1940	Entdeckung von Lascaux
1948	Öffnung der Höhle für Besucher
1963	Schließung der Höhle für die Öffentlichkeit
1979	Erklärung der Höhle von Lascaux zum UNESCO-Weltkulturerbe
1983	Eröffnung von Lascaux II
2016	Voraussichtliche Eröffnung von Lascaux IV

Weiterführende Literatur

Lascaux

Norbert Aujoulat, *Lascaux: Le geste, l'espace et le temps*, Paris: Seuil, 2004.

Paul G. Bahn, „Lascaux: Composition or accumulation?“, *Zephyrus* 47: 3–13, 1994.

Fabiola Bastian, Claude Alabouvette und Cesareo Saiz-Jimenez, „Bacteria and free-living amoeba in the Lascaux Cave“, *Research in Microbiology* 160: 38–40, 2009.

Georges Bataille, *Die Höhlenbilder von Lascaux oder Die Geburt der Kunst*, 2. Auflage, Stuttgart: Klett-Cotta, 1986.

Declan Butler, „French bid to save rock art“, *Nature* 467: 375–376, 2010.

Emilie Chalmin, Michel Menu, Marie-Pierre Pomiès, Colette Vignaud, Norbert Aujoulat und Jean-Michel Geneste, „Les blasons de Lascaux“, *L'Anthropologie* 108: 571–592, 2004.

Brigitte und Gilles Delluc, *Lascaux retrouvé*. Périgueux: PILOTE 24 édition, 2003.

Brigitte und Gilles Delluc, *Dictionnaire de Lascaux*, Bordeaux: Éditions Sud Ouest, 2008.

André Glory, *Les recherches à Lascaux (1952–1963). Textes et documents receuillis, présentés et commentés par Brigitte et Gilles Delluc*, Paris: Éditions du Centre National de la Recherche Scientifique, 2008.

Chantal Jègues-Wolkiewiez, *Sur les chemins* étoilés *de Lascaux,* Éditions La Pierre Philosophale, 2011. (http://www.archeociel.com)

Delphine Lacanette und Philippe Malaurent, „La 3D au service de la conservation des grottes ornées, l'exemple de Lascaux et du simulateur Lascaux“, *In Situ* 13, 2010, online erschienen am 16. April 2012, abgerufen am 7. Oktober 2014. URL: http://insitu.revues.org/6793. DOI: 10.4000/insitu.6793.

Annette Laming, *Lascaux: Am Ursprung der Kunst*, Dresden: VEB Verlag der Kunst, 1962.

Arlette Leroi-Gourhan, „Interstades würmiens: Laugerie et Lascaux“, *Bulletin de l'ssociation française pour l'étude du quaternaire* 17 (3): 95–100, 1980.

Arlette Leroi-Gourhan und Jacques Allain, *Lascaux inconnu*, Paris: Éditions du Centre National de la Recherche Scientifique, 1979.

Pedro M. Martin-Sanchez, Fabiola Bastian, Claude Alabouvette und Cesareo Saiz-Jimenez, „Real-time PCR detection of *Ochroconis lascauxensis* involved in the formation of black stains in the Lascaux Cave, France“, *Science of the Total Environment* 443: 478–484, 2013.

Jacques Picard, *Le mythe fondateur de Lascaux*, Paris: L'Harmattan, 2003.

Fabienne Rusinowski, *Étude de la répresentation du mouvement dans les figures animals peintes et gravees de la grotte de Lascaux*, Mémoires de Préhistoire Liégeoise 6, Liège, 1990.

Mario Ruspoli, *Die Höhlenmalerei von Lascaux. Auf den Spuren des frühen Menschen*, Augsburg: Weltbild (Lizenzausgabe Bechtermünz Verlag), 1998.

Denis Tauxe, „Participation figurative et abstraite du point dans l'iconographie pariétale de Lascaux (Dordogne, France)“, *L'Anthropologie* (Paris) 103 (4): 531–548, 1999.

Colette Vignaud, Hélène Salomon, Emilie Chalmin, Jean-Michel Geneste und Michel Menu, „Le groupe des «bisons adossés» de Lascaux. Étude de la technique de l'artiste par analyse des pigments“, *L'Anthropologie* 110: 482–499, 2006.

Ferdinand Windels, *Lascaux. „Chapelle Sixtine“ de la Préhistoire*, Montignac-sur-Vézère, Dordogne: Centre d'études et de documentation, 1948.

Paläoanthropologie

Robin Dunbar, *Grooming, Gossip and the Evolution of Language*, Harvard: Harvard University Press, 1996.

Christopher S. Henshilwood, Francesco d'Errico, Royden Yates, Zenobia Jacobs, Chantal Tribolo, Geoff A. T. Duller, Norbert Mercier, Judith C. Sealy, Helene Valladas, Ian Watts und Ann G. Wintle, „Emergence of Modern Human Behavior: Middle Stone Age Engravings from South Africa“, *Science* 295, 1278–1280, 2002.

Richard G. Klein, *The Human Career*, 3. Auflage, Chicago: The University of Chicago Press, 2009.

Steven Mithen, *The Singing Neanderthals: The Origins of Music, Language, Mind and Body,* London: Weidenfeld & Nicholson, 2005.

Inés Domingo Sanz, Dánae Fiore und Sally K. May (Hrsg.), *Archeologies of Art. Time, Place, and Identity,* Walnut Creek, CA: Left Coast Press, 2008.

Umwelt und Klima

Wighart von Königswald, *Lebendige Eiszeit*, 2. Auflage, Darmstadt: Wissenschaftliche Buchgesellschaft, Sonderausgabe 2010.

Datierung

Yaroslav V. Kuzmin, „Radiocarbon and the Old World Archaeology: Shaping a Chronological Framework", *Radiocarbon* 51 (1): 149–172, 2009.

H. Valladas, E. Kaltnecker, A. Quiles, N. Tisnérat-Laborde, D. Genty, M. Arnold, E. Delqué-Koliё, C. Moreau, D. Baffier, J. J. Cleyet Merle, J. Clottes, M. Girard, J. Monney, R. Montes, C. Sainz, J. L. Sanchidrian und R. Simonnet, „Dating French and Spanish Prehistoric Decorated Caves in their Archaeological Contexts", *Radiocarbon* 55 (2–3): 1422–1431, 2013.

Felskunst allgemein

Luz Antequera Congregado, *Arte y astronomía: evolución de los dibujos de las constelaciones,* Dissertation, Universidad Complutense de Madrid, 2001.

Robert G. Bednarik, *Rock Art Science. The scientific study of palaeoart.* IFRAO 1. Turnhout: Brepols publishers, 2001.

José Fernández Quintano, „Schematic Panel with Palaeolithic Punctuation and other Questions of Paleoastronomy and Philosophy of Antiquity", in: International Union for Prehistoric and Protohistoric Sciences, Proceedings of the XV World International Congress (Lisbon, 4–9 September 2006), Vol. 27, Dario Seglie, Marcel Otte, Luiz Oosterbeek, Laurence Remacle (Hrsg.), *Session C26, Prehistoric Art: Signs, Symbols, Myth, Ideology*, BAR International Series, 103–112, 2009.

Ernst H. Gombrich, *Die Geschichte der Kunst*, Stuttgart: Belser, 1977.

André Leroi-Gourhan, *Die Religionen der Vorgeschichte,* Frankfurt a. M.: Suhrkamp, 1981.

David Lewis-Williams, *The Mind in the Cave. Consciousness and the Origins of Art*, London: Thames & Hudson, 2002.

Michel Lorblanchet (Hrsg.), *Höhlenmalerei: ein Handbuch*, 2. Auflage, Sigmaringen: Thorbecke, 2000.

Dario Seglie, „Rock Art: From Prehistoric Time to Contemporary Man: Hypostasis, Metaphor, Meta-Language; From Reality to virtual Museum“, in: International Union for Prehistoric and Protohistoric Sciences, Proceedings of the XV World International Congress (Lisbon, 4–9 September 2006), Vol. 27, Dario Seglie, Marcel Otte, Luiz Oosterbeek, Laurence Remacle (Hrsg.), *Session C26, Prehistoric Art: Signs, Symbols, Myth, Ideology*, BAR International Series, 123–128, 2009.

Steven J. Waller, „Sound and Rock Art“, *Nature* 363: 501, 1993.

Konservierung

Alain Mangin, François Bourges und Dominique d'Hulst, „La conservation des grottes ornées: un problème de stabilité d'un système naturel (L'exemple de la grotte préhistorique de Gargas, Pyrénées françaises)“, *Comtes Rendues Académie Sciences, Paris, Sciences de la terre et des planètes / Earth & Planetary Sciences* 328: 295–301, 1999.

Dario Seglie, „The EuroPreArt Project – past signs and present memories“, in: International Union for Prehistoric and Protohistoric Sciences, Proceedings of the XV World International Congress (Lisbon, 4–9 September 2006), Vol. 29, Raffaella Poggiani-Keller, George Dimitriadis, Fernando Coimbra, Carlo Liborio, Maria Giuseppina Ruggiero (Hrsg.), *Session WS20, Rock Art Data Base: New methods and guidelines in archiving and cataloguing*, BAR International Series, 2009.

Internet

http://www.lascaux.culture.fr

http://www.semitour.com/lascaux-ii

http://www.projet-lascaux.com

Abbildungsnachweis

AKG Images, Berlin:
Cover, 6/7, 10, 12/13, 21, 22, 24/25, 26/27, 31, 32, 34/35, 35, 36, 38, 40/41, 42/43, 45, 46, 48/49, 50/51, 54/55, 57, 58, 62/63, 64, 66/67, 69, 70, 72, 74, 76, 78/79, 84/85, 91, 93, 94, 98/99, 100, 102/103, 104, 109, 114/115, 116/117, 122/123, 128, 136, 138/139, 150/151

AKG Images, Berlin/Picture Alliance, Frankfurt am Main:
9, 17, 53, 87, 96, 106/107, 121, 124/125, 134, 141

Ethan Doyle White:
133, 145

Landesamt für Denkmalpflege im Regierungspräsidium Stuttgart/Ulmer Museum:
61

Picture Alliance, Frankfurt am Main:
88/89, 110

Thomson Reuters, Berlin:
2, 14/15, 29, 82/83, 112/113, 118/119, 126/127, 130/131, 142, 146, 148/149

Dr. Iris Newton promovierte in Archäologie an der University of Liverpool.
Sie ist unter anderem als Autorin und Übersetzerin tätig.

FSC www.fsc.org MIX Papier | Fördert gute Waldnutzung FSC® C014138

5. Auflage 2025

Der Elsengold Verlag ist ein Imprint der BeBra Verlag GmbH, Berlin.

BeBra Verlag GmbH / Asternplatz 3 / 12203 Berlin / post@bebraverlag.de
Zu Fragen der Produktsicherheit wenden Sie sich bitte an herstellung@bebraverlag.de

Lektorat und Bildredaktion: Irina Bester

Gestaltung und Satz: Burga Fillery, Berlin

Printed in the European Union

ISBN 978-3-944594-21-7